地域とヒトを活かす テレワーク

古賀広志　柳原佐智子　加納郁也　下﨑千代子【編著】

【著】　田澤由利　床桜英二　松岡温彦
　　　　吉住裕子　武田かおり　中島康之
　　　　佐藤彰男　本多毅　　脇夕希子

同友館

iii

⊙目　次⊙

序章　社会的課題解決のためのテレワーク⋯⋯⋯⋯⋯⋯⋯ *1*

1. はじめに　*1*
2. テレワークによる社会的課題の解決　*3*
3. ワークライフバランスの実現　*6*
4. テレワークのさらなる可能性を求めて　*9*

第1章　ふるさとテレワークが開く地方の可能性⋯⋯⋯⋯ *11*

1. はじめに　*11*
2. 地方創生におけるテレワークの背景　*12*
3. ふるさとテレワーク推進事業とその意義　*13*
4. ふるさとテレワークの事例　*20*
5. 地方におけるテレワークの課題と可能性　*23*
6. おわりに　*29*

第2章　徳島サテライトオフィス・プロジェクトの意義⋯⋯ *31*

1. はじめに　*31*
2. サテライトオフィス開設の現状　*32*
3. サテライトオフィス開設の背景と経過　*33*
4. 美波町でのサテライトオフィスの展開　*44*
5. おわりに：まとめと今後の課題　*51*

第3章　地方創生に於けるリゾートオフィスの役割 ………… 57
―リゾートオフィスの思想―

1. はじめに　*57*
2. リゾートオフィスの定義　*58*
3. リゾートオフィスの条件とライフスタイル　*60*
4. 軽井沢の事例　*63*
5. リゾートオフィスの意義と原点　*67*
6. おわりに　*71*

第4章　テレワークを活かせる人材と分野における
取り組み事例 ……………………………………… 75

1. はじめに　*75*
2. テレワーク推進事業の背景　*76*
3. 女性の再就業を在宅ワークで推進する　*77*
4. 中小企業のプロモーションをテレワークで支援する　*82*
5. 中小企業の経営資源をテレワークで補完する　*86*
6. むすび　*95*

第5章　企業実践における制度設計のポイント …………… 97

1. はじめに　*97*
2. 国や自治体の施策　*98*
3. テレワーク導入に際して考慮すべき法制度　*99*
4. テレワーク導入における誤解と問題点　*103*
5. おわりに　*110*

第6章　在宅勤務型テレワークの現状と課題 ……………115
―テレワーク人口実態調査の結果を用いて―

1. はじめに　*115*
2. テレワーク人口実態調査の概要　*116*
3. 終日在宅勤務者をめぐる状況　*118*
4. 終日在宅勤務の実態　*122*
5. 終日在宅勤務のメリットとデメリット　*129*
6. おわりに　*133*

第7章　情報システム研究としてのテレワークの課題 ……*141*

1. はじめに　*141*
2. 学問としてのテレワーク研究　*141*
3. テレワーク研究の多様性：経営情報システム研究の視点から　*145*
4. テレワーク研究の特異性と課題　*150*
5. テレワーク研究の展望　*154*
6. おわりに　*157*

第8章　組織変革におけるテレワークの意義と効用 ………*161*

1. はじめに　*161*
2. 組織の環境適応に関する議論　*161*
3. 組織変革の議論　*166*
4. テレワークと組織変革　*171*
5. おわりに　*179*

第9章 ゴーイングコンサーンの新たな方途 ……………… 183
―危機管理を意識したテレワーク―

1. はじめに　*183*
2. BCPの考え方　*184*
3. BCPの視点でみたテレワークの意義と効果　*188*
4. 中小規模の企業におけるBCP型テレワークの位置づけ　*195*
5. おわりに　*197*

第10章 少子高齢化時代の働き方における自律性 ……… *203*

1. はじめに　*203*
2. テレワークが浸透しない理由：阻害要因の探求　*203*
3. もうひとつのテレワークの影　*208*
4. テレワークを普及する鍵要因としての自律性　*212*
5. おわりに　*215*

第11章 生産性と創造性 ……………………………… *221*
―ダイバーシティ・マネジメントとしてのテレワークの意義―

1. はじめに　*221*
2. ダイバーシティ・マネジメントの背景　*222*
3. ダイバーシティ・マネジメントの意義　*224*
4. テレワークにおける生産性と創造性　*228*
5. おわりに　*234*

おわりに　*239*
索　引　*242*

序章
社会的課題解決のためのテレワーク

　本章では，全体の導入として，テレワークの意義について，社会的課題の解決と働き手（ワーカー）の生活の質の充実という視点から考察を加えていく。とくに，今日のテレワークに対する期待を「第4次テレワークブーム」と位置づけることで，従来のテレワークブームとの相違を明らかにしていきたい。

1. はじめに

　われわれがテレワークに関する出版を世に問うのは2回目である。前回の出版は2007年のことである。本書は，前著である下﨑・小島による編著『少子化時代の多様で柔軟な働き方の創出―ワークライフバランス実現のテレワーク』と同様の執筆陣による10年ぶりの出版となった。前著では，当時のテレワークに対する期待の高まりを「第3次テレワークブーム」と位置づけて，その頃巷間を賑わしていたSOHOも含めて，テレワークの社会における実現可能性を示すことができた。しかし，このブームは，2009年に発生したリーマンショックの影響で定着せずたち消えていった。

　ところが，2017年から働き方改革が議論される中で，テレワークが注目されており，われわれは，これを「第4次テレワークブーム」と位置づけることにしたい。しかし，今回はブームではなく，多くの大企業で在宅勤務を全従業員に採用するといった施策を導入しつつあり，ブームから実際の導入段階に突入した感がある。この企業における制度導入が，とりあえず制度整備という消極的段階から従業員自身の積極的な制度活用に広がれば，ブームという表現はこれで無くなろう。実際の制度活用さらには制度定着が，第4次テレワーク

ブームの中心的課題となる。

　ここで改めて，テレワークとは何なのかを説明してみよう。それは「情報技術（ICT）を活用した時間と場所にこだわらない働き方」と定義できる。このような概念の背景には，工業化社会から情報化社会への産業構造の転換がある。このことが，まずは時間と場所を特定しない働き方を可能とする基本的前提を与えてくれたのである。もう少し正確に表現すると，産業革命以降の工業化社会においては，時間と場所を同期化する働き方が主流となるが，長い歴史から見ると，それは200年程度の一時的な働き方に過ぎず，新たな働き方を時代が要請しているということである。

　情報化社会では，産業構造の第3次産業が中心を占めるようになると同時に，ICTの進化，すなわちコンピューターの開発や進化，情報通信ネットワークの普及などが進み，テレワークを後押ししてきた。日本社会においては，労働力確保や労働生産性向上といった背景からも，テレワークに期待が寄せられている。テレワークで何ができるのかについては，後で詳しく説明したい。

　日本のテレワーク実験の最初は1989年志木サテライトオフィスだが，当時は技術が未成熟な状態であった。これが第1次テレワークブームで，1990年代後半，パソコンとネットワークの普及により登場したモバイルやSOHOが注目された時代が第2次テレワークブームとなる。そこでは，それまでの工業化時代の通勤や勤務時間などを超克する職住近接という働き方として期待されてきたテレワークに，起業手段という意味合いが加わった。以降，テレワークは，就業形態に注目した上で，「雇用型」と「自営型」に分類されるようになる。

　前者は，「雇用」という就労形態をとる。具体的には，外回りの営業担当のモバイル，在宅勤務などが含まれる。後者は「非雇用」の就労形態であり，SOHO，フリーランス，コワーキングプレイス，在宅就労などが含まれる。

　本書では，主に「雇用型」を中心としているが，事例編では，「自営型」と「雇用型」が論じられている。

　2000年代に入ると，e-Japan戦略Ⅱなどでテレワークが取り上げられる。こ

こでは本来のテレワークである在宅勤務などが取り上げられ，数多くの試行実験が行われ，第3次テレワークと位置づけたのであるが，リーマンショックとともにテレワークも下火となってしまう（下﨑・小島2007）。

今回，第4次テレワークブームは「働き方改革」の中で議論されている。労働力が減少する中で，ワークライフバランスの実現や，労働生産性の向上が希求の課題であるとの認識から，在宅勤務を中心として議論が展開されている。また別の観点から，地方創生にも活用できないかと，テレワークによる地方活性化も期待されるところとなっている。こうした社会的課題の解決ばかりではなく，企業側からは，テレワークを導入した働き方改革による組織変革やイノベーティブな発想の高揚，日本型人事の変革などの期待も込められている。

以下では，これらの可能性を具体的に述べていきたい。

2. テレワークによる社会的課題の解決

従来は，工場やオフィスに通勤して特定の場所で就業するのが，「仕事をする」という意味であった。それが，情報化社会となりICTがあれば，場所や時間を特定しない働き方が実現可能となってきたのである。こうして働き方が変わることで，それに対して，数多くの社会的課題の解決を期待されている。それでは，どのような可能性があるであろうか。

本書では，地域の活性化，組織変革，ワークライフバランスの三つの観点から，その可能性を事例も紹介しながら示すことにした。

2.1. 地方創生の実現

人口が減少していく中で，最も深刻なのは，地方とくに過疎地域である。人口が減少する中でも東京の人口は増大，とくに若年層は増加する傾向にある。テレワークは当初から東京一極集中の是正の取り組みを掲げており，どこでも仕事ができることを表明してきた。この点が，テレワークを捉える第一の観点である。今回も，ふるさとテレワーク，テレワークによる移住促進（CCRC）

など，注目される取り組みがみられる。

　第1章では，ふるさとテレワークの背景と現状さらには課題が解説されている。同章執筆者の田澤由利は，ふるさとテレワークに深く関わり，その推進の中核的役割を担ってきた点を特筆しておきたい。

　第2章では，昨今とみに注目を浴びている徳島市のサテライトオフィスの事例が紹介されている。同章は，行政の立場から中心的に関わってこられた床桜英二による執筆であり，当事者による貴重な論考といえる。

　第3章では，リゾート地でのテレワーク（リゾートオフィス）に注目し，働く場所を見直すことは，仕事そのものの意義をもう一度再考する手掛かりになる点を考察している。執筆者の松岡温彦は，日本テレワーク学会創設時からのメンバーでリゾートオフィスなどの実証実験に精力的に取り組んできている。

　ところで，ふるさとテレワークにはふたつのパターンがありうる。ひとつは，現在導入されているものである。両親が故郷に住んでいて介護が必要となった時，故郷に戻って介護しながら仕事も両立させるため，テレワークを活用するという例である。この事例は，日本に限らず米国あるいはオランダの事例でも確認できている。

　もうひとつは，親も子も都会育ちの場合である。この場合は，故郷をもたない都会しか知らない家族の場合である。夏休みなど一定の期間，故郷となる土地に住む。このような活用方法はまだあまりみられないが，多くの都会育ちの人達が今後ふるさとを求めることが考えられる。このような場合，テレワークで一時的に仕事をする必要が生じる。

　地方再生には住人を増やす必要があり，そのためには一時的にでもある地域に住むことが第一歩となる。地域の良さを実感した後でその地域への移住が検討され，そこに至る過程でテレワークは有効に活用できる。また，地方に住めない理由は働く場がないことが少なくない。ゆえに，都会の仕事をテレワークで地方にバーチャルに誘致できれば，工場もオフィスもなくても仕事を創出できるのである。

　以上のように，雇用と居住が密接に関係していることは地方創生にとっての

序章　社会的課題解決のためのテレワーク　　5

重要な要素である。この限りにおいて，都市部におけるテレワークも重要である。そこで，関西圏のテレワーク事例を第4章で紹介する。同章は，関西でテレワーク推進に意欲的に取り組んでこられた気鋭のコンサルタントである吉住裕子による執筆である。

　また，テレワークを定着させるためには，法的な制度設計が不可欠である。この点について，第5章で論じた。同章は，やはり関西においてテレワーク推進活動に取り組んでおられる社会保険労務士の武田かおりと中島康之による執筆である。

　続く理論編では，まず第6章で，テレワーカーとくに在宅勤務の現状と課題を把握するために，国土交通省によるテレワーク人口実態調査をもとに詳細な検討が加えられている（執筆者：佐藤彰男）。第7章では，情報システム研究の立場から社会的課題解決の手段としてのテレワークがどのように語られているのか，その視点の多様性が整理されている（執筆者：占賀広志）。

2.2. 組織変革の実現

　最近の働き方改革の目的のひとつとして組織の変革が掲げられているが，テレワークは組織改革に有効なのであろうか。これが第2の観点である。

　日本企業は，グローバル化，目まぐるしい技術革新，少子高齢化による人口減少などの企業環境の変化に対応するために，企業組織そのものの変革が要請されている。安定的な組織運営を可能としてきた日本の人事制度，終身雇用や年功制は改革されつつあるが，根本的な慣行はまだ維持されている。安定した雇用がイノベーティブな発想を生むという見方もあるが，産業全体に世界的な技術変革に遅れをとっているのが現状である。

　そのような状態を鑑みると，企業の研究開発力を向上するための人事制度変革が求められている。そこで，対人的関係を重視する日本的な組織風土を変革するのにテレワークを活用しようとする動きが登場する。テレワークと組織変革との関係の分析は，数多くの変数関係を解明しなければならないが，これまで日本企業の組織変革の試みが成功することが難しかったことから，ひとつの

試みとして，テレワークによる組織変革が導入されている。

　研究開発部門では，裁量労働制が採用される傾向が強く，在宅勤務を導入している企業が数多くみられる。営業でも，オフィスではフリーアドレス制を導入したり，直行直帰を認めたり，モバイルで仕事をしたりと，働き方の変革は進んでいる。公務員にもフレックスタイム制が導入され始めたりと，働き方の多様性を高める取り組みは枚挙にいとまがない。

　この成果はまだ見えないが，組織変革を目的とする取り組みが進められている実情がある。第8章では，組織変革に関する理論的視座を紹介し，テレワークにおける組織変革を捉えるための分析視角を提供する（執筆者：本多毅）。

2.3. 災害危機対策（事業継続計画：BCP）

　上記の社会的課題は日本社会に特有のものであったが，国際的に共通の社会的課題として，災害危機時の事業継続計画（BCP：Business Continuity Planning）に盛りこむテレワークがある。これが注目されるようになったのは，パンデミック時である。また，地震や洪水などの災害時において，テレワークは事業継続に有効に機能することが災害時に確認されている。

　従来のオフィスのみしか職務遂行ができないとなれば，そのオフィスが災害で利用できない場合，業務はその時点で中断されてしまう。それを回避するには，主たるオフィス以外にも職務遂行できる方法を確保しなければならない。その際，テレワーク，この場合は在宅だけではなく，モバイルなども有効な方法となる。第9章ではこれらのBCPに対応したテレワークの現状と課題について論じられる（執筆者：柳原佐智子）。

3. ワークライフバランスの実現

3.1. 生産労働人口の拡大

　日本社会は人口減少社会に突入しており，その中でも生産労働人口の減少

は，働き手が不足するわけで，ほとんどの業界で人手不足が深刻になりつつある。これを解消するのが，これまで非労働力であった人達を労働力化することである。そのためには，女性・高齢者・障がい者など多様な属性を有する人が働ける環境整備をすることが必要となる。従来の働き方は男性正規労働者を対象とするものであり，労働時間・労働場所ともに柔軟性のないものであった。日本社会では性別役割分業が明確であり，男性は仕事，女性は家庭を守るという意識が根強く，男性の「仕事があるので」はあらゆることを断ることのできるオールマイティのカードであったとしても過言ではない。しかし，これが日本女性の年齢別労働力率のM字型カーブを生み出し，結婚・子育て期には家庭に戻るという社会構造を維持してきたのである。

　テレワークの在宅勤務やサテライトオフィス勤務は，自宅や自宅近辺で就業することから，女性の就業率を高めることができる。また，就業時間の柔軟性も女性の就業を促進する。このことは，職住近接で労働時間が短いパートタイマーが子育て後の女性の働き方として選択される傾向が強いことがひとつの証明といえる。これは高齢者，障がい者にも同様のことが言えるであろう。

　このように，これまで非労働力化していた人々を労働力化することが，生産労働人口を増加させるひとつの方法である。

　育児や介護の担い手などが就業することで生み出される多様性の観点から，第10章では，女性の新しい働き方としてのテレワークを阻害する要因の検討を通じて，自律性が重要な鍵となることを明らかにしている（執筆者：脇夕希子・古賀広志）。また，第11章では，生産労働人口の事実上の拡大を狙う「ダイバーシティ・マネジメント」の視点から，テレワークにおける「生産性」と「創造性」の概念の意義について考察を加えている（執筆者：加納郁也・古賀広志）。

3.2. 少子化対策

　2003年に合計特殊出生率が1.29となり，日本社会では1.29ショックと表現されて，少子化問題がクローズアップされることになる。すなわち，女性1人

8

が生涯出産する子供の数が1人余りで，人口維持ができない数字なのである。これは先の生産労働人口の減少に拍車をかける。

　女性の就業率は，男女雇用機会均等法の1999年改正以降，増加傾向を示したのであるが，その結果として，晩婚化・晩産化が進み，少子化傾向は改善されることなく推移している。少子化は長期的な生産労働人口の低下傾向を生み，日本経済力の低下を導くことになる。そこで，女性の就業率も出生率も同時に高めるという課題に直面する。そのためには，働きながらでも子育てできる環境を整備することが求められ，ワークライフバランス（WLB）を実現する働き方が当たり前にならねばならい。

　テレワークは，先に述べたとおり，職住の一体化と近接化を促し，通勤時間の削減により，家庭生活時間の増大に寄与する。仕事時間と家庭時間を明確に区分するのでなく，24時間内で，仕事と家庭の時間を効率的に調整した生活が可能となる。

　このことは，必然的に仕事の生産性を高めるには，いつどこで何をすれば良いかを考えるようになり，無駄な時間の削減をひきだす。すなわち働き方の改革を意味する。テレワークがホワイトカラーの生産性を向上させるのは，この仕事に対する意識変化によるものである。オフィスにいることが仕事をしていることではなく，実質的な仕事時間の効率性を高めるのである。

3.3. 介護支援

　本書で紹介しているふるさとテレワークは，両親の介護で離職する人達に雇用継続の機会を与えるために，両親が住むふるさとで仕事ができる仕組みを提供しようというものである。ふるさとだけでなく，また両親だけでなく，介護が必要となった時，WLBが求められる。育児については，在宅で育児と仕事を両立させるのは困難であるという研究成果があるが，介護については一定の条件が揃えば，両立は可能であるといわれる。

　今後，日本社会は高齢化による介護が増大することは間違いなくテレワークの有効性が高いと言える。

また，両親等の介護だけではなく，本人が怪我や病気で通勤が困難になった場合も，テレワークを利用すれば，仕事を中断しなくてもよくなる。最近では病室でもICTを利用できる場合も多く，入院中でも仕事が継続される事例もみられる。このように，在宅でのテレワークは通常であれば雇用や仕事の中断を余儀なくされる場合であっても，中断されずに雇用や仕事を継続できるようになるのである。

なお，本書では，第9，10，11章でこれらの点について触れられる。

4. テレワークのさらなる可能性を求めて

以上で述べてきたように，テレワークは現在直面している社会的課題を解決する可能性があると期待されている。

企業の在宅勤務の導入は急速に拡大している。女性の就業継続においては欠かせない制度である。実際の運用状況の実態や成功例や課題などは今後明らかにされていき，制度そのものの有効性を高める努力が必要となる。人事制度上の評価に対して，在宅では成果での評価が求められるが，成果評価の公平な制度が確立されていない現状では，就業時間管理での評価がまずは基本とならざるをえない。この評価方法の変更が今後検討されていくことになる。これはテレワークのみならず育児休業取得後の従業員の評価の課題と重なるものである。

また，テレワークがWLBをいかに向上させたのか，少子化に歯止めをかけたのか，介護との両立が可能となったのか，などは数年間の結果を待たねばならず，早急な成果を求めてはいけないであろう。各種の社会的課題の解決，地方創生に向けても，実現する方法の模索が必要で，決してテレワークの導入が直線的に社会的課題を解決するわけではない。ゆえに，テレワークによる社会的課題の解決には，導入や制度維持に向けての繊細な配慮が不可欠である。

以上，第4次テレワークブームを捉えるための要点を整理するとともに本書の狙い，各章の位置づけについて簡単に説明した。本書が，テレワークが定着

する上での一助になることを期待したい。

（編集代表者　下﨑千代子）

第1章
ふるさとテレワークが開く地方の可能性

　本章の目的は，総務省が推進する「ふるさとテレワーク」の現状と課題について紹介することにある。ふるさとテレワークの概念を整理した後，北海道北見市，北海道斜里町，和歌山県白浜市の事例を概観する。最後に，ふるさとテレワークの課題を指摘する。

1. はじめに

　テレワークは，「働き方改革」の枠組みの中で，都市部の企業を中心に広がりを見せているが，「離れていても，しっかり働くことができる」というテレワークの根本的メリットが，東京への一極集中が続き，「地方消滅」とまで言われる中で，地方創生に寄与することは誰も否定しないだろう。しかし，地方における「テレワーク」が遅れている現実の中，「理想だが，難しい」というのが長年の状況であった。

　第2次安倍改造内閣の2014年から「地方創生」への動きが始まり，「まち・ひと・しごと創生本部」のもと，2020年に向けて，さまざまな施策が実施され，総務省において「ふるさとテレワーク」というコンセプトが提示された。「地方創生におけるテレワーク」の実質的な始まりである。本稿では，この「ふるさとテレワーク」を中心に，「地方におけるテレワーク」について，その必要性から，課題，進むべき方向について，述べたい。

　ちなみに，筆者は，20年以上，テレワークの推進に関わっているが，大学4年間以外は東京に住んだことがない。1985年以来，奈良県生駒市，宮城県仙台市，岡山県津山市，愛知県稲沢市，そして北海道北見市と，さまざまな地域

図表1-1　ふるさとテレワーク拠点の整備状況

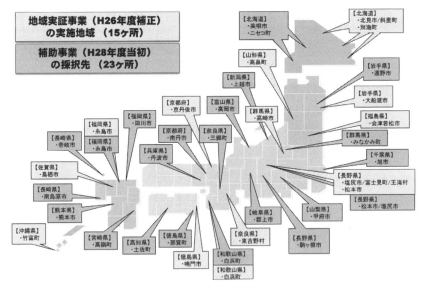

出所：総務省（2015）及び総務省（2016a）を基に筆者作成

で暮らしつつ、仕事を続けることができたのは、まさに「テレワーク」の恩恵である。

2. 地方創生におけるテレワークの背景

　総務省が2014年秋に開催した「地方のポテンシャルを引き出すテレワークやWi-Fi等の活用に関する研究会」（総務省 2017）において、その考え方、方向性が示された。

　研究会には、須藤修教授（東京大学）を座長とし、知事や地方自治体、民間企業などさまざまな構成員が参加する中、注目すべきは特定非営利活動法人グリーンバレーの大南信也理事長の存在だった。大南理事長は、徳島県神山町で、都市部の企業をテレワークで誘致し、中山間地における地域活性化を実現した中心人物である。この研究会における「テレワーク」のミッションは、徳

島県神山町のような地域を，日本全国に広げるために何をすべきかを議論し，政策として実施していくことであったと考える。

研究会の結果，2014年度の補正予算において「ふるさとテレワーク推進のための地域実証事業」が公募され，2015年度に全国15地域において「ふるさとテレワーク」の実証が行われることとなった。また，この成果をもとに，2016年度には「ふるさとテレワーク推進事業」として，全国22ヶ所での補助事業を実施（当初予定の採択先は23ヶ所であったが，実際に実施したのは22ヶ所で，宮崎県高鍋町では実施されていない），2017年度においても継続して実施されている。

3. ふるさとテレワーク推進事業とその意義

3.1. ふるさとテレワークとは

「ふるさとテレワーク」とは，どのようなものか。「ふるさとテレワーク」ポータルサイトによると，以下のように記載されている（総務省，2016b）。

「ふるさとテレワーク」とは，地方のサテライトオフィスやテレワークセンター等において都市部の仕事を行うテレワークのことであり，地方でも都市部と同じように働ける環境を実現するものです。

この説明のポイントは，「都市部の仕事を行う」という点にある。地方活性化において，地域での仕事を増やし，雇用を創出することは，一番のミッションであった。このため，地域の資源を活用して新しい産業を興す「産業創出」と，都市部の企業が営業所や工場を地域に作る「企業誘致」に力を入れてきた。地方公共団体においては，まさに二大柱ともいうべき重要な施策である。しかし，地方からの人口流出が止まらないため，地方で仕事を創るのではなく，「都市部の仕事を，テレワークで，地方でする」人材や企業を誘致するこ

図表1-2 「ふるさとテレワーク」におけるテレワーク拠点

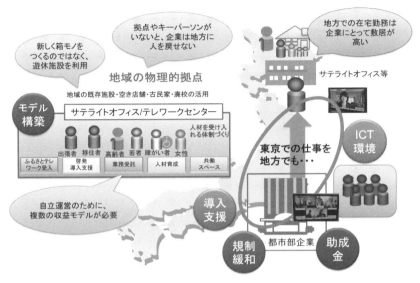

出所：著者作成の講演資料

とができれば、「都市部から地方へ」の新しい人の流れを作り出すことができるのではないか。これが「ふるさとテレワーク」の基本である。

「なぜ都市部の企業や人が、わざわざ地方で仕事をしなくてはいけないのか」。多くの人がそう考えるが、前述の徳島県神山町では、10年以上かけてそれを実現している（第2章）。東京のIT企業が神山町にサテライトオフィスを作り東京の仕事をする。すると、企業や人が集まり、そこで雇用が生まれ、さらに起業する人も出てくる。まさに、理想の「ふるさとテレワーク」である。しかし、神山町と同様のことは、何もしなければ、他の地域では起こらない。だからこそ、国が予算を確保し、日本の将来のために、地方の「テレワーク」を推進することになったのである。このため、「ふるさとテレワーク推進事業」は、地方自治体が中心となり、都市部の企業を受け入れる体制（人、施設、IT環境など）を整備することに、助成が行われている。

都市部の企業に向けて、国は「導入支援」「規制緩和」「助成金」などの施策

を実施し、「テレワーク導入」を促進している。一方で、地域においては、その動きに呼応する形で、「ふるさとテレワーク」を受け入れることができる物理的拠点として、「サテライトオフィス」や「テレワークセンター」を整備し、自立運営を目指すことになる。

3.2. 類型から見るふるさとテレワークの地方メリット

　都市部における「テレワーク」は、「福利厚生」に始まり、最近は「人材確保」や「危機管理」「生産性向上」など、企業における雇用型テレワーク（在宅勤務等）を中心に、広がりを見せているが、地方においては中小企業が多く、自社でのテレワークを導入する企業はまだまだ少ない。しかし、「ふるさとテレワーク」を実施するのは、都市部の企業である。「ふるさとテレワーク」は、地域企業でのテレワーク導入を待つ必要はなく、地方自治体の施策として推し進めることで、地方にさまざまなメリットをもたらすことができる。以下では、地方における「テレワーク」のメリットについて、「ふるさとテレワーク」の4つの類型をもとにご紹介しよう。

3.2.1. ふるさとオフィス（類型A）

　第1の類型は、「地方のオフィスに、都市部の企業等の従業員が移動し、都市部の業務をテレワークで行う」もので、「ふるさとオフィス（類型A）」と呼ばれる（図表1-3）。

　この類型が地域にもたらすメリットは、「地域経済の活性化」である。都市部の企業の社員が、地域にやってきて、そこで仕事をするということは、「宿泊」「食事」「買い物」などを地域で行うことになる。2014年度補正予算（総務省）の「平成27年度ふるさとテレワーク地域実証事業」では、白浜町のサテライトオフィスに、株式会社セールスフォース・ドットコムの社員等、年間延べ27人が入れ替わり立ち代わり、地域を訪れている（移住を含む）。

16

図表 1-3　ふるさとオフィス（類型 A）

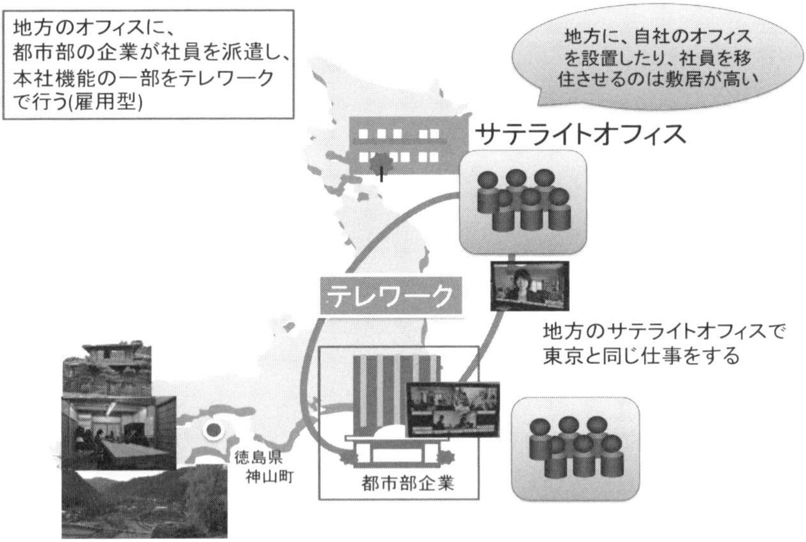

地方のオフィスに、
都市部の企業が社員を派遣し、
本社機能の一部をテレワーク
で行う(雇用型)

地方に、自社のオフィス
を設置したり、社員を移
住させるのは敷居が高い

サテライトオフィス

テレワーク

地方のサテライトオフィスで
東京と同じ仕事をする

徳島県
神山町

都市部企業

出所：著者作成の講演資料

3.2.2. ふるさと勤務（類型 B）

　第2は，「子育てや親の介護等を理由に，地方へ移動を希望する従業員や個人が，テレワークで都市部の仕事を継続する」もので，「ふるさと勤務（類型B）」である（図表1-4）。

　この類型が地域にもたらすメリットは，「地域人材の確保」である。地域で育った人材が都市部に流出し，戻って来ないというのが，地方における若者の減少の大きな課題である。しかし，この類型では，親の介護や子育てのため，都市部の企業を辞めるのではなく，雇用されながら，働く世代が地域に戻ってくることができる。都市部からもらう給料を使って地域で消費し，地域で子育てをし，地域活動に参加できれば，地域にとって大きなメリットとなる。

3.2.3. ふるさと起業（類型 C）

　第3は，「クラウドソーシング等を利用し，個人事業主として，又は起業に

図表1-4 ふるさと勤務（類型B）

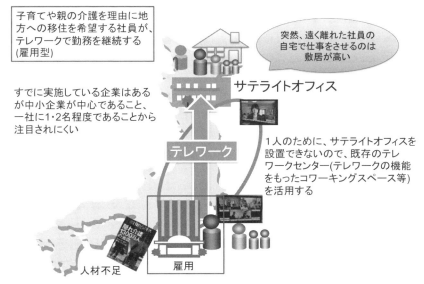

出所：著者作成の講演資料

より，都市部の仕事をテレワークで行う」もので「ふるさと起業（類型C）」と呼ばれる（図表1-5）。

この類型が地域にもたらすメリットは，「地域のICT人材の育成」である。これまで，インターネットやパソコン，プログラミング，デザインといった仕事が地域に少ないことで，これらの仕事ができる人材が育成できない，また流出してしまうという状況であった。しかし，AI等のICT技術の進化で「将来無くなる仕事」が増えると言われている中，今後求められる「ICT人材」の育成と，地域でのICT関連の起業は，早急に取り組むべき課題となっている。

そんな中，インターネット上で仕事を受発注できるクラウドソーシングサービスの普及により，自営型テレワークにおいても，都市部の仕事を地域でできるようになってきた。地域の教育，地域の企業も変化していくことになる。

図表1-5　ふるさと起業（類型C）

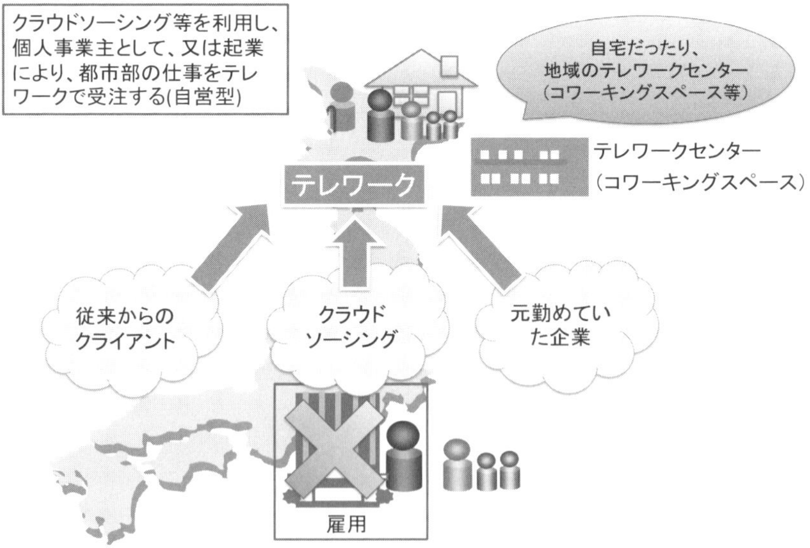

クラウドソーシング等を利用し、個人事業主として、又は起業により、都市部の仕事をテレワークで受注する(自営型)

自宅だったり、地域のテレワークセンター（コワーキングスペース等）

テレワーク

テレワークセンター（コワーキングスペース）

従来からのクライアント

クラウドソーシング

元勤めていた企業

雇用

出所：著者作成の講演資料

3.2.4. ふるさと採用（類型D）

　最後は，「都市部の企業等が，テレワークで働く人材を，新規に地方で採用する」タイプで，「ふるさと採用（類型D）」と呼ぶ（図表1-6）。

　この類型が地域にもたらすメリットは，「雇用創出」である。生産年齢人口の減少が続く中，今後は，企業が集中する都市部での人材採用がより困難になっていく。地方に拠点があれば，その地域での採用，業務も可能となる。地域の雇用は地域企業が産み出す，という常識が覆るだろう。特に，「障がい者雇用」においては，法定雇用率の引き上げにより都市部での採用が困難な状況が続いており，類型Dにおいて先行して実施される可能性が高い。

　なお，総務省の「ふるさとテレワーク推進事業」においては，「都市部から地方へ」人の移動を伴う「ふるさとオフィス（類型A）」「ふるさと勤務（類型B）」の実施を必須とし，「ふるさと起業（類型C）」および「ふるさと採用（類型D）」の実施も可，としている点を指摘しておきたい。

図表1-6 ふるさと採用（類型D）

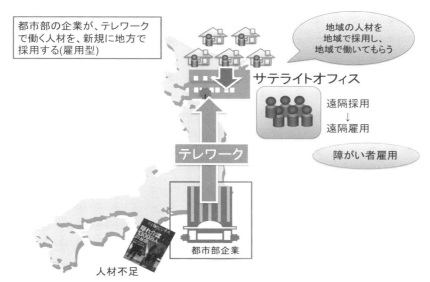

出所：著者作成の講演資料

3.3. ふるさとテレワークによる企業メリットの創出

　「ふるさとテレワーク」が広がることで，地域にもたらすメリットが多いことはおわかりいただけたと思うが，企業にとってメリットがあるのか，という疑問が残る。実際，「社員の交通費を負担してまで，わざわざ遠方で仕事をする必要がない」という企業も少なくない。だからこそ，「ふるさとテレワーク」による企業メリットを見つけ出すことが，2014年度補正予算「平成27年度ふるさとテレワーク地域実証事業」の大きな目的の一つとなった。明らかなメリットがあれば，国が費用を負担する必要はない。実証事業を進める中で，企業のメリットを掘り起こし，明確にしていくことで，より多くの企業が地域とつながり，「ふるさとテレワーク」を拡大することにつながる。

　2014年度補正予算「平成27年度ふるさとテレワーク地域実証事業」を経た企業メリットは図表1-7の通りである。

　すべての地域において，企業に向けたすべてのメリットをもたらすことは難

20

図表1-7　ふるさとテレワークにおける企業のメリット

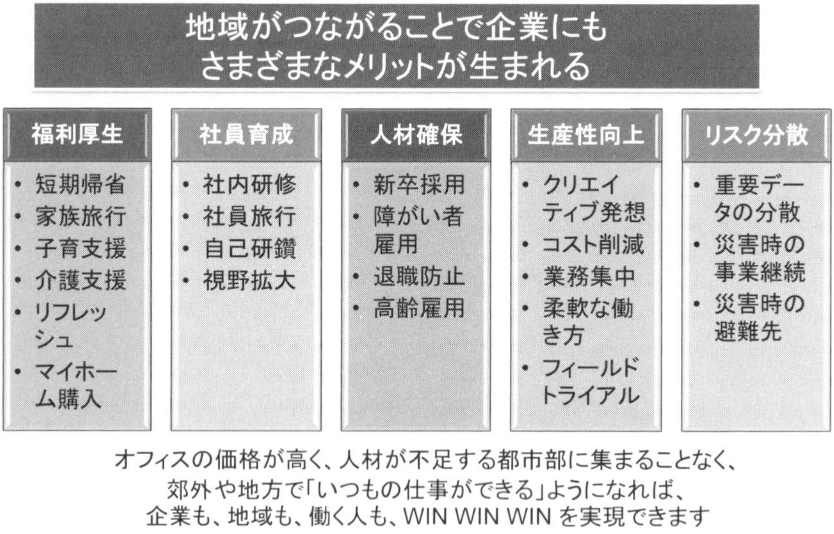

**地域がつながることで企業にも
さまざまなメリットが生まれる**

福利厚生	社員育成	人材確保	生産性向上	リスク分散
・短期帰省 ・家族旅行 ・子育支援 ・介護支援 ・リフレッシュ ・マイホーム購入	・社内研修 ・社員旅行 ・自己研鑽 ・視野拡大	・新卒採用 ・障がい者雇用 ・退職防止 ・高齢雇用	・クリエイティブ発想 ・コスト削減 ・業務集中 ・柔軟な働き方 ・フィールドトライアル	・重要データの分散 ・災害時の事業継続 ・災害時の避難先

オフィスの価格が高く、人材が不足する都市部に集まることなく、
郊外や地方で「いつもの仕事ができる」ようになれば、
企業も、地域も、働く人も、WIN WIN WIN を実現できます

出所：田澤（2016b）

しい。しかし，それぞれの地域が特性や魅力を最大限に活用し，その地域ならではの「ふるさとテレワーク」の企業メリットを提供できるよう，環境整備，広報宣伝，自立モデルを作り上げることが重要なポイントとなる。

4. ふるさとテレワークの事例

　本節では，2014年度補正予算事業で，「ふるさとテレワーク」を実施した地域の事例について，その後の最新状況も含めて紹介していく。

4.1. 北見市：「ICT人材」都市を目指す

　北海道北見市における「ふるさとテレワーク」は，北見市が従来から進めてきたIT企業誘致と合体する形で推進された。都市部では，プログラマー等，ICTに長けた人材が不足する中，ITベンチャー企業が人材を求めて北見工業

第1章 ふるさとテレワークが開く地方の可能性　21

図表1-8　北海道北見市のふるさとテレワーク

出所：著者作成の講演資料

大学へリクルーティング活動を行ってきた。単にリクルートのために企業が北見市に来るのではなく，サテライトオフィスを設置してもらうことで，北見で学生インターンが可能なリクルーティングを実施し，さらには，都市部で実力をつけた北見出身者がいずれ戻れる拠点とすることを目指している（図表1-8）。また同2014年度補正予算事業において北見市でテレワークをした企業9社のうち3社が，現在もサテライトオフィスを設置している。また，2017年6月には，商店街の空き店舗を利用したテレワークセンターを開設，地域でのICT交流拠点を目指す。

4.2. 北海道斜里町：「地方創生合宿」で企業利用を目指す

　北海道斜里町では，「企業人と地域人の交流による，まちづくり」により，滞在型交流人口の増加，新しい発想による地元産業の活性化，テレワーカーの移住促進を実現する。モニターツアーにより，企業は，世界自然遺産の中で社

図表1-9 北海道斜里町のふるさとテレワーク

出所：田澤（2016a）

員が仕事をする機会と環境を提供することで，社員に「新しい発想」「働く意欲」「会社への愛着」「仲間とのつながり」等を『創生する』というメリットにニーズを見出した。実際に，大手企業の人事部が，複数回実施し，前向きに今後の継続を検討している。これを「しれとこ創生合宿」として多数企業を誘致し，新しい「ふるさとテレワーク」モデルとして，さらに積極的に取り組んでいく（図表1-9）。

4.3. 和歌山県白浜町：「売り上げアップ」を実践中

和歌山県白浜町では，株式会社セールスフォース・ドットコムをはじめ4社が参画し，各社のオフィスを白浜にオープン。人の移住・長期派遣 合計27名を達成している。

海を見渡せるオフィス環境で，社員同士のコミュニケーションも深くなり，結果として，活動件数，商談件数は，それぞれ6％，11％増加し，契約金額も

63％増加した。実証終了以降も，サテライトオフィスは継続して利活用しつつ，2016年にはNECソリューションイノベータが，「南紀白浜サテライトオフィス」を開設した。

5. 地方におけるテレワークの課題と可能性

5.1. 地方におけるテレワークの課題

　ようやく地方創生のための「テレワーク」が動き出したが，まだまだ課題も多い。ここでは現時点における課題について順に述べる。

5.1.1. 長期テレワークの体制

　政府の「働き方改革」により，都市部を中心に「テレワーク制度」を導入する企業が増えている。しかし，「地方でのテレワーク」は，少なくとも1週間程度はテレワークができる体制ができている企業に限られる。「週1日のみ」在宅勤務が可能，というレベルでは，対応できない。コミュニケーション，労務管理，資料共有などが可能で，「いつもの仕事ができる」テレワークを推進している企業が望ましい。サテライトオフィスに，TV会議システムを常設し，都市部のオフィスと常時接続することで，労務管理やコミュニケーション不足への対策をするケースもある。

5.1.2. 地方への交通費負担

　地方におけるテレワークのメリットとして，都市部にはない「自然」や「食」といった非日常の中で，気分をリフレッシュしつつも，いつもの仕事ができることが挙げられる。しかし，距離が遠くなればなるほど，新幹線や飛行機による移動が伴い，社員の頻繁な派遣が負担となりやすい。地方自治体での一部負担や，地域の交通機関との協力が望まれる。

5.1.3. 地域独自のコンセプト提示

サテライトオフィス等の建物を用意したが，「そこでテレワークする理由」を的確に提示できず苦戦している地方自治体も少なくない。「自然があります」といっても，そのメリットをアピールできる地域は，近隣にたくさんある。その地域ならではの産業はもちろん，出身者，ゆかりのある企業など，地域の魅力を再発掘し，それをビジネスとしての魅力にして企業にアピールしていく必要がある。

これを打開するためには，地域で考えるだけでは結果が出にくい。外の目線や外部ネットワークを活用していく必要がある。それにもかかわらず「ふるさとテレワーク」の補助金に，コンサルティング等が対象になっていないのは残念である。

5.1.4. 地域での受け入れ体制の構築

都市部の企業からやってくる社員は，地元の人とのつながりがあってこそ，リピートするようになる。しかし，地方のサテライトオフィス等の施設は，地方自治体が用意してスタートするケースが多く，職員の異動などで受け入れ体制の維持が難しくなるケースがある。

設置当初から，地元の団体等を巻き込み，テレワーカーの受け入れを実施していくことが持続的な運営とリピーターの確保に重要となる。

5.1.5. サテライトオフィス以外の収益モデル

都市部の企業が利用するサテライトオフィスとしての収益は，長期の利用でないと確保しにくい。実際には，「コワーキングスペース」「ICTスキルのスクール」など，他の収益と組み合わせる必要がある。

5.1.6. 地域住民の理解

地方の山間部の場合，「テレワーク」自体の理解が進んでいないケースがあり，住民の理解を得ることが難しい。地元住民に向けた説明会やセミナーを頻

繁に実施することも重要だが，そこに足を運ばない住民への発信としては，新聞やローカルTV局など，地元メディアで取り上げてもらう等の活動が重要になる。

テレワークで地域を訪問している企業人が，中学や高校で子どもたちに出前授業をすることも，「ふるさとテレワーク」の地域メリットとして，また企業のCSR（社会貢献活動）として評価されている。

5.1.7. 地域のICT人材の育成

ふるさとテレワークにおける「ふるさと採用（類型D)」を推し進めるためには，地域にICTを使って仕事ができる人材がいることが前提となる。しかし，地方には第一次産業が中心の地域が多く，もともとICT人材が少ない。

地域の人材育成，特に，埋もれがちな女性に対して，スキルを習得するための教育・訓練の実施が望まれる。

5.1.8. 地域企業のテレワーク導入

人材と同様に，地域企業においても，ICTの活用度はまだ低く，ましてやテレワークを導入している企業はかなり少ない。しかし，今後人材不足が進む中，地方の企業にこそ，テレワークが必要になってくる。「ふるさとテレワーク」により，都市部でテレワークをしている社員が，地域の企業において「テレワーク」を紹介する機会を作り，地域企業が変わるきっかけを作ることが重要となる。

以上，地方テレワークの課題を指摘した。そして，これらの課題に対応していくためには，（1）地域の魅力をどう見せるか，（2）企業にどうアピールするか，（3）企業とどう出会うか，（4）地域でどうもてなすか，（5）どう継続するか，などの問いを真剣に考えることが重要である（図表1-10）。そのような真摯な熟考こそが「ふるさとテレワーク」成功のカギに他ならない。

図表1-10　ふるさとテレワークを成功させるために

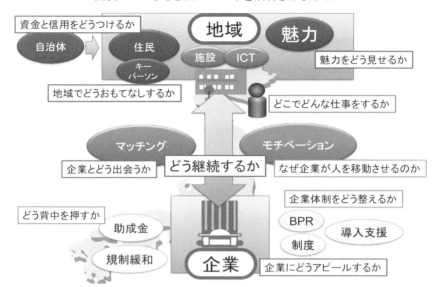

出所：田澤（2016b）

5.2. 地方におけるテレワークの可能性

　最後に，筆者が今後期待する「地方におけるテレワークの可能性」について，地域の企業と教育および高齢者ケアの観点から述べておきたい。

5.2.1. 地域企業との連動

　総務省の「地域IoT実装推進ロードマップ」から，国は，2020年に向けて，地方におけるテレワークの推進すべく動いていることがわかる（総務省2016c）。今後も地域活性化を目的に「テレワーク」に取り組む地方自治体が増えることになるだろう。

　「ふるさとテレワーク」は，1年2年で成功するものではない。図表1-11に示すように，テレワークで「企業」と「地域」がつながることにより，

　・人（社員）が地域を行き来することによる「交流人口の増加」
　・人（社員）が人に地域を伝えることによる「地域の認知度向上」

図表1-11 地域と企業がつながることが地方創生の大きな一歩

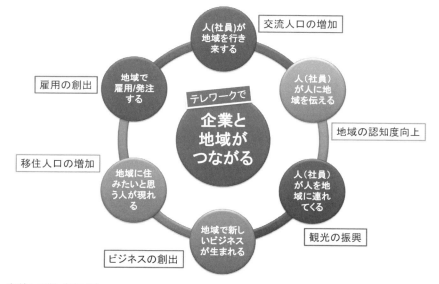

出所：田澤（2016b）

・人（社員）が人を地域に連れてくることによる「観光の振興」
・人（社員）が地域で考えることによる「ビジネスの創出」
・地域に住みたいと思う人（社員）が増える「移住人口の増加」
・地域で採用したりビジネスを始めることによる「雇用の創出」
といったサイクルを数年から10年かけてでも回していくことが重要となる。

5.2.2. 地域教育との連動

　地域の先生も，保護者も，子どもたちも，生まれ育った地域で暮らしたいなら，地域産業を知り，地域の会社に就職するのが当たり前と考えている。しかし，テレワークが普及すれば，地域に居ながら，都市部の企業に就職することも夢ではなくなる。

　大切なことは，地域がそのことを知り，これからの子どもたちの教育から変えていくことである。変化が大きい時代においては，教師や保護者が経験して

図表1-12　CCRCとの連動の可能性

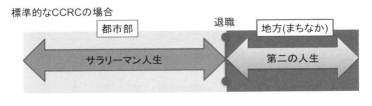

出所：田澤（2016c）

いないことを，子どもたちに伝える必要がある。

　将来的には，都市部企業が地方で人材育成をすることが，企業の人材確保かつ，CSRとなる時代が来るかもしれない。そのためにも，今，企業と地域が，「テレワーク」でつながることが重要であると筆者は考えている。

5.2.3.「生涯活躍の街」日本型CCRCとの連動

　近い将来，増え続ける高齢者を都市部で受け入れられなくなることが予測されている。国は「生涯活躍の街」として，米国のCCRC（Continuing Care Retirement Community：定年後の高齢者を対象とする医療・介護制度）を日本に応用した日本型のCCRCを進めようとしている。アクティブな高齢者が元気な間に，地方に移住し暮らす環境を構築していくものである。

　一般的にCCRCは，リタイアした高齢者を対象としているが，受け入れる地域としては複雑な思いもある。また，退職という後戻りできない節目での移住には，不安を持つ高齢者も多い。さらに企業も，都市部での雇用維持は大き

な負担となっている。

そこで，テレワーク可能な企業が増え，地域とつながることにより，「雇用されながら地方へ移住」という新しい選択肢が考えられる。地域，移住者，企業にとっても，メリットをもたらす可能性がある（図表1-12）。

6. おわりに

企業と地域がつながることは重要だが，必ずしも1対1である必要はない。今後，「ふるさとテレワーク」を実施する企業が増え，受け入れる地方自治体が増えれば，複数対複数による新しい展開が期待できる。

夏は北海道，冬は沖縄で仕事がしたいという社員もいるだろう。故郷に帰りたい社員の場合，その対象地域は全国となる。

「どこに行っても仕事ができる」のは，いつでも仕事をさせられるという事ではない。たとえ仕事があっても，「家族や仲間とどこにでも行ける」「一番快適な場所で仕事ができる」「一番一緒に暮らしたい人のそばで働くことができる」ことなのである。それが，「どこででも仕事ができる社会」を目指すふるさとテレワークの本質である。

【参考文献】

総務省（2015）「ふるさとテレワーク推進のための地域実証事業」に係る委託先候補の決定（2015年7月7日/総務省HP報道資料）.
　　http://www.soumu.go.jp/menu_news/s-news/02ryutsu02_03000208.html（2017.5.25確認）
総務省（2016a）ふるさとテレワークポータルサイト
　　http://www.furusato-telework.jp/（2017.5.25確認）
総務省（2016b）地域IoT実装推進ロードマップ
　　http://www.soumu.go.jp/main_content/000453151.pdf（2017.5.25確認）
総務省（2016c）平成28年度予算「ふるさとテレワーク推進事業」に係る採択候補先の決定（2016年7月29日/総務省HP報道資料）.

http://www.soumu.go.jp/menu_news/s-news/01ryutsu02_02000143.html
（2017.5.25確認）

総務省（2017）「地方のポテンシャルを引き出すテレワークやWi-Fi等の活用に関する研究会」.
http://www.soumu.go.jp/main_sosiki/kenkyu/telework_wi-fi/（2017.5.25確認）

田澤由利（2016a）「知床斜里テレワーク資料」平成28年度北海道市長会人事行政・研修研究会，2016.10.26.

田澤由利（2016b）「地方創生における働き方改革〜自治体におけるテレワークのメリットと課題」平成28年度北海道市長会人事行政・研修研究会，2016.10.26.

田澤由利（2016c）「日本型CCRCテレワーク」営業用社内作成資料（2016.1.5作成）.

（田澤由利）

第2章
徳島サテライトオフィス・プロジェクトの意義

　本章では，徳島県におけるサテライトオフィス・プロジェクトの概要を紹介し，その意義について考察を加える。過疎集落にサテライトオフィスを誘致できた成功要因を明らかにすることで，テレワークを検討している他地域に何らかの示唆を与えることができると期待している。

1. はじめに

　2011年5月，徳島県は「とくしま集落再生プロジェクト」をスタートさせた。新たな視点から過疎地域の再生・活性化を目指すためだ。そこでは，首都圏のIT企業などの施設利用型テレワークオフィス，すなわちサテライトオフィス（SO）を誘致するSOプロジェクトが中核に置かれた。

　行政・企業・住民の3者による協働事業として展開されたSOプロジェクトであるが，その始動時には三者の参画動機はそれぞれ異なっていた。しかし，プロジェクトを通じて，互いの琴線に触れるような相互交流が生まれ，そこから一定の方向性を見いだしつつ，当初には意図されなかったような新たな価値が創造されるようになった。このような価値創造の原動力が，プロジェクトの大きな特徴と言える。参画主体が織りなす相互関係が新たな価値を創出しているのだ。

　筆者は，行政の実務責任者としてSOプロジェクトに深く関与してきた。本章では，その経験を踏まえ，過疎地域の再生・活性化とSO開設との関係を明らかにしていきたい。そのために，まず徳島県内のSO開設の現状を分析する。第2に，SOプロジェクト始動期の半年間を時系列的に追うことで，SOを誘致

32

した行政と誘致に呼応した企業の意思決定の過程を整理したい。第3に、県内
最大規模のSO集積地である美波町の事例を、行政・企業・住民の3者の立場
から考察を加えていく。最後に、今後の課題を示す。

2. サテライトオフィス開設の現状

　徳島県では、県東部・県南部・県西部の3圏域を基本に、地域活性化の施策
が展開されている。SO誘致活動においても、各圏域の特徴が生かされてきた。
特に、県東部の神山町は「清流の里」、県南部の美波町は「海とともに暮らす
町」、県西部の三好市は「そらの郷」と呼ばれる山岳地帯、と特色を生かしな
がら、SO誘致を展開してきた。その結果、2017年6月1日時点で、各圏域の
過疎地域を中心に、52のSOが稼働している（図表2-1）。

図表2-1　SOの市町村別・年度別開設状況

	2011	2012	2013	2014	2015	2016	2017	計
神山町	3	2	3	2		5	1	16
美波町		1	5	3	4	3	1	17
三好市		1		4				5
美馬市						2	3	5
その他			1		2	2	4	9
計	3	4	9	9	6	12	9	52

出所：県調査をもとに筆者作成

　これは、SOプロジェクトの始動時より、各圏域にバランスよくSOの集積
を目指してきた成果と言える。というのは、地域の特徴を生かしながら、各圏
域が切磋琢磨しつつも連携しながら誘致活動を展開することが、SO集積の鍵
を握ると考えたからだ。

　最近では、過疎地域だけでなく、世界最大規模のLED生産地である阿南市
など地方中核都市への開設も見られるようになった。これからは、中核都市の
持つ公的な既存ストックを活用し、それらの機能も再生・強化するようなSO
誘致の展開が予想される。今後は、過疎地域での自然の力を生かしたSOと、

地方中核都市でのストック効果を引き出すSOが，相互に関連し，シナジー効果を発揮するような新たな取組が期待されるところである。

　SOプロジェクトが画餅に終わることなく成功裡に進んだ理由は何だろうか。なぜ過疎地域にSOが集積できたのだろうか。それは，SO誘致を地域戦略の柱に据えたという「県の決断」と「市町村・企業・住民・地域団体の連携」があったからだ。けっして偶然の所産ではない（後述）。

3. サテライトオフィス開設の背景と経過

3.1. とくしま集落再生プロジェクトの背景

　とくしま集落再生プロジェクトの背景には，深刻な過疎問題があった。図表2-2に示すように，徳島県の過疎地域では，いわゆる「限界集落」の割合が，全国平均（15.5％）の約2.3倍（35.5％）である[1]。全国と比して格段の速度で過疎化が進んでいたため，徳島県は「課題先進県」と言われていた。また，県内の過疎集落の平均住民数は約79人，限界集落では約29人というデータもあり，過疎化は県にとって切実な問題であった。

図表2-2　限界集落化の動き（2010年4月30日現在）

	集落数(a)	限界集落数(b)	割合(b/a)
全　　国	64,954集落	10,091集落	15.5%
四　　国	7,216	1,750	24.3
徳 島 県	1,708	606	35.5

出所：徳島県（2012）「とくしま集落再生プロジェクト」から抜粋

　ここで，一つの写真を紹介したい（図表2-3）。これは，2012年3月末に廃校になった市立名頃（なごろ）小学校（三好市東祖谷）の最後の授業参観の様子を再現したものである。この集落の人口は，ここ十年間で1/3に減少し，今や人よりも案山子が多い村として，外国人も訪れる隠れ名所となっている[2]。

　近年では，小学校の休・廃校は大きなニュースにもならない。しかし，それ

図表2-3 人よりかかしの多い村—「かかしの里」の最後の授業参観

出所：筆者撮影

は「地域コミュニティの崩壊の端緒」となる深刻な出来事なのだ。

　過疎地では，「人，土地，むらの3つの空洞化が段階的に，そして折り重なるように進んでいる」と言われる（小田切 2014）。集落の相互扶助機能の低下などの「むらの空洞化」は，集落の人々に「もはや，この家もこのむらも，自分の『代』まで」という気持ちにさせ，地域再生の意欲や地域への誇りを奪うような「心の空洞化」の引き金となる。過疎の集落は「むらの空洞化」を経て，限界集落となり，「心の空洞化」によって「消滅集落」に進んでいくのだ。

　半世紀近く過疎対策がなされてきたが，過疎化・限界集落化の流れは加速している。現行の過疎対策法では「個性豊かで自立的な地域社会の実現を目指す」とうたわれているが，実際は「都市部の生活にいかに近づけるか，そのためにいかに過疎地域の弱みを克服するか」，すなわち「地域格差是正＝弱みの克服」に基礎が置かれている。弱みを克服する取組は，往々にして「なぜ，できなかったのか」「なぜ，ここまで放っていたのか」「だれのせいか」という犯人捜しや自己反省に行き着く傾向が強い。その結果，住民から「もういいだろう／過疎につける薬はない」といった諦めの言葉が発せられる状況となっていくのだ。しかし，「犯人捜し」に終わってしまえば，地域は何も変わらない。格差是正とは異なる対策が求められる理由はここにある。

　もちろん，「お年寄り達の通院の手段」や「買い物対策」などの日常生活に

関する格差是正型の過疎対策は重要である。しかし，それは「延命策」である。重要なことは，過疎地域のもつ強みや特長を伸ばし，活力のある過疎地域を創り出すこと，そのための個性伸張型の過疎対策である。地域への誇りを再生させる何かが必要なのである。このような思いから，県では2011年に「とくしま集落再生プロジェクト会議」を設置した。過疎地域の強みを生かす，戦略的なアクションプランを策定することを目的にしたものだ。地域の最前線で活躍中のソーシャル・イノベーターなど有言実行型の人々によるプロジェクト推進型の検討組織である。そこでの中核的な取組がSO誘致であった。このような取組には，「犯人捜し」の姿勢は不要である。むしろ，そこには一歩踏み出す勇気と，内外の批判に耐える強い意思が必要となる。それは，どのようなものなのだろうか。この点を明らかにするために，県の取り組みを改めて振り返ってみよう。

3.2. 徳島県の高速インターネット回線整備の背景

　議論を始める前に，なぜ徳島県が高速情報通信網を過疎地域に至るまで整備できたのか，について触れておきたい。

　徳島県で受信可能なテレビ局は，NHK総合とNHK教育，四国放送の3つしかない。それ以外の放送は関西圏などから「結果的に届いている」状況に過ぎなかった。しかし，2011年の地上デジタル放送移行後は，地デジの電波特性により「これまで届いていたものが届かなくなり」，約7割の世帯が関西圏などの県外放送をアンテナ受信できなくなることが分かった。その混乱に対応するために，県は2002年から市町村と連携して「全県CATV網構想」を推進してきた。その結果，CATV普及率は全国トップとなり，地デジ移行後も安定的にテレビ視聴できる環境が整備された。

　CATV網は，高速・大容量・常時接続のブロードバンド環境の整備でもあった。しかし，整備された過疎地域のブロードバンド環境は，テレビ視聴以外には活用されず，未利用の状況にあった。当時は，過疎とITを組み合わせるという発想がなかったのだ。この限りにおいて，SOプロジェクトは，未利用資

源の活用を通じた新規ビジネス創出を成し遂げたアイドルエコノミーの取組で
もあったと言える。

3.3. サテライトオフィス進出に至る経緯

　2011年春，SO誘致に着手した時期は，県庁組織はとても慌ただしかった。
関西広域連合の構成員として被災地の宮城県に多くの県職員を支援員として派
遣していた上に，県知事選挙が4月に実施されたからだ。知事選の関係で例年
の異動時期より1ヶ月遅れの5月1日に，筆者は地域振興総局長に就任した[3]。

　筆者は，過疎地域の距離のハンディキャップを克服するのはICTしかない
と考えた。そこで，同じ局内ではあるが，所管の異なる過疎地域再生施策（地
域主権推進課）と地域情報化推進施策（地域情報課）を掛け合わせる考えに
至った。そして，行政以外の声を糾合するために，「とくしま集落再生プロ
ジェクト会議」を立ち上げることとした。

　同会議メンバーの人選では，会議での発言だけでなく，発言内容を率先して
実行する気概とパワーのあることを基準とした。そして，メンバーには，（1）
過疎地域の強みを生かした再生・活性化の具体策の提案，（2）率先垂範した
実践をもとにした最終報告への書き込みを依頼した。会議運営は役所の考えの
追認方式をとらなかったためにリスクがあったが，結果的に活発な議論を生ん
だ。同会議がなければ，SOプロジェクトは短期間の内に成果を得ることはな
かったと思われる。

　同会議のメンバー候補として徳島県出身のITベンチャーの経営者に趣旨説
明するために上京したのは，地域振興総局長就任から間もない5月24日のこ
とだった。この日は，県の過疎対策会議に初めてITベンチャー企業の社長の
参画が決まるという歴史的な1日となったのである。

　さらに，6月23日には，上記の社長を含む首都圏の複数のIT企業経営者が
来県し，SOの開設可能性を議論した。徳島市や阿南市など県内中核都市の郊
外を想定していた経営者に対して，県側は過疎地域の可能性を問うた。高速通
信網の整備は過疎地域でも遜色ない旨を説明し，再検討を求めた結果，複数の

過疎地域での現場視察や情報通信速度測定などの合意が得られた。

　そして合意を得たその日の内に，ITベンチャー企業の機動力に対応するために，局長直轄の「SO推進チーム」を設置した。人選には，ITベンチャーとの相性を重視し，局内の異なる部署から「遊び心がある仕事人」である中堅職員2名を指名した。筆者は，SO誘致を「企業」でなく「個性豊かな人材」の誘致活動と捉えていた。それゆえ，SO誘致に関わる職員も，人として胸襟を開いて誘致対象の企業の社員と本気で向き合える人物でなければならないと考えていた。チームに機動力をもたせるために，両名には，SO誘致にどれだけのエネルギーを配分するかなどの裁量権を委譲した。

　庁内外において「IT企業が過疎地域に来るはずがない」との意見が大勢を占める逆風の中で，両名は本来業務をこなしつつSO誘致に邁進した。彼らの勇気ある行動なくして，SO誘致の実現は不可能だったと思われる。筆者は今も彼らの勇気ある行動に感謝している。

　やがて，SOプロジェクトは，とくしま集落再生プロジェクトの最も重要な柱となり，取組も加速していった。振り返って見れば，ともにプロジェクトを推進してきた企業経営者（㈱ダンクソフト星野晃一郎社長）が「役所では考えられないスピード」と指摘する勢いであった。

　SO推進チームは，結成後直ぐにリーダー的存在であった企業経営者と協議を重ね，8月15日までには実証実験の場として神山町を選定した。この選定においては，会議メンバーの神山町長の後藤正和氏，神山町を拠点とするNPO法人グリーンバレーの大南信也理事長の存在が大きかった。しかし，実証実験が決まっただけで，その先は見えなかった。その原因は，行政と企業の思惑の違い，いわば同床異夢にあった。行政は，ICTによる過疎地域の再生・活性化や新たな地域情報化の推進を目指していた。企業は，田舎独特のワークライフバランスを訴求した有能な人材確保や危機管理体制の強化などに魅力を感じていた。当時，彼我の差違に戸惑いと不安がなかったと言えば嘘になる。

　そうした状況の中で，8月16日には，神山町での実証実験（9月7日開始）の決定と実験後の本格導入の可能性について，飯泉嘉門知事と協議した。動機

が異なる微妙なバランスで実証実験が始まること，それ故に実証実験後の本格展開の可能性には不安要素もあるという報告である。筆者のこの報告に対して，知事は「どの程度の本格展開の可能性か」と問いかけた。筆者が「4割」と回答すると，知事から「一流バッターでも3割だからしっかりやってほしい」との言葉が返ってきた。この言葉を得て，SO推進チームの取組はさらに加速していくことになる。

8月31日，第1回「とくしま集落再生プロジェクト会議」を開催し，SO構想を正式に公表した。「過疎×IT」という切り口の新しさが，マスコミに注目された結果，頻繁に記事として取り上げられるようになった。

9月7日，神山町の古民家「ヤマニハウス」を借り，SOプロジェクトのパートナー・㈱ダンクソフトのチームが第1回実証実験を開始する（図表2-4）。想定を上回る高速情報通信環境や素晴らしい自然，人々の温かいもてなしを実感することで，「過疎地域で仕事できるのか」という疑念は消え，むしろ今度のSO本格展開の手ごたえを感じ取ったようだった。とくに，社員の中には，「川が歌っている！星が踊っている！」と神山の自然の素晴らしさを表現した者がいた点が筆者の印象に残った。普段見慣れた風景がSO誘致の力を秘めているというのを感じたからだ。

9月14日には，実証実験チームと連携し，徳島市内で県内の企業経営者や行政関係者を対象にSOセミナーを開催した。予想を上回る参加者があったが，プロジェクトの本格展開を確信させるには至らなかった。

10月7日には，東京で同様のセミナーを開催した。実証実験で好感触を得たことから，徳島にSO誘致を働きかけるものであった。しかし，ここでも本格的展開に結びつくような成果は得られなかった。

10月30日，神山町での第2回SO実証実験が前回同様ダンクソフトチームにより実施された。その結果，業務上の課題はほぼクリヤーされ，関心は社員の生活面の改善に向けられた。たとえば，徳島空港からの移動手段の確保など具体的な課題が検討された（後に，県主導で共同利用可能な自動車を空港に配置することになった）。また，住環境を提供する意味から，NPO法人による空

図表2-4 神山町「ヤマニハウス」での第1回実証実験風景

出所：㈱ダンクソフト撮影（Photo by DUNKSOFT/Photography by Yojiro Kuroyanagi）

き家の改修や空き家情報の提供なども検討された。

　プロジェクトメンバーの懸命な努力にもかかわらず，この段階においても「過疎地域にIT企業なんて定着するはずがない」という否定的な意見が筆者の耳にも聞こえてきた。そのような雰囲気を一変する出来事が生じたのは12月8日のことだった。NHKのニュース番組「ニュースウオッチ9」で，神山町での実証実験が全国放送されたのだ。新しい働き方・生き方の象徴として，清流・鮎喰川に足をつけ，ノートパソコンを膝に抱えながら仕事をする社員の姿が放送された。その映像は，首都圏で働くITエンジニアに大きな衝撃を与えた。放送後，たちまち多数の問い合わせが県に寄せられた。プロジェクトの表も裏もマスコミに公開するという基本姿勢を当初より貫いてきたことが結実した気がした。放送を機に庁内外の空気は一変し，SOプロジェクトは大きな推進力を得たと感じられた。

3.4. サテライトオフィス進出の決め手と本格展開に向けて

　その後も，SO推進チームは，地域主体と企業の思いを調整し，実証実験から本格展開に繋げるために精力的かつスピード感を持って活動を展開した。ここでは，SO誘致におけるポイントについて，整理しておきたい。

3.4.1. 地域主体側が考慮すべきポイント

地域主体のポイントは,「過疎地域は弱者」との既成概念を排し,地域の強みを掘り起こし活用したことにある。以下,4つのポイントを紹介する。

第1は,前述のとおり高速情報通信網である。過疎地域においては,市町村が事業主体となり整備したCATV網が,TV視聴以外にはほとんど活用されていない,資源の未利用状況にあった。この未利用のブロードバンド環境をSOの業務に低料金で利用できる状況にあったことである。

SO誘致を地方創生総合戦略に位置づけ,推進しようとしている自治体は全国的にも増え,筆者が相談を受ける機会も多い。その際,確認する第1ポイントは,情報通信基盤の整備状況である。SOは仕事をする拠点施設である。オフィスを古民家にするか,新築物件にするかは好みの問題である。しかし,東京や大阪の本社とストレスなく情報を共有し円滑に業務を遂行するためには,情報通信基盤の整備が前提となる。

第2は「住民のもてなしの心」である。過疎地域ゆえに絶対数こそ少ないが,「よそ者」を思いやる人情豊かな住民の割合が多く,彼らはSO社員のきめ細かなサポート役を担った。さらに興味深いことに,SOプロジェクトの舞台となった神山町・美波町・三好市には四国霊場八十八ヶ所[4]の札所があり,県内外から巡礼者(お遍路さん)が行き来することから,地域住民に「お接待の心」が培われてきたのだ。数百年間積み重ねられてきた「よそ者」を受け入れ,大切にする風土は,このSO誘致に少なからずプラスに働いているとしても過言ではなかろう。

第3は,地域活性化を目的とするNPO法人が,行政と住民との間に立って様々な調整役を担ったことである。SO社員を柔らかく受け入れる空間や時間を創り上げることは行政ではなかなか難しい。また,行政対応では手続き面などで時間を要し,一方,住民による個別対応では荷が重い事項もある。これらの領域おいて,NPOは能力を発揮する。後述するSOの事務所や社員住宅の確保に関する調整などはその好例であろう。

第4は,クールな古民家である。NPOや住民などの協力のもと,地域の重

荷であった空き家をリノベーションすることで、SOの事務所や社員住宅に転換できた。「ピンチがチャンスを生み出した」とはこのことである。

3.4.2. SO開設企業側が考慮すべきポイント

行政や住民が求める過疎地域の再生・活性化は、企業がSO開設する直接的な目的とはなりえない。それでは、企業は何を目的にSOを開設したのか。複数の企業経営者からの意見を集約したところ、次のポイントを析出することができた。それは、（1）危機管理と（2）人材の確保・活用である。

第1のポイントは、危機時のための事業継続計画の視点である（BCP）[5]。東日本大震災を契機に、本社への通勤が困難な状況や本社機能が一部停止しても、業務が継続できる仕組みづくりが求められていた。そこで、同時被災を回避するために、SO開設が検討されたのだ。

第2のポイントである人材確保は、さらに「人材確保」と「人材活用策」に分けることができる。

前者は、地方独自のワークライフバランスを実現できる「プライスレスな何か」を訴えることで、有能な人材を確保しようとすることを指す。首都圏の中小規模のIT企業は、多額のリクルート経費を費やしても有能な人材が確保できず、確保しても条件の良い大手企業に転職されてしまうという深刻な課題を抱えていた。SOはその解決策として期待されたのだ。

後者は、多様な働き方に応じた人材活用策の模索を指す。物理的に離れた場所で、主にデジタル画面を通じてやりとりをする働き方が増加している。SOを通じて、バーチャルリーダーシップの強化などのノウハウの蓄積を試みることが企業側のSO開設のポイントとなったのだ。

ところで、人材確保という観点から、SO集積にプラスに働いた事柄があるので言及しておきたい。2013年8月、徳島に本社を置く大手ソフトウェア開発会社が本社機能を東京に移転すると発表した。これを機に、相当数の有能なITエンジニアが住み慣れた徳島の地に留まることを決意し、新たな職を求めて流動化した。実際、元社員が、ワークライフバランスを重視しつつ、複数の

SOの中核的なメンバーとして活躍している。SOを開設したある企業経営者は，「これら有能な人材の流動化がなければ徳島でのSO開設はなかった。」とまで言っている。SO開設のポイントというには偶然の出来事かもしれないが，SOプロジェクトが今後も持続可能であるためには，「新しい働き方・生き方を可能とする環境整備」と「有能な人材の確保」が不可欠であることを示唆する出来事であった。

3.5. 実証実験から本格展開へ：変革プロセスを振り返る

SO推進チームは，受け入れ側の強みと開設側の思いを上手く掛け合わせながら，実証実験を行い，その成果をもとに本格展開へと繋げていった。やがて，実験参加前にはSOに対して半信半疑であったIT企業社員も，最新の常時接続のテレビ会議システムなどの利用を通じて，本格的な業務遂行の可能性を感じるようになった。また，豊かな自然環境と住民のきめ細かなサポートは，新たな働き方・生き方を実現する場として相応しいものであることを確信させた。

一方，課題も明らかになった。ペーパーレスとセキュリティ対策の徹底やワークライフバランスを制度面から担保する就業規則の見直しなどの必要性が認識され，企業側は改善に取り組んだ。また，公共交通機関が脆弱な過疎地域での移動手段も課題となった。

SOプロジェクトをスタートさせた半年後には，人々の反応が「IT企業が過疎地域になんて来るはずがない。ばかな！」が，「過疎とITは相性がいいんだ。なるほど！」に変わってきた。この状況を踏まえ，県庁のSO推進チームを発展的に改組し，関係部局の職員を幅広く巻き込んだチーム，「徳島サテライトオフィス・プロモーションチーム」を2012年3月に発足させた。機動力を重視し，個人の力量を最大限活用して一点突破するSO推進チームの役割は終え，行政組織に立脚した，より広範で安定的な組織体制を構築することにより，SOの普及拡大を図っていく必要があると考えたからである。

ところで，コッター（Kotter 1996）は，変革プロセスを8段階に整理して

第2章　徳島サテライトオフィス・プロジェクトの意義　　*43*

図表2-5　コッターの企業変革8段階とSOプロジェクトの推進

コッターの企業変革の8段階	SOプロジェクトの推進
①危機意識の共有	①待ったなしの過疎地域の再生・活性化
②強力な推進チームの編成	②局長直轄の「SO推進チーム」の編成とエンパワーメント
③ビジョンの策定	③SO誘致を目玉とする「集落再生プラン」の策定
④ビジョンの伝達	④プラン策定過程をこまめに情報共有
⑤社員のビジョン実現への支援	⑤最終責任者（知事）の決断と組織的なバックアップ
⑥短期的成果を上げるための計画と実行	⑥小さな成功をこまめにマスコミ提供。報道されることで関係者の自信に
⑦改善成果の定着と更なる変革の実現	⑦3圏域の地域特性を踏まえたSO集積。地域連携と競争
⑧新たなアプローチを組織内に根付かせる	⑧関係する行政組織を網羅した普及・拡大チームである「徳島サテライトオフィス・プロモーションチーム」の編成

出所：コッター（Kotter 1996=2002）を参考に筆者作成

いる（図表2-5の左側）。SOプロジェクトを着想し推進している時に，彼の変革プロセスを意識したことはなかったが，振り返ってみれば，その通りになっていた。SO推進チームが，コッターのいう「強力なチームの編成」であり，「ビジョンの策定・伝達」は，プロジェクト会議メンバーによる実行プランの策定とマスコミを通じた県内外への情報発信，そして，定着のための制度化が，「プロモーションチームの編成」である。これを整理したものが図表2-5である。

　変革プロセスを振り返れば，様々な主体が連携して，手順を踏みつつその課題に挑戦することで，重い課題であっても，そこから新たな価値を創造できることを示した実例がSOプロジェクトであったと言える。

　そして忘れてはならないのが，SO始動時には行政と企業が異なる動機であったものが，相互交流を通じて，相手の思いを共有していったことである。異なる主体の異なる動機が重なり合う中で，融合と呼ぶべき状態が創出されたのである（図表2-6）。このようなプロセスは，違いを認めながら成果を追求するという，多様性重視の時代の企業経営のあり方にも参考になろう。

図表2-6 SOプロジェクト始動時の参画動機とその後の変容

○県の動機（始動時）
・新たな過疎対策
・新たな地域情報化推進

○企業の動機（始動時）
・ワーク・ライフ・バランスによる有能な人材確保
・危機管理体制の強化

○時の経過とともに‥‥
・オールを漕ぐ動機が異なっていても，大きな方向性が一致しておれば船は前に進む
・進むうちに動機が重なり合い，融合していく
・大切なことは人と人の相互交流による信頼の構築

出所：筆者作成

4. 美波町でのサテライトオフィスの展開

4.1. 美波町におけるサテライトオフィス誘致活動

次に，美波町の事例を紹介する。美波町は，神山町のような地域と企業を繋ぐNPOもなく全くゼロからのスタートであった。そのために，美波町の事例は，これからSO誘致に初めて着手する地域の参考となると思われる。

美波町は，人口約7,000人の典型的な過疎の町である。SOの進出は，2012春からで，2017年6月1日現在で17社である。元々の事業活動のベースで本拠地を整理すると，首都圏13社，関西圏4社である。SO開設を契機に本社機能を移転した企業もある。現時点での本社所在地で整理すると，首都圏8社，関西圏3社，美波町6社と美波町シフトが見られる。

主たる業務内容に注目すれば，ソフトウエア開発やデザイン関連が中心である（図表2-7）。最近，美波町をテストベッド[6]に商品開発を行うIoT関連企業の進出があったことは，新たなSOの展開に示唆を与えてくれる。

図表2-7　美波町におけるSOの主たる業務内容

ソフトウエア関連	6(4)社
デザイン・映像関連	3(8)
ソーシャルビジネス関連	1(2)
建築・設計/コンサル関連	4(2)
IOT関連	3(0)

出所：県及び美波町の調査をもとに筆者作成。（　）内は神山町

4.2. サテライトオフィスは何をもたらしたか

　美波町のSO社員総数は17社を合わせても決して多くはない。しかし，SOが頻繁にマスコミに取りあげられることで，美波町の認知度が向上し，SO関連以外の移住者増や店舗の開設にも貢献している。

　町の社会人口動態（図表2-8）をみれば，SO開設が社会人口を安定的に維持・増加させるまでには至っていないことがわかる。ただし，影治信良・美波町長が指摘するように「トータルで見たとき，社会人口の急速な減少傾向を，なだらかな減少傾向に導く効果はある」との見解もある。

　現時点では，人口増につながるようなパワーをSOに見いだすことはできないが，むしろ，筆者が注目したいのは，SO開設に伴う「新しい何か」を過疎地に提供しているのではないか，という点である。それを明らかにするために，筆者は，行政・企業・住民の中心的人物に対するインタビュー調査を複数回実施した。そこでは，（1）始動時においてSOをどのように考え，（2）それが現時点でどのように変化してきているのか，（3）さらに，将来に向けてSOに期待するものは何か，を問うた。図表2-11は，これらの見解をSOの始動時，現状，将来展望の時系列に整理し，筆者のコメントを付したものである。

4.2.1. 行政側（美波町長）の見解

　まず，影治信良氏（美波町長）の見解を紹介する。

　美波町出身のIT企業経営者（吉田基晴氏）の意向を受け，町としてSO開設の取組を始めた。その際，神山町でNPOが担った役割を含め，町としてきめ

図表2-8　美波町の人口動態

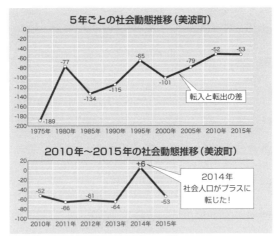

出所：美波町（2017）

図表2-9　SOである「美波Lab」開所式[7]

出所：㈱サイファーテック撮影

細やかな支援を筆者（当時，南部総合県民局長[8]）から依頼された。それゆえ，「SOとは何か」から学ぶまさにゼロからのスタートであった。

　現状認識としては，誘致に注力してきたことは間違いないと感じている。SO開設企業の主たる業種も広がりをみせている。特に，美波町をテストベッドに選択し，SOを開設した企業は，美波町の直面する課題解決にも直結する

ものであり，今後こうした集積も期待したい。

SOの社員に対する印象は，ワークライフバランスを大切にし，地域の人々との関わりも自然であると感じる。伝統の祭りへの参画や消防団に入団するなど，地域の担い手になっている。仕事やプライベートの時間以外に，「地域の務め」の時間があることの素晴らしさを実感しているようだ。また，SOの社員が行う「ちょっとしたこと」に地域の人々が喜んでくれる。さらに喜んでもらおうと地域のために自分のできることをやるという流れだ。このことが住民のSOへの信頼を高めており，SO社員と地域との相互作用を通じて地域の絆が再生・強化されつつあるように思う。企業誘致は雇用の場の確保を目的とし，そこで働く人々は労働力の提供者である。一方，SO誘致は人材誘致であり，そこには1人ひとりの顔が見え，地域との関わりも強い。こうした好循環の流れを継続・強化するためにもSOプロジェクトを強化していきたい，と言う。

SO集積とともにパン工房やカフェなどの起業が相次ぎ，大学もSOを設置した。創造的な人材の働きを可能とするSOの存在が，地元の人々の創業意欲を喚起するという波及効果を及ぼしており，今後，一層の広がりを期待する。町は，地方創生総合戦略[9]の柱にSO集積を据えた。SO社員のように一定のスキルを身につければ，生まれ育った故郷で暮らしながら，世界を相手に仕事ができることを子供達に示したいという思いからだ。SOによる過疎地域の再生・活性化の成功事例として，全国モデルになれるよう取り組んでいきたい。

4.2.2. 企業側（美波町SO第1号企業の社長）の見解

次に，美波町SO第1号である㈱サイファーテックの吉田基晴社長の見解を紹介する[10]。

情報セキュリティーのベンチャー企業である同社が目指す企業像は，多忙な生活の中でも仕事も遊びも一流，言うなれば「大人の遊び人の集団」である。これは，「社員をサーフィンに行かせよう」というパタゴニア創業者の経営論と相通じるものもあろう。この思いの実現がSO開設の第1の理由だ。

一方で，同社は，人材確保において大きな課題に直面していた。転職情報サイトに数百万円の費用をかけ募集したのに応募がゼロとういうことも珍しくなかった。多額のリクルート経費を投入しても，東京では無名のベンチャー企業には人はきてくれない。東京でダメなら徹底した田舎でどうかと考えた。「半X半IT」，例えば「半サーフィン半IT」といった考え方に共感してくれる人材を確保する戦略だ。人材確保，これがSO開設の第2の理由だ。

神山町のSOの話を聞き，現地にも赴いた。その後，SO開設場所を求めて，県南部地域を調査した。自らの出身地という理由で美波町にSOを設置した訳ではない。あくまで経営者としての判断だ。2012年1月に現地調査，同年5月にはSOの開設まで漕ぎ着けた。正直，本当に有能な人材が確保できるのか不安はあった。SO推進チームのメンバーが，親身に相談に乗ってくれた。そのメンバーの1人（彼はサーファーだ）に，「半サーフィン半ITとのコンセプトで本当に人は来てくれるだろうか」と心配して聞いたところ，彼は「絶対くる」と言い切ったことを今でも覚えている。結果的に，人材を得て，短期間の内にSOである「美波Lab」開設に結びついたのは，行政や住民の支えがあったからだと感謝している。

現状認識としては，開設以降2015年まで増収増益という財務面でのプラス効果だけでなく，会社の本質的な課題の「見える化」ができたと思う。SO開設以前においても，自由度の高い働き方を売りにしてきた。しかし，仕組みが未整備で実際は機能していなかった。実際に，SOを田舎で開設・運営することにより，制度と実態のギャップに気がついた。この気づきがあったからこそ，社員がどこでも気持ちよく働ける就業システムの構築に繋がったのだ。田舎では，東京ではなかなか見えない事柄，たとえば本来の人間としての営みがよく見えてくる。このことで，会社の仕組みの歪みが顕在化でき，見直しに繋がったものと考えている。

また，SOの特徴として言われる「豊かな自然環境で，誰からも邪魔されず仕事に集中できる」ということは間違いだ。閑静な環境で邪魔されない働きを求めるなら東京だ。SOで働くことは，企業の社員であると同時に，地域の住

図表2-10 「㈱あわえ」のオフィス

出所:「㈱あわえ」撮影

民としての「務め」を果たさなければならず,実は忙しくなるのだ。

　2013年,SOを本社に進化させた。また,ほぼ同時期に地域活性化支援をビジネスの中核に据えた「株式会社あわえ」を設立し,この代表にも就任した。「あわえ」とは地元の方言で「路地」の意味である。人と人が語らい行き交う空間ということだ。SOがマスコミにも取り上げられ,問合せや視察者も増え,助言を求められるようになってきた。サイファーテックでは,そうした対応を行うには限界があることから,「あわえ」の設立を決断した。同社は,パブリックベンチャーとでも言うような企業であり,SO開設により得られた感動を多くの人々に共有してもらいたいとの思いからの設立だ。同社のオフィスは,明治時代の建築物で銭湯であった「初音湯(はつねゆ)」をリノベーションして活用している(図表2-10)。

　将来展望としては,美波町のような過疎地域でも可能となった「新たな働き方・生き方」と「地域で受け継がれてきた昔ながらの人間としての営み」を融合することで,新たな価値を創出できると考えている。

　SOは,「仕事も遊びも一流」を目指す人々には最良の職場である。我が子や地域の子供にそうした大人の姿を見せたい。子供が憧れるような人々が集まれば,持続可能な地域社会の実現は可能であると確信している。

4.2.3. 住民側の見解

SO第1号の開設場所となった美波町田井地区において，SO受入の中心的な役割を担ってきた3人[11]の住民の見解を紹介する。

最初は，「SOとは，パソコンを使った仕事をする人の集まり」といった程度の認識しかなかった。SOの社員というよりは，人として分かり合えることが大切と思った。我々が釣った魚などを地区集会所に持ち寄り，頻繁に彼らを招き，懇談会などを開催した。どこそこの会社のAさんというよりは，Aさんという人物が存在しており，たまたまどこかの会社に勤めているという感覚だ。まさに，人と人との交流から，全ては始まったのである。「半サーフィン半IT」といった考え方に共感してSO社員になりたいという思いは理解できる。我々は地元で生まれ地元で育ってきた。若い頃（1970年代頃）の遊びと言えばサーフィンだ。一日中，パソコンを前に仕事をする若者が，大自然相手のサーフィンに憧れることは自然だ。世代が離れても，彼らと意思疎通ができ，分かり合えるのは，我々にそうした経験があるからだと思う。

現状認識は次の通りである。この地区には共同の清掃や祭りの実施など「出役」という住民が果たすべき務めがある。この務めをSOの若者が率先して行ってくれている。また，町内会や自主防災会にも加わり，住民からの信頼も厚い。住民もまた，SOの若者に対して，家族のように接している。SOの開設は，地域の絆の再生にも貢献しているのだ。

さらに，異なるバックグラウンドを持つ若者たちの発想に身近に触れることで，我々の視野を広げることができるのも有り難い。年をとってくるとパソコンやインターネットの扱いは敷居が高いものだ。しかし，我々は日常生活で活用している。これは身近にSOの若者がいてくれるお陰だ。彼らはオープンマインドで明るい。だから相談しやすい。そうした彼らの性格や地域への姿勢が，相互信頼を高める要因となっているのではないか。

将来展望については，次のように語る。SOの進出によって，地元の新商品開発や販路開拓にプラスになっている。今後，こうした点での更なる連携を期待する。また，この田井地区に移り住みたい人もいるが，住宅（空き家）がな

い。また，住んでみて初めて分かる地域との相性というものもある。お互いに失敗しないための，お試し居住用のゲストハウスが必要だ。要は，住民も，企業も，行政も3方よしというのが大切である。3者のバランスが崩れると長続きしないのである。

4.3. まとめ

美波町の事例を振り返れば，始動時の動機は異なるが，行政・企業・住民がお互いの立場を理解しながら，「三方よし」の関係を構築しようとしていることが分かる。相互信頼に基づく地域課題解決のための変革，すなわちSO開設を引き金とする新しい価値創造活動が3者の協働により展開されつつある。人々が知識や知恵を出し合い，新たな方法で地域社会の仕組みを再生させるソーシャルイノベーション（social innovation）が実現しつつあると言えよう。

5. おわりに：まとめと今後の課題

以上のことから明らかなように，SO集積は，行政・企業・住民の三者の協働作業に他ならない。そして，アクター・ネットワーク理論で語られるように，それぞれが異なる動機を抱きつつ協働作業を続けていくことで共通の目的を見いだされていく過程を本章では明らかにしてきた[12]。

また，SOの社員は，バーチャルとリアルとのバランスを取ることで，働くこととはどういうことか，幸せとはどういうことかを模索しているように感じる。彼らは空間を超え，新しい働き方，生き方を同時に実現するポートフォリオワーカー（Portfolio Worker）といえるかもしれない。そして，彼らの探求に応えるためにも，地域の活性化のためにも大事なことは，政府が掲げるキャッチフレーズではなく，幸せと感じながら，自然な形で，持続可能な地域づくりに参画していくことに他ならない。テレワークは，仕事場としての役割を超え，人々に幸せとは何か，望ましい地域とは何かという根源的な問いかけをし，その答えを導く役割を担っているのだ。

SOプロジェクトは，行政・企業・住民が，相互信頼を形成し，それに基づく持続可能な地域づくりのための新しい価値創造活動を支える存在である。まさに，アクター・ネットワーク理論の「翻訳の過程」そのものである。それは，ある種の「知識創造動態モデル」と言えるかもしれない。そのようなモデルの構築は今後の課題である。そのモデルの課題は次の通りである。

第1に，他地域でも有効となるような活性化モデルの解明である。

第2は，協働プロジェクトにおけるリーダーシップの有り様の解明である。本章で紹介した事例では，「おれについてこい」という突出したリーダーはいない。お互いの立場を理解しながら，相手を支援することで自らの思いを実現しているようにさえ感じる。それは，支援や奉仕を通じて，周囲の信頼を得て，主体的に協力関係をつくりだすサーバントリーダーシップ（Servant Leadership）に近い。そのようなリーダーシップの存在と発現の過程の解明が第2の課題である。

第3は，SOで働く社員の視座からの分析である。第6章で佐藤が指摘するように，社員の行動を詳細に分析することで，テレワークがもたらす新しい働き方・生き方の可能性を明らかにしていく必要がある。

今後，こうした課題の研究を通じて，テレワークと地域の再生・活性化との関連を探求していくことで，地域課題の解決に繋げ，持続可能な地域づくりに貢献していきたい。

図表2-11 SOに対する主体別・時点別の見解整理表

時点	主な見解とコメント
始動時	〈行政〉 ・「SOとは何か」から学ぶ，ゼロからのスタートであった。 ・行政の枠を超え，NPOの役割も果たす。 〈企業〉 ・自ら思い描いてきた企業像（大人の遊び人の集団）の実現と，喫緊の経営課題であった有能な人材確保がSO開設の動機である。 ・2012年1月の現地調査からわずか5ヶ月間でSOを開設した。短期であったが，開設までの不安や課題を，行政や住民の支えで乗り切ることができたことに感謝している。

始動時	**〈住民〉** ・SOは，パソコンを使い仕事をする人の集まりという程度の認識しかなかった。 ・SO社員というよりも，人として分かり合えるよう，SOの若者との交流に心をくだいた。彼らを頻繁に地域の懇談会に招いたのもこのためだ。 **〈コメント〉** ・企業は目指す企業像の実現と人材確保のためSOを開設した。 ・行政と住民はSOの開設を支援することで持続可能な地域づくりを目指した。 ・始動時では，神山町と同様に，同床異夢の状態でSOの取組が進行していったのである。 ・そして，同床異夢という不安定な状態を打開していったのは，組織と組織との関わりではなく，人と人との琴線に触れるような交わりであったのである。
現状	**〈行政〉** ・多様なSOが集積してきている。最近，地域課題解決型ビジネスモデルの創出のため，テストベッドを求めての開設があった。美波町の喫緊の課題解決のためにも，今後こうした展開にも期待したい。 ・SOの社員は，ワークライフバランスを大切にし，伝統の祭りへの参画や消防団に入団するなど，地域の貴重な担い手になっている。SO誘致は企業誘致ではなく人材誘致と思う。こうしたことをサポートしていくことが大切と思っている。 **〈企業〉** ・会社の本質的課題の「見える化」ができ，就業システムの再構築の契機になった。 ・SOを本社に進化させた。また，地域課題解決をビジネスとする社会的企業も創設した。 **〈住民〉** ・SOの若者が住民としての「務め」を率先して果たす。彼らは家族である。 ・若者の新しい発想が，住民の刺激にもなっている。 **〈コメント〉** ・行政は，企業のワークライフバランスを通じた人材確保の意義を理解し，これをサポートしている。 ・企業は，人材確保などの当初のSO開設の目的を追求しつつ，行政の進める地域課題解決にも参画するようになった。また，SO社員は地域の担い手として活動している。 ・地域もまた企業や社員の思いを大切にしている。 ・SOの本社化や，社会的企業の立ち上げもあった。SOのもつ潜在的可能性を示唆するものとして注目したい。 ・SO集積により，行政，企業，地域のWin-Winの関係が強くなっているのである。
将来展望	**〈行政〉** ・SOの集積とともに，パン工房，カフェなどの起業が相次ぎ，大学もSOを設置。創造的な人材の働きを可能とするSOの存在が，地元の人々の創業意欲を喚起しており，一層の広がりを期待する。 ・町の地方創生総合戦略の柱にSO集積を据えた。一定のスキルを身につければ，生まれ育った故郷で暮らしながら，世界を相手に仕事ができることを子供達に示したい。全国のSOのモデルなれるよう取り組んでいきたい。

	〈企業〉
将来 展望	・SOによる新しい働き方，生き方と，地域の昔ながらの人間としての営みが融合し，新たな価値が生まれる。 ・子供が憧れるような人々が集まれば，過疎地域であっても持続可能な地域社会の実現は可能である。 〈住民〉 ・SOと地元とのコラボで，新商品開発や販路開拓が実現している。 ・住民，企業，行政の3方よしが大切である。 〈コメント〉 ・同床異夢から始動したSOの取組が，子供達に新しい働き方，生き方を示すという，目的の共有化が進んでいる。当初の異なる動機が，相互交流により融合していっているのである。 ・行政，企業，住民の協働が，地域に変革をもたらしている。新しい価値創造は，3者のバランスがあって成り立つのである。

出所：インタビューをもとに筆者作成

図表2-12　SOプロジェクト参画の動機

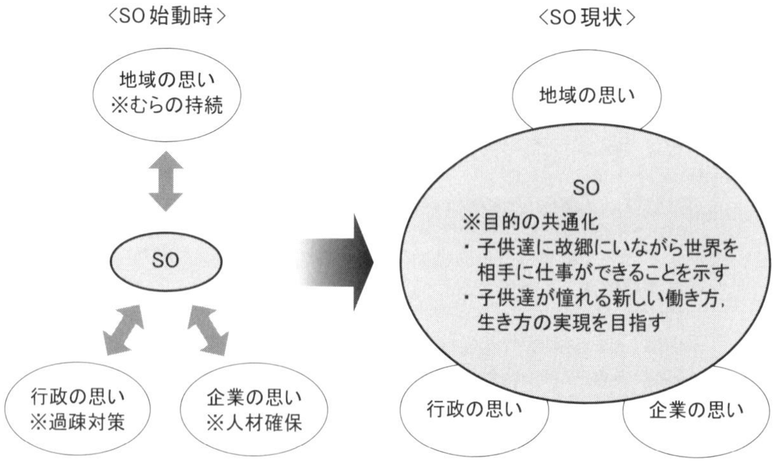

出所：筆者作成

（注）

1) 限界集落は「65歳以上の高齢者が集落人口の半数以上を占め冠婚葬祭をはじめ，田役や道役など社会的共同生活の維持が困難な集落」と定義される（大野2008）。

2) 集落の人口は30人程度に対して，案山子は200体超と言われている。

3) 市町村支援，過疎対策，地域情報化推進の業務を総括する担当局長である。就任期間は2011年5月1日か2012年3月31日までだった。

4) 神山町（焼山寺・12番），美波町（薬王寺・23番），三好市（雲辺寺・66番）

5) BCPとテレワークについては，第9章を参照されたい。

6) テストベッドとは，大規模なシステム開発を行う際の試験用のプラットホームのこと。美波町は過疎と南海トラフ地震という二つの課題に直面する課題先進地であることから実証実験の適地として選定されている。

7) 県を代表してSO開所の祝辞を述べている筆者

8) 南部圏域1市4町を担当区域とする県の総合行政機関。筆者は2012年4月から2013年3月まで就任。

9) 美波町（2015）『美波ふるさと総合戦略〜共創によるまちづくり〜』を参照されたい。

10) ㈱サイファーテック。2012年5月25日のSO開設（名称：美波Lab）。2013年5月に美波町に本社移転。吉田基晴氏が代表取締役社長。

11) 舛田邦人，浜口和弘，大地均の3氏である。

12) 同床異夢のプロジェクトの分析視座として，「羅生門効果」が知られており，4.2では，その基礎的資料を示している。また，三方よしに進展していく過程は，まさにアクター・ネットワーク理論の翻訳過程に他ならないが，本章では，表層的分析に陥ることなく，当事者のかかわりをできるだけ詳細に記述することを依頼した（編集者注）。

【参考文献】

Kotter, J.P. (1996) *Leading change*, Harvard Business School Press.（梅津祐良訳『21世紀の経営リーダーシップ』日経BP社，1997年）

JBCCホールディングス（2014）『2020年ITがひろげる未来の可能性』日経BPコンサルティング.

大野晃（2008）『限界集落と地域再生』高知新聞社.

小田切徳美（2014）『農山村は消滅しない』岩波書店.

金井壽宏・池田守男（2007）『サーバントリーダシップ入門』かんき出版.

徳島県（2012）『とくしま集落再生プロジェクト』.

床桜英二（2017）「テレワークによる過疎地域の再生・活性化についての考察―徳島
　　サテライトオフィス・プロジェクトから―」『第19回日本テレワーク学会研究発
　　表大会予稿集』pp.47-52.

美波町（2017）『広報みなみ』第130号.

（床桜英二）

第3章
地方創生に於けるリゾートオフィスの役割
─リゾートオフィスの思想─

　本章では，軽井沢でのリゾートオフィスの事例を紹介する。そのために，最初にリゾートオフィスの位置づけを確認し，次にリゾートオフィスとライフスタイルの関わりについて考察を加える。これらをもとに軽井沢の事例を紹介し，最後に仕事に対する考え方とリゾートオフィスによって提起される人間の本来の仕事との関わり方について私見を述べる。

1. はじめに

　政府は，リゾートオフィスを「社会実験」として世に送り出してきたが，このような実験は仕込み時間が長いものの結果は短期間に出ることはあまりない。多くは長い期間を経てから実用段階に入っている。

　リゾートオフィスの思想は当初から各地域独自の成長のために集中に対して分散する考え方であり，「一極集中から多極分散」という挑戦的な課題を内包していた。そして，日本の北海道，九州などの一地域に過ぎない人口の北欧，スイスなどの小国が高度な知識・技術に支えられた豊かな文化国家を形成していることをモデルに新たな地域戦略の中核を担うシステムを生み出そうとする拠点づくりとして位置づけてきた。技術的にはテレワーク機能は急速に十分に発達し，われわれが直面しているのは国土政策と人材育成政策に対する意識の転換である。豊かな国土の有効利用というコンセンサスはあり，その国土を活用できる人材の育成が急務であることは論を待たない。

　以上の意識から，本稿では本文を大きく3つに分ける。まず日本の地域問題に対するリゾートオフィスの位置づけを述べる。次にリゾートオフィスとライ

フスタイルの関わりについて論ずる。これらをもとに軽井沢の事例を述べながら仕事に対する考え方とリゾートオフィスによって提起される人間の本来の仕事との関わり方を論じていく。

2. リゾートオフィスの定義

リゾートオフィスとは，いわゆる「リゾート地」に「オフィス」を構えて，主として「IT」を活用するテレワークで「仕事」をすることである。すなわち，通信環境と情報機器を利用して，デスクワークや会議などの業務活動を遂行する場[1] として，中山間地や海浜など自然に隣接した地を用いる場合を「リゾートオフィス」と呼ぶのである。

わが国では，リゾートオフィスの実験は，1985年に発案され1987年に試行された「NTT軽井沢実験」を皮切りに，1990年前後に一大潮流となる。熊本（1988年），安曇野（1989年），ニセコ（1989年），葉山（1990年），天草（1990年），八ヶ岳山麓（1891年）などで実証実験が行われ，成果が報告されている。また，2007年には，リゾートオフィスを対象とする研究部会が日本テレワーク学会内に設置されている。

しかし，バブルの崩壊という予期せぬ経済状況の変化に見舞われ，国土開発の一貫として進められてきた所謂「リゾート地」は消滅した。リゾートオフィスも，白浜，葉山，軽井沢など戦前から続く伝統的リゾート地に僅かに実験の残渣を引き継いでいるのみになっていた。

ところが，ICTの進歩や仕事や生活の多様化が進んで，実態としてはリゾートに居住或いは滞在して仕事をする先行事例が散見されるようになってきた。また，岩見沢（1997年），須坂（1999年），四万十（2012年）などにテレワークセンターという形でリゾート地にテレワークのオフィスが開設されている。筆者は，それらの中で白浜や六甲の事例を報告してきた（松岡・佐藤・宮崎2016）。

筆者は，リゾートオフィスの原点を「鴨長明の方丈」や「良寛，一休，西行

第3章　地方創生に於けるリゾートオフィスの役割　*59*

図表3-1　リゾートオフィスの類型

	人数	オフィス形態	IT設備	仕事内容	管理体制
個　　　　人	1	自由	一般	全般	不要
自　　　　営	1～5	小オフィス	一般・専用	営業＋デスクワーク	自己管理
企業の部署	2～10	会議室	一般・専用	打ち合わせ＋デスクワーク	一部要
企　　　　業	10～	建物	専用	主としてデスクワーク	要

出所：筆者作成

　らの庵」あるいは「本阿弥光悦の高峯・光悦村に点在する茶室」に見いだせる
と考えている。そのイメージは「小屋」である。ただし，そこで営まれた活動
は，今日のオフィスワークとは異なるだろうが，自然に恵まれた環境の中で仕
事をするという発想の淵源は，彼らの時代に遡ることができるのではなかろう
か。

　リゾートオフィスを類型化すると図表3-1のようになる。もちろん，多様な
バリエーションが考えられるので，概念整理のための図式理解と考えて欲し
い。

　このとき，いかなるタイプのリゾートオフィスであれ，その導入と運用にお
いて重要な点は，「リゾートオフィスを作る」「リゾートオフィスで働く」とい
う強い自主性にあることを強調しておきたい。場ではなく，あくまでも仕事の
遂行に主眼を置くべきだ。その上で，場や働き方に対する「既成概念を鵜呑み
にしない」ことが重要だ（今北2006）。既成のオフィス観や仕事観にとらわれ
るのではなく，新しいオフィス観や仕事観を想像し創造していく自主性が求め
られているのだ。

　筆者は，「個人のリゾートオフィス」に重点を置いて調査・研究を進めてき
た。既成概念を打破する自主性，つまり自由と可能性がもっと高いのは「個
人」だと考えられるからだ。被雇用者では自由と可能性を制限される。この点
について，米国では1950年代に既に指摘されている（cf. Mills 1951=1957；
Fromm 1943=1951）。ところが，米国と異なり，わが国は，安定した収入を
求めて大多数が被雇用者となる社会と言えよう。もちろん近年では，社会の変

革力としての「個人」が注目されるようになりつつある。個人の可能性と自由に注目するがゆえに，筆者はリゾートオフィスに注目するのだ。個人ではなく複数人や組織のリゾートオフィスであっても，その基盤は個人の可能性と自由におかれている。それゆえ，組織のリゾートオフィスには「個々の力を結集する働き方」が求められると考えることができる。

3. リゾートオフィスの条件とライフスタイル

リゾートオフィスを成功裡に進めるためには，オフィスでの働き手とオフィスを受け容れる地域の双方に共通するキーワードが存在する。それは「がまん」である。それは，リゾートオフィスが軌道に乗るまで長い期間にわたる。以下，双方の「がまん」の内容について紹介しよう。

3.1. 進出側の条件

リゾートオフィス進出側が最も考慮すべき要件は「地域との関係性」である。都市部からリゾート地にワーカーが通うというのではなく，当該地域の人たちの雇用やワーカーの地域定着が求められるからだ。それゆえ地域との関わり方が問題となる。その際，地域貢献や地域との共生という組織文化の有無よりも，ワーカー自身が地域に馴染んでいこうという姿勢が大切となる。

また，リゾートオフィスの場合，近隣に定住する地域住民がいない場合が多い点が特徴である。そのために，近隣地域との関係を構築しなくとも，オフィスワークを遂行することができる。この点，個人のリゾートオフィスの場合は，地域との関係がなければ孤立する可能性が高い。最悪の場合，定住して活動することが不可欠となり，オフィスが機能不全に陥ることになる。

リゾートオフィスの勤務者は，当初は食品など日用品の購入から地域との交流が始まり，祭りなどの地域行事に参加するなど，段階的に地域に馴染んでいくことが多い。重要なことは，さらに次の段階に歩みを進めることができるかどうかにある。それは，地域の集まりに参加し，持っている知見やアイディア

を提供することである。この過程が重要で，これを長期に続けることで地域の人たちに評価されることが必要である。

しかし，地域に馴染んだ，受けいれられたと思っても安心してはいけない。2，3年を経過し，お互いが本音で話せるようになった段階で，互いにわがままが出始めて関係が悪化し，撤退するという例がまま見られるからだ。その地域への定着と信頼関係構築には3世代かかると言われる場合がある。リゾートオフィスはあくまでも住居として地域に滲出していくので，地域への定着も住居の感覚を前提にして進出することが必要であろう。

3.2. 受け入れ側の条件

受け入れ側となる地域では，個々の住民ではなく，地域の住民組織として受け入れることが肝要である。とくに，地域住民から歓迎の意思表示をして，出来るだけ地域の活動に参加して貰うように呼び掛ける必要がある。進出側が企業か個人かを問うことなく，受け入れ側は，地域活性化と考えて，受け入れ体制を考慮する必要がある。多くの場合，行政の指導でプログラムを用意して進出を促し，しばらくは蜜月時代が続くので，この時期を如何に活用するかが課題になる。この時期に，積極的に進出者との接触の機会を持ち，新規参入者に地域の価値を十分に評価する仕組みを作らなければならない。

新規参入者はともすればそれまで経験してきた都市部のルールがリゾート地でも通用すると考える。しかし，自然と共生しているリゾート地には，その地域にあったルールが存在する。外来者に相当馴れているリゾート地であっても，日本の場合は地域のルールが優先すること，すなわち「郷に入っては郷に従え」の精神を，進出者に理解してもらい，実践してもらう必要がある。また，3年ほど経過すると考え方の相違が意識されてくるが，これをよく考えずに「よそ者」として排除してもともとあるコミュニティの結束に利用することは極力抑える必要がある。さらに，リゾート地に進出してくる人材の経験，知見，あらゆるものを地域の人たちは貪欲に活用する意識を持たなければならない。むしろ，進出企業や参入する個人が休養や保養目的であっても，地域側は

参入者を見定め，その経験，知見を吸収し，地域の為に働いてもらうようにする必要がある。

3.3. リゾートオフィスとライフスタイル

　リゾートオフィスの最大の特徴は，豊かな自然環境であることは論を待たないだろう。リゾートオフィスに到着すれば，美しい自然の景観や新鮮な空気が快適な気分にさせてくれる。眼に映る自然の変化がわれわれに様々な感興を及ぼし，インスピレーションの源を与えてくれる。われわれは，そこで自分の仕事に応じて自然そのものを題材とする場合もあれば，自然から受ける刺激によって自分の仕事をより質の高いものにし，自然の快適な環境によって仕事が量的に捗るということもある。また，自然に接することによって気分転換が図れるということもある。それゆえ，地域を活かす考え方として，リゾート地化は，大きな魅力をもつ選択肢としても間違いではなかろう。

　また，リゾートでのライフスタイルは，個人のライフスタイルと密接な関係がある[2]。この点について，カナダの宣教師アレクサンダー・クロフト・ショウのエピソードを紹介したい。彼は，夏の暑く湿気が多い東京の生活が耐え難く，快適に夏の間を過ごす場所を探すことにした。その際，自分のライフスタイルと整合することを条件とした。すなわち，（1）避暑の習慣，（2）夏休みの習慣，（3）外国勤務の特例である。これらの条件を満たす土地がリゾート地として利用された。具体的には，軽井沢，箱根，日光，六甲などである。ところが，日本人には，上述のような条件にかなうライフスタイルを持たなかったことから，リゾート生活は，ともすれば外国滞在経験者や戦前まで残っていた上流階級者に限定されたものであったと言える。

　ところで，移住・定住を前提にした「田舎暮らし」と，リゾート地での避暑生活では，ライフスタイルは基本的に異なるものになる。前者は，日本人の人生設計のイメージとしては理解しやすい。地方の人口減少を抑制策として国や地方自治体による制度的支援の対象とする地域も少なくない。他方，後者の場合は，基本的に「滞在」であって，毎年定期的に訪問したとしても，期間限定

のものに過ぎない。しかし，期間限定の滞在はかえって自由度が高く，そのことが今後の地域活性化の鍵となると考えられる。地方生活を大きな制約なしに楽しみたいという利用者側にとっても，さまざまな受け入れ態勢を整えて準備する必要がない受け入れ側にとっても，双方に大きなメリットが期待できる。加えて，反復して訪問するリピーターの存在は，地域にその都度刺激をもたらすことになる。

　ただし，リゾート地での「別荘生活」と言えば，贅沢なイメージがつきまとう。これは，戦前に西欧から導入されたイメージである。しかし，欧米では，一般の人たちが高原や海辺に「小屋」を作って過ごすという習慣は広く行き渡っていて，極めて質素なものが多い。それは，「城」「荘」「邸」ではなく，日本語で言うところの「小屋」「庵」に近いものである。言葉を換えれば，「カントリー・ハウス」である。ライフスタイルが多様な西欧では，貧富の差にかかわらず，都市で暮らす人たちが地方の生活を楽しむ習慣があり，それは必ずしもリゾート地に限られることもない。リゾート地自体，高級リゾート地と言われるところもあれば，大衆リゾート地と認識されている場所もある。

　いずれにしても，日本人にはこれまで馴染みの少ないライフスタイルであるため，日本人は同じ費用を使って外国製の高級車を買ってカーライフを楽しむという選択が多いのである。この選択は「別荘」と違って，民意や庶民感情を刺激しない。実際，リゾートオフィスは富裕層のものではなく，一般大衆のものである。個人の場合，高級旅館や高級ホテルで2日間滞在，1人10万円の費用で，高級車と同額の初期投資を償却すれば，リゾートオフィスでは2名で1週間滞在が可能である。西欧の一般の人達はこの金額以下で自分の小屋などで長期滞在を楽しんでいる。

4. 軽井沢の事例

　次に，これまでの議論を踏まえた上で，実際の事例，とくに著者自身が関わってきた軽井沢の事例を紹介したい。

4.1. 避暑的ライフスタイルの終焉とリゾートオフィス

　上述のようにリゾートオフィス構想の嚆矢となった軽井沢では，その後も断続的にリゾートオフィスの研究や活動が行われている。実験を行った場所の中で，軽井沢と葉山だけがリゾートタウンとして町を形成し，現在まで研究会も存続している。避暑地として1886年に上述のカナダ人宣教師に見いだされて以来，軽井沢では休養も仕事も意識することなく行われてきた。宣教師は仲間を集めて軽井沢で休養もしたが，もっぱら日本語の勉強をしたり，宣教活動の構想を練ったりと多くの時間を仕事に費やした。「避暑」という習慣は単に保養を意味するのではなく，暑さを避けて活動する，その中に当然仕事が含まれていたのである。

　「避暑」の習慣を受け継いでいる人々にとって，軽井沢で仕事を継続的に行うということは当然であった。軽井沢に戦前から別荘を所有していた人達にとっては夏に軽井沢にいる間に仕事をするのが当たり前だった。政治家や官僚は政策を考え，企業人はビジネスチャンスを狙って商談をし，学者は本を読み論文を書き，作家や画家，音楽家は作品を作っていた。筆者の言葉で言えば「リゾートオフィスタウン」は1964年の東京オリンピックまで存続していた。

　東京オリンピック以降，急激な大衆社会化現象とクーラーの発達によって，もともと日本にはなかった「避暑」の習慣が急速に薄れ，軽井沢は避暑地から行楽地・観光地に変化し，高度成長下で長時間労働に耐えている人々にとって自然環境に恵まれた旧避暑地は休養・保養の絶好の場所となった。人々の意識の中にリゾート地と称されたこうした場所で仕事をすることは考えられなかった。そのために，リゾートオフィスを提唱し始めた1980年代には多くの人達からリゾート＝休養・遊興，オフィス＝仕事・労働と区別するべきだという批判が相次いだ。

4.2. コミュニケーションの場としての軽井沢の崩壊

　前述した経緯もあって，軽井沢で夏を過ごす外国人は多く，1933年には外国人別荘300戸，外国人数1,300人となっていて，現在とは比較にならないほ

ど多かった。彼らは，1917年には「軽井沢避暑団」を結成，それを母体に1942年には（財）軽井沢会を結成した。これは欧米のクラブで，会員同士の親睦を図るだけではなく，地域社会での社会貢献活動を行うものであった。軽井沢会も地域住民のための病院を作り，図書館，音楽や講演などの文化活動を行う施設を軽井沢町のために開放した。テニスを始めスポーツの催しも盛んに行った。また，避暑生活を快適に安全にするために軽井沢町の環境政策に対して軽井沢会としてさまざまな提案を行っていた。彼らにとって軽井沢会が夏の公共空間とし機能していたのである。また，彼らは軽井沢の別荘地内の道路や小径に名前をつけ別荘地を中心とした軽井沢を公共空間と意識し，軽井沢会は外人コミュニティとなった。クラブ・ハウスと呼ばれるところでは終日会員の社交が行われ，英語と日本語が同等に使われていた。また，別荘地内の隣同士の敷地の境には塀や垣根がなく，せいぜい木が並んで植えられていて，ひとびとは庭伝いに自由に行き来することが出来た。その別荘は庭に向かって必ずベランダがしつらえられて，いつでも気楽に立ち寄ってベランダでお茶を飲むというコミュニケーションの場（Communication Place）としては格好の舞台となっていた。

　ところが，1960年代，オリンピック景気で軽井沢が清楚な別荘地からにぎやかな観光地になり，土地の価格が上昇，外国人は別荘を売って軽井沢から野尻湖などに退去していった。軽井沢会の会員も外国人は激減し，現在，1,300人ほどの会員がいるが，外国人会員は10人もいなくなり，完全に日本スタイルのテニスクラブとなった。会の運営も全て日本人になり，社会活動の訓練を受けていない財界人により，公共空間は私的空間に変貌した。

　社会活動は全くなくなり，夏に1，2回の音楽会と講演会が文化活動として残っている以外，テニスコートだけを目当てに来る会員による親睦団体となっている。

4.3. 新しい軽井沢でのライフスタイルとリゾートオフィス

　軽井沢の別荘の生活を続けて仕事と休養が並存するライフスタイルを保持し

ていた人達も学者や作家などを中心に残っていたが，1983年にはリゾート地での新しいタイプの仕事の仕方を提唱してエッセイストの玉村豊男が軽井沢に移住し，東京での作家活動継続を宣言した。技術的にはその活動を可能にしたのは通信機器発展の先駆けになったファックスであった。さらに，1998年2月オリンピック冬季大会で新幹線が開通し，軽井沢，東京間はわずか1時間強となり，費用は掛かるが東京への通勤可能範囲になった。そのため，軽井沢は都会から隔離された保養地でもなくなり，職・住の意識が変化していった。

その間，軽井沢リゾートオフィス研究会は1987年から前述したNTT信越（当時）との協力で軽井沢にあった同社の施設を利用したリゾートオフィスを開設，実験を開始，軽井沢で起業を試みた「軽井沢インターネット」とのPR活動，「星野リゾート」とのSOBO（別荘オフィス），「軽井沢ニュータウン」とのリゾートオフィス構想など企業との模索が行われたが，いずれも実験段階のまま，景気が低迷し，NTTの2002年の改組などもあり，企業主導タイプのリゾートオフィスは軽井沢では定着しなかった。

それにもかかわらず，軽井沢自体は人口も微増を続け，移住者が増え，更に別荘も1万5千を超えた。移住者の中には停年退職後の年金と蓄えで老後を過ごしたいという人達もいたが，かなりの人達が何らかの仕事を継続していた。彼らは毎日新幹線通勤をする者，週に何日か通勤する者，東京の仕事を軽井沢で請負として働く者など様々な非定型的な働き方をして過ごしてきた。社会も次第にそうした働き方を受けいれるように変化してきたのである。また，新たに別荘を所有した人達は週末，休日利用だけではなく，1週間以上の長期滞在によって軽井沢で仕事をすることも不自然ではなくなった。ITの発達に助けられ，いわゆるサラリーマン以外の自営業，企業経営者など自由度の高い人々が多様な仕事の仕方をし始め，リゾートオフィスが実態として実現しつつある。これは軽井沢の地域的吸引力によってそのような自由度の高い人々が集積し始め，人的交流が盛んになり，その交流によって仕事が次々に発生するという現象が現れてきたことによる。

近年，軽井沢町は人口が漸増し，2万人を超え，また，別荘もリゾートマン

ションなどを含んで1万5千を数えている。こうした中で，これまで別荘所有者が作っていた軽井沢会などの別荘3団体と言われる既存の親睦組織ではない，新しい企業，社団やNPO組織，任意団体が出来，新たな公共空間を目指して様々な会合，イベントが開催されるようになってきた。リゾートオフィスやリゾートオフィス的に別荘を利用している個人は積極的に活動し，町や観光協会などと協力して活動している。

　軽井沢を長野県の入口と位置づけ，玉村豊男を中心とした東千曲川ワインバレー構想のための長野県産ワインを紹介するワインバーを軽井沢駅に設ける活動を担っているのも，軽井沢に別荘を作ってリゾートオフィス的に東京にも活動拠点をもつ人達である。

　2015年，町と筑波大学と共催でスイスのチューリッヒ工科大学の協力を得て，軽井沢町に残っていた旧スイス公使館の建物を活かしてシンポジュウムを開催したのも，軽井沢の別荘を仕事場としてリゾートオフィスにしている筑波大と東大の研究者である。

　また，軽井沢の建築文化遺産の保存活動を行っている軽井沢ナショナルトラストの活動を支えて，全国組織と連携して軽井沢町民と協力して活動している人達も東京にも職場をもって軽井沢の別荘も活動拠点としているリゾートオフィスの利用者である。

　このように軽井沢の1万5千の別荘のうち，かなりの数が「軽井沢の仕事場」，リゾートオフィスとして使われているのである。軽井沢町も別荘を働く場として月1回以上滞在して利用する人に対しては固定資産税の軽減措置を設けている。

5. リゾートオフィスの意義と原点

5.1. 人は何のために働くのか

　リゾートオフィスの経験は，われわれに「何のために働くのか」の内省を促

すことになる。日常生活の中で，このような問いに直面する機会は少ない。ともすれば，「前日に上司に怒られた」「風邪で体がだるい」などの場合に，ふと思い浮かぶかもしれない。しかし，「それは生活のため」という結論に達し，思考停止となることが普通であろう。この限りにおいて，われわれは「働くことを前提与件」として教育を受けてきたではないだろうか。「働かざる者食うべからず」という言葉は，高齢者や障がい者，介護や育児を抱える人々に対して「就労」を迫る旗印となってしまっている。巷間を賑わした「L型・G型の大学論」は，その典型例であろう。今や仕事に役立たない教育は必要ないという短絡的な発想を多くの人々が是認するようになっている。

　しかし，このような社会規範はいずれ崩壊するのではなかろうか。そして，リゾートオフィスは，そのピボットとして期待できるのではなかろうか。

　われわれは何故働くのか（cf. Svendsen 2015=2016）。キウーラ（Ciulla 2000=2003）は，古代ギリシャ時代の奴隷と労働の関係，修道院や宗教改革の労働観から「奉仕」と「勤勉」という方向性を指摘する一方で，労働者は仕事に対する意味を求めている点を明らかにしている。仕事を通じた「善行」という視点からは，職業倫理を巡る議論がなされてきた（杉村 1997）。これらの議論を踏まえることなく，一般には「何のために働くのか」という問いに対して，「生きるため，日々の糧を得るためのお金のため」と「他人のため，社会のため，自分の理想実現のため」という方向で議論される傾向が否めないことは残念なことである。リゾートオフィスでの働き方を考えることは，これらの一般の錯誤を乗り越える契機となろう。

5.2. 仕事に対する考え方とリゾートオフィス

　行政や業者が「リゾートオフィス」をしつらえて，そこに人を呼んで仕事をさせるという実験段階の発想は，仕事を生きていく糧を得るために「苦労を耐える労働」と考える場合に，その労働環境を如何に改善していくかという目的であった。これは「時短」「有給休暇」「ワークライフバランス」などと軌を一にする考え方である。このような労働思想の中には当然，その労働の量と質の

第3章　地方創生に於けるリゾートオフィスの役割　　*69*

向上のためという職業倫理も働いているので，世の中のコンセンサスも比較的
得やすいことになる。

　しかし，リゾートで仕事をする，仕事を楽しむ，仕事と遊びを同一視すると
いう考えは現在の日本の社会に容易に受けいれられない。日本には社会を閉塞
社会に追い込む「民意」あるいは「庶民感情」が存在する。しかしながら，過
疎化地域が増加し，高齢化社会が進み，NPOが活発になり，ボランティア活
動が盛んになってきて，こうした「民意」「庶民感情」も変化せざるを得ない。

　ここで，アーレント（Arendt 1958=1994）の定義を援用して，人間が生存
に必要な「労働」，人間が作り出す藝術などの「仕事」，政治などの人間と人間
の関係である「活動」，場合によってはこれに「思考」を加えて4つのカテゴ
リーを考えた場合，「労働」とそれ以外とを分けて，「労働」については前者の
考え方，それ以外を後者の考え方，3つのカテゴリーを併せて「仕事」とし，
リゾートオフィスでは主として「労働」ではなく，「仕事」を行う。もちろん，
こうした概念やカテゴリーの設定は厳密には考え難いが，ひとつの思考のモデ
ルとして提起する。特に「仕事」と地域との関係を考える場合，ハーバーマス
（Habermas 1962=1973）を端緒として哲学や社会学の焦眉の課題である「公
共性の喪失」が言われている中でコミュニティなど「公共」領域の再生にかか
わる部分であるので，このようなモデルで考える事が有効であろう。

　以下では，これまで論じたように「労働」と「仕事」を分けて考えていく
が，言うまでもないことではあるが，この2つの概念は現実には錯綜していて，
一般的にも，学問的にも明確にすることは出来ない。例えば，哲学者の場合，
同一人物の中で，哲学を教え，哲学書を売って生きるために稼ぐ部分もある，
また芸術家にしても芸術作品を作る，芸術作品を作ってそれを売ったお金で生
きている，ということが常態でもあるからである。また，稼ぐことが労働で，
稼がなければ仕事だという区別も出来ない。

　世間の常識で労働と思うものも，仕事と思うものも，個人の内面の意識とは
違う場合もある。そこで，リゾートオフィスをアーレントのカテゴリーで解釈
して，社会に結びついた「活動」を主体に，藝術など狭義の「仕事」と考える

70

作業である「思考」にウエイトを置く仕事の場，仕事の仕方と整理することができるであろう。

5.3. リゾートオフィスで「遊ぶ」

本節では，リゾートオフィスでの仕事の使命と仕事の概念を考えて来たが，最後にリゾートオフィスでの仕事の仕方について述べておこう。

前項で指摘したように，仕事を楽しむ，あるいは仕事と遊びを同一視するという考え方に対して日本の社会は「不真面目」「不謹慎」という民意・庶民感情が伝統的に強かった。もちろん，ヨーロッパでも特にカトリックに対して新教が生まれ，ドイツではカルヴァン派，北欧ではルーテル派などの勢力が強くなり，働くことに対する倫理が尊ばれる事が続いた（Weber 1904-1905=1955；Svendsen 2005=2006）。

一方で人間の本質に「遊び」があり，人間の諸活動が遊びと関連しているという考え方もある（Huizinga 1939=1973；Caillois 1958=1973）。また，著者がフィージーで観察したところでは村人は朝パンの実を木から採取して，焼いた石の上でバナナの葉に蒔いて焼いているのだが，その間中，話したり，笑ったり，ふざけ合ったり，ただ，その場で焼けるのを見ているだけで一日を過ごしているが，われわれから見れば，それは遊んでいるとしか見えない。日本語の表現では「遊び半分」とでもいわれる。このように社会学的あるいは社会人類学的研究の多くで，近代産業社会で考えられている仕事観とは違うことが検証されている（Bourdieu 1990）。更に遊びと仕事を分けることはできないという研究は行動科学や心理学の面からも実証されてきて（Csikszentmihalyi 1975=2000），むしろ仕事を神聖視する考え方やその社会のもっている倫理観，道徳観に準拠することとして考えるようになってきている。

個人が自分で遊んでいることを仕事にする，与えられた仕事を遊ぶことができるなど，どちらにしても楽しいことが重要である。学会でワークライフバランスが議論されたとき，「仕事が面白くてつい働き過ぎてしまう」「仕事が楽しければ自分がコントロール出来る範囲で考えればいいのではないか」という意

見もあった。IT関連の仕事をしていると現場で技術者がそのような状態になることがある。もちろん，科学者や芸術家，その他の多くの仕事の現場では，労働を強いられる現場と違ってついつい面白くなってフィジカルな健康バランスを崩す事がありうる。しかし，面白ければメンタルな健康バランスには良い効果がある可能性も高く，まだ研究の余地がある。

リゾートオフィスは空間的にも時間的にも遊ぶ・楽しむことに適している。玉村豊男が提唱してきたように「遊職人種」のためのものなのである。おそらく，AIに向かって進む社会に人間がコントロールされない唯一の鍵はこの「遊び」にあると考えられる。例えば囲碁や将棋のような知的ゲームの世界では理詰めの部分はAIに勝つことはできなくなり，遊んで奇想天外な手を思いつくことによって勝てるということになるかも知れない。

6. おわりに

リゾートオフィスの思想は考える事を遊び，人と人が交流して遊ぶことによって高度な人間社会を築きあげようとするものである。ハンドルの「遊び」のように自分に対しても人に対しても余裕を持つ思想でもある。

「リゾートオフィス」という言葉を世に送り出してから30余年，未だに社会に定着しているとは言い難いが，実質的にはリゾートオフィスと考えていいものが増えている。リゾート地に別荘や住宅を所有している人達の多くが，自覚しているか，していないかにかかわらずテレワークで仕事をしている。こうした人達が「考える場（Thinking Place）」としての機能を活かして「考える」作業によって能力を向上させ，「コミュニケーションの場（Communication Place）」としての機能を最大限に活用して，地域の人たちとの「交流」に尽くすことによって本当の意味の「地域創生」が可能になると思われる。

謝辞

本稿を執筆するに当たってヒアリングに協力してくれた主だった方々を列挙して感謝に代えたい。岸輝雄（東大名誉教授・外務大臣科学技術顧問・新構造材料技術研究組合理事長），鮫島宗明（農水省熱帯研究所・元衆議院議員），墨谷和則（元北海道電力岩見沢支店長），玉村豊男（ヴィラデスト・ワイナリー主宰・エッセイスト・画家），張仁凱（ジオセンチュリー代表取締役），中井詔太郎（天草不動産鑑定），永山泰彦（東海大学名誉教授），西川武二（慶応大学名誉教授），花里俊宏（筑波大学教授），松田益義（MS雪氷研究所所長），水野統夫（ナイスパートナー建築設計事務所会長），Kathrin Sauerwein（建築家・ハイデルベルグ），Yola Gloaguen（建築家・パリ）（以上五十音順：敬称略）

（注）

1) 一般に「オフィス」という言葉のイメージは，建物や部屋など物に結びつきやすいが，涌田（1981）や秋葉（1984）が指摘するように，オフィスの本質は「活動の場」にある。
2) リゾートのライフスタイルについては 玉村ほか（1991）p.14以降を参照されたい。

【参考文献】

Arendt, H. (1958) *The Human Condition*, University of Chicago Press.（志水速雄訳『人間の条件』筑摩書房，1994年）

Csikszentmihalyi, M. (1975) *Beyond boredom and Anxiety Experiencing in Work and Play*, Jossey-Bass.（今村浩明邦訳『楽しみの社会学』新思索社，2000年）

Caillois, R. (1958=1973)『遊びと人間』多田道太郎・塚崎幹夫訳，中央公論社.

Ciulla, J.B. (2000) The working Life, Times Boocks.（中嶋愛・金井壽宏訳『仕事の裏切り：なぜ，私たちは働くのか』翔泳社，2003年）

Fromm, E. (1941) *Escape from Freedom*, Farrar & Rinehart.（日高六郎訳『自由からの逃走』東京創元社，1951年）

Habermas, J. (1962=1973)『公共性の構造転換』細谷貞夫訳，未来社.

Huizinga, J. (1939=1973)『ホモ・ルーデンス』高橋英夫訳，中央公論社.

Mills, C.W. (1951) *White Collar*, Oxford University Press.（杉政孝訳『ホワイト・カラー』東京創元社，1957年）

Svendsen, L. (2015) *Work: second edition*, Routledge.（小須田健訳『働くことの哲学』紀伊國屋書店，2016年）

秋葉博（1984）「FAアプローチ」『オフィス・オートメーション』第5巻第2号，pp.65-72.

今北純一（2006）『ビジネス脳はどうつくるか』文藝春秋.

加藤周一（2000）『私にとっての20世紀』岩波書店.

加藤晴久［編］（1990）『ピエール・ブルデュー』藤原書店.

杉村芳美（1997）『「良い仕事」の思想』中央公論社.

玉村豊男（2016）『ワインバレーを見渡して』虹有社.

玉村豊男ほか（1991）『遊職人種宣言』銀河書房.

玉村豊男（1985）『新型田舎生活者の発想』PHP研究所.

松岡温彦（1998）『人われを在宅勤務社員と呼ぶ』実業之日本社.

松岡温彦・佐藤道彦・宮崎泰夫（2016）「リゾートオフィスの研究」『日本テレワーク学会誌』第14巻第1号，pp.5-8.

涌田宏昭（1981）「オフィス・オートメーションの本質」『オフィス・オートメーション』第2巻第1号，pp.9-14.

（松岡温彦）

第4章
テレワークを活かせる人材と分野における取り組み事例

　本章では，テレワークを導入する場合に留意する事項を，実際の事例や相談案件をもとに検討する。特に導入時に問題となりやすい，雇用契約，就業規則・時間，評価，給与と費用，労災，阻害要因の面から考察する。

1. はじめに

　本章では，主に兵庫県において関わってきた自営型テレワーク創出の取り組みについて，テレワーカーを目指す人材に対する学習支援を中心に紹介することにしたい。具体的には，再就業を希望する女性人材に在宅ワークという働き方を提案した事例，とりわけ女性人材が抱える問題のうち，どのような課題に注目し，いかなる学習支援を行ったのかについて紹介したい。また，テレワークを目指す人材と中小企業をつなげる試みとして，テレワーク（仕事）創出のために，何に着目し，どうテレワーカーと中小企業（仕事の発注者）をつなげる方策を考えたのか，また，その検証のために実際に行ったモデル事業の概要について論じる。さらに，アウトソーシング実態の把握とアウトソーシング活用促進のための取り組みとして，中小企業（アウトソーシング発注者）とテレワーカー（アウトソーシング受注者）それぞれがどのような課題を抱えているのか，アウトソーシングを成功させるポイントは何であったのかについて紹介する。これら3つの事例をテレワーク創出に必要な要素（テレワーカー，テレワーク＝仕事，アウトソーシング市場）と関係づけて表すと図表4-1のようになる。

図表4-1 各節の取り組みとその関係

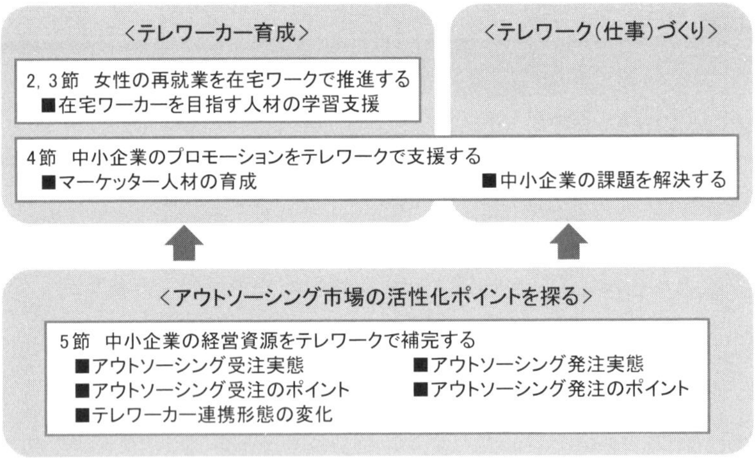

<テレワーカー育成>

2, 3節 女性の再就業を在宅ワークで推進する
■在宅ワーカーを目指す人材の学習支援

4節 中小企業のプロモーションをテレワークで支援する
■マーケッター人材の育成

<テレワーク（仕事）づくり>

■中小企業の課題を解決する

<アウトソーシング市場の活性化ポイントを探る>

5節 中小企業の経営資源をテレワークで補完する
■アウトソーシング受注実態　　■アウトソーシング発注実態
■アウトソーシング受注のポイント　■アウトソーシング発注のポイント
■テレワーカー連携形態の変化

出所：筆者作成

2. テレワーク推進事業の背景

　議論を始める前に，弊社のテレワーク推進事業の背景について述べておきたい。筆者は，創業以来，起業支援と就労支援の現場に長らくおり，自身の生き方・働き方を変えたい社会人や再就業したい多くの女性に接してきた。自分の働き方を自由に描けず，既存のワークスタイルの中で何を我慢するか，何を捨てて何をとるかに苦慮する姿を見るたびに，既存の枠組みと違う働き方がもっとあってもよいと強く思うようになった。弊社では，その選択肢の一つに起業やテレワークがあることを提案し，その働き方ができるよう応援をしてきた。

　また企業の経営支援や人材育成のコンサルティングも行っており，個々の企業支援だけでなく，行政機関や中小企業支援団体等と連携して，支援事業の企画運営にも携わっている。

　「人生80年とすれば，約70万時間を私たちは生きる。20歳までの生育時間10万と，一生における睡眠・食事等の生活に必要な時間約30万を引くと，残り30万時間。例えば60歳まで会社勤めをしたとすれば，退職後の自由時間は

10万，労働時間（10時間×250日×40年で計算）は10万，在職中の自由時間は10万」（中蔦 2014）というようにざっくり分けることができるようだ。寿命や定年が伸びている現代では，労働時間はさらに増えていくかもしれない。この10万時間以上を，自分に合ったワークスタイルを選んで働くことができるかできないかは，とても大きな違いとなるはずである。そこで，筆者は，具体的なワークスタイル（雇用の契約形態，労働場所，労働時間，労働内容，給与・報酬体系，協働のあり方等）をサポートする事業を創業し，多様な支援活動を展開している。

3. 女性の再就業を在宅ワークで推進する

弊社は，2004年から2012年2月までの約8年間，兵庫県内の男女共同参画センターを中心に，在宅ワーカー支援セミナーを行った。受講者数は延べ1,100名程となる。目的は，再就業を希望する女性人材に，在宅ワークという働き方の選択肢があることを提案し，自営型テレワーカーとしての意識醸成と基礎知識の習得を支援することであった。

3.1. 女性の再就業を在宅ワークで推進しようとした理由

3.1.1. 希望する働き方では働けない女性

就労支援関連のセミナー講師を務める中で，そこで出会う働きたい女性の思いと労働市場がかけ離れていることを常々感じることがあった。結婚・出産・育児・介護で離職した女性が，ふたたび自助努力で社会復帰するには，本人自身の意思・スキルだけでなく，家庭環境や家族の理解，雇用者側の需要ニーズ・タイミングなど，困難な壁が幾重にもある。これらには個々人の努力では解決できないことが多々含まれており，そのうち社会復帰をあきらめてしまう，もしくは別のことで自己実現欲求を充足することを見出してしまう女性も少なからずいた。このように自分の希望とは違って，十分な労働力や能力を発

揮できないでいる女性が，一歩を踏み出しやすい就業スタイルや機会づくりができないだろうか。その思いが発端であった。

3.1.2. 県内の女性就業率の低さ

兵庫県立男女共同参画センター（以下，イーブンとする）や男女家庭課等と女性の就業支援について話し合ってきた結果，2006年にイーブンが事務局となり，「女性の在宅ワーク等検討プロジェクトチーム」が結成された。在宅ワーク支援のあり方について検討され，次の点が明らかになった。すなわち，「兵庫県の女性就業率は全国ワースト3であり，未婚の女性の就業率は，全国平均とさほどの大きな差は見られないものの，有配偶者の就業率が全国平均と比べ6〜7ポイント低くなっている。兵庫県の25〜54歳の女性120万人のうち無業者は約48万人であり，そのうち約28万人の女性が就業を希望していて，就業希望者の割合は全国2位の高さにある」ということである（兵庫県男女共同参画センター 2006）。兵庫県は「全国2位の就業希望女性がいる県であるが，就業率は全国ワースト3で，実際の労働につながっていないこと」や「子育て期に働きたくても働けない現象が兵庫県でも見られた」のだ（前掲書）。在宅のまま働くことができれば，女性の就業率の向上につながるのではないかと，考えられる。

3.2. 期待される働き方に向けての検討

3.2.1. 在宅ワークが広がっていなかった理由

多様な働き方の一つとして期待された在宅ワークだが，2006年当時もまだまだ広がっているとは言えない状況だった。その主な理由として次の4点が考えられた。

（1）在宅ワーカーおよび発注企業に関する情報が流通していない。

（2）在宅ワーカー間の連携・交流の少なさ。

（3）在宅ワーカーのレベル・スキルが企業の要求に合致していない。

（4）在宅ワーカーと発注企業の間で調整が必要である。

　ワークのマッチングに欠かせない情報も連携もスキルも不足しており，在宅ワーカーを管理する煩雑さや情報セキュリティ面の不安が，発注企業に二の足を踏ませていた。これらの問題点を解決するためには，4つの機能（在宅ワーカーおよび発注企業に関する情報提供，在宅ワーカー間の連携・交流，在宅ワーカーのレベル・スキル確保および向上，在宅ワーカーと発注企業の間に立って双方をサポートする）をそなえた在宅ワークを支援する中間支援組織が必要であると思われた。それについては，「女性の在宅ワーク等検討プロジェクトチーム検討結果報告書（2006年11月）」に盛り込まれ，県に報告された。

3.2.2. 再チャレンジのための学習支援システムの構築へ

　弊社は，兵庫県が主催する在宅ワークセミナーに2004年度から講師として関わった。当時は，年に1回，在宅ワークとはどのようなものかを知る2時間程度のセミナーと，ワードやエクセルの使い方を学ぶパソコン研修が実施されていた。2005年度からはイーブンで実施されたため，セミナー受講者は30歳代から40歳代の求職中の女性が中心で，下の子どもが小学校に入り，自由になる時間ができたから，何か仕事を始めたいという理由や，再就職に何か役立てばと思って，という理由から参加されていた。「在宅ワーク」という言葉を初めて聞く人も多く，「在宅ワーク」という何らかの業務（職種）があって，パソコンさえ出来れば，その仕事に就くことができると捉えている人もいた。座学1回とパソコン基礎スキルのみの育成では，在宅ワーカーとして動き出せる人材は少ないことだろう。学習機会や時間を増やす必要を感じた。またワード・エクセルの基礎スキルを持っているからといって，在宅ワーカーとして雇ってくれるほど労働市場は甘くはない。就業率向上のゴールを目指すのであれば，公的支援機関が提供する無償セミナーの範疇を超えて一部受益者負担になるかもしれないが，支援セミナーの内容・実施形態等を大幅に変える必要があるのでは，とイーブンへ提案した。

　2007年には兵庫県再チャレンジ学習支援協議会が設置され，文部科学省の

「再チャレンジのための学習支援システムの構築事業」を受託された。この構築事業の一つである学習支援ソフトの企画・制作を弊社が担い，2008年2月に「在宅ワーカー学習支援ソフト」（以下，学習ソフトとする）が完成した。

3.3. 在宅ワーカーを目指す人材の学習支援

3.3.1. 学習ソフトにおける「在宅ワーク」を自営型テレワークと位置づけた理由

2008年時点では，再就業を目指す女性人材が働ける「雇用型テレワークの市場」が潤沢にあったわけではなく，今後，雇用型テレワーク市場が整うかどうかも不透明であった。また，発注企業が，在宅ワーカーの情報を十分に持たない状態であるため，誰かが仕事を与えてくれることを待つのではなく，自らができる仕事をアピールし，仕事を獲得していくぐらいの覚悟をワーカーに持ってもらうのが良いのではないか。そのような考えから，学習ソフトにおける「在宅ワーク」を「自宅を労働する場所の中心とし，IT機器を用いて，自営（請負）の形態で，自分の商品・サービスを提供し，報酬を受け取る働き方である」と定義し，自営型テレワーカーを目指す内容でプログラムを制作することになった。同時に，それまでセミナータイトル等につけるテーマが「再就職」であったことを，「再就業」へ変えることで広い意味で捉え直し，多様な働き方を含めることができるようにすることを，セミナー主催者のイーブンへ勧めた。

3.3.2. 在宅ワーカーの学習支援ソフトのコンセプト

在宅ワークを希望しつつも，自営型テレワークの経験がない女性がほとんどであることを前提に，特に下記の点に留意して学習プログラムの企画開発を行った。

（1）在宅ワーク（自営型テレワーク）についての理解を深めること

「在宅ワーク」という言葉の響きから，パソコンやネット環境が登場する以前の内職・手作業のイメージのままの人や，パソコンさえあれば家に居ながら

片手間にできると安易に考える人も少なくなかった。また雇用契約で給与収入を得ることと，受託契約で事業収入となることの違いもわかりやすく伝える必要があると考えた。

（2）在宅で個人事業主として働くために必要な事柄を学べる

基本の学習プログラムは基礎編・応用編・実践編の3部構成とし，初歩の初歩だけでは終わらない，知っておくべき基礎知識とできるワーカーになるための仕事術が盛り込まれている。それ以外に，学習をサポートするためのセリフチェックテスト，Q&A集や書類雛形などのメニューも付け加えた。

（3）簡便な操作性

この点は説明を要しないだろうが，操作性の簡便さを十分に留意した。

3.3.3. 学習支援の結果

2008年度から2011年度まで，在宅ワークを目指す受講者レベル別に，イーブンやその他の男女共同参画センターで集合研修を行った。同時に，イーブンでは自宅で独習できる学習ソフトを配付した。セミナーは好評を得て，受講希望者は増えていき，イーブンでは同じ内容のセミナーを年2回開催するようにしたが，それでも毎回定員の倍以上の申込があった。受講者へは，在宅で働くという選択肢を示し，在宅ワークについての誤ったイメージを取り除き，ワーカーとして一歩を踏み出すための準備や後押しをすることができたのではないかと考える。

学習ソフトのプログラムが受講者に役立ったかどうかについて，検証調査を行った。評価された主な点と改善要望を図表4-2にまとめた。

この10年前に制作した学習ソフトは，CD-ROMに収録された750頁のPDFであった。2017年の今なら，より学習しやすく，学習効果の測定が容易な新たな手法で提供することが可能だろう。テレワーカー向けのEラーニングを提供しているウェブサービスも見られるようになっている。

図表4-2　学習ソフト利用者の声

〈評価された主な点〉	〈改善要望〉
・ビジネスEメールの書き方、トラブル対処法、マーケティングなど仕事の実際を知ることができた。 ・経理・納税についての説明が詳しかった。 ・これだけの学習テーマを書籍等で、自分だけで調べるとなると大変である。	・進捗状況を自分で把握しやすい仕組みをつけて欲しい。 ・一人でやり続けるのでチェックバックがあると良い。 ・自分が学習した分だけカレンダーが埋まるような仕組みがあると嬉しい。
仕事の流れがイメージ出来る 情報（知識）がソフトに集約されている 体系立てて必要なことが理解できる	進捗や目標管理ができる仕組み モチベーションアップの仕組み

出所：筆者作成

4. 中小企業のプロモーションをテレワークで支援する

在宅ワーク支援を始める以前にも公的支援機関等の就労関連の人材育成に携わることが多々あった。供給サイド（人材）の啓発・スキルアップの面のみに着目していては、支援の出口で県内産業に結びつかず、「教育」で終わってしまう経験をしてきた。そのことから、本当の意味での女性の就業実現は、就業希望者が自身を鍛えつつ、「企業（雇う側もしくは発注側）も新労働力活用のメリットを実感できる仕掛け」が必要だと考えていた。

2010年から11年にかけて、神戸新聞社と共に、再就業したいテレワーカーとプロモーションに課題を抱える中小企業を結び付ける試みにチャレンジした。

4.1. テレワークという働き方を選択するにあたってのワーカーの課題

雇用型テレワーカーと違って、自営型テレワーカーは当然ながら自分で仕事を獲得していかねばならない。しかし発注してくれる先を見つけることは容易

ではない。また，単価が低いワークであると延々と時間をかけて量を稼がなければならないが，時間的制約を抱える人材にとっては厳しい。いつ受注があるかわからないワークを待ち続けていては，安定的・継続的な収入は望めない。時間的・場所的な制約を抱えているからこそ在宅ワークに踏み出したのに，という結果になってしまう。例えば，正規社員の勤務時間では働けないため，自分が働くことが可能な時間帯の働き先を何本か抱えることで，1か月の生計を立てているあるひとり親からは，「現状では非常に苦しいので，あともう一つ，在宅で毎月決まって5万円稼ぐことができる仕事が取れれば，生活が安定できるのに」という切実な声も聴いた。

4.2. 中小企業が抱える恒常的な課題

　中小企業はさまざまな経営課題を抱えるが，常にその上位に挙げられることが営業力・販売力の強化である。人員やプロモーションなどの経費を大幅にかけずに，IT活用して営業力や販売力を上げることができればと考えるが，その知識を持った人材がいない，経営者自身も不慣れで分からない，新たに専門人材を社員にする余裕はないというジレンマを持つ。2010年前後は，一般人がSNS，YouTube，ブログ，Twitterなどのソーシャルメディアの活用を始めていたが，企業のソーシャルメディア活用はまだまだこれからと言われていた時期だった。

4.3. テレワークを目指す人材と中小企業をつなげる試み

4.3.1. テレワークの分野と対象を絞って，必要とされるワーカー像を描く

　テレワークに向く業務という切り口から考えて，デジタルデータに変換してやり取りできる業務を抱えていそうないくつかの企業に，テレワーカーを活用するニーズや業務内容について尋ねて回った。テレワークという言葉さえあまり使われなかった当時，テレワーカーを活用しているイメージや，新たに切り出す業務が今すぐ思い浮かばないという声がほとんどだった。そのまま，企業

がテレワーク活用のメリットに気づき，仕事が発生するまで待っていては，テレワーク市場の形成は遠い未来の話になるように感じられた。

前述（4節1項）のように，テレワークを目指す人材にとって，その働き方ができるかどうかの鍵は，(1) テレワーカー自身で仕事を獲得できること，(2) 継続的に最低限の稼ぎが得られること，(3) 時間的・場所的な制約を受けない仕事であること，である。また4節2項に示した通り，中小企業が抱える重要な課題は，大幅なコストをかけずに営業力・販売力を強化することである。この課題同士をつなげることにテレワークが生まれるヒントがあるように思われた。つまり，企業（発注側）が必要とする業務を推測し，絞り込み，その業務に特化したテレワーカーを育成して，マッチングしていくことで，テレワーク（仕事）が生まれるのでは，と考えた。

そこで，地域のメディア活用や様々なプロモーション手法（インターネット活用を含む）を理解した人材（以下，マーケッターとする）を育て就業を促進させることによって，良品を持ちながら売れずに困っている地場産業や小売業者，販売促進に悩む商店街等の団体を支援し，地域商業の活性化へ繋げることを考えた。一般的には，マーケッターとは，売上高や営業利益を増加させるために，市場調査に基づいて商品開発・販売促進を行う人材とされる。優秀なマーケッターが持つ知識・ノウハウは短期間かつ容易に養成できるものではないため，ここでは，「中小企業が限られた経営資源でプロモーションを行うにあたって，実施可能かつ効果的な手法を検討・選択できるようにする」ことに焦点をあてた。例えば，新商品を作ったものの多額の広告費を出せない中小企業に対して，記者が取り上げやすいプレスリリースの書き方・打ち方を指南し，コストをかけずに新商品やサービスを雑誌・新聞・テレビ等に取り上げてもらう機会を広げることや，客単価を上げたい中小企業に対して，ネット上でお客様の声をとることができる方策を提案し，集めた声を現場にフィードバックし，改良・改善に生かすなどに取り組んできた。そのようなことができるテレワーカー像を描いた。

4.3.2. プロモーション支援特化型マーケッターの人材育成に取り組む

　構想したことを実行に移すべく，兵庫県の2010年度公募提案型重点分野雇用創造事業を神戸新聞社が受託され，マーケッター人材育成に取り組んだ。事業のねらいは，様々なメディア活用手法やITプロモーションツールが増える中，それらを理解し，地域の中小企業に合致したプロモーション手法を検討・選択し，効果的な広報・集客，販売活動を提案できる能力を持つマーケッターを養成することである。そのマーケッターが，自社商品の広報や販売促進，集客に課題を持つ地域の中小企業を支援することを目指した。

　多数の応募の中より書類・面接審査の結果，経歴や実績等，まったく違う22歳から44歳までの女性12名がマーケッター研修員として選ばれた（ただし意図して女性を採用したわけではない）。マーケティングやプロモーションについての知識・経験は皆無か少ない人材であった。マーケッター研修員は，8か月の間に，中小企業におけるプロモーション（販促）の実態調査を行い，効果的なプロモーション策の検証等を行う業務に従事するとともに，プロモーションに関する各種研修を受け，マーケッターとしてのスキルを伸ばしていった。

　詳しい研修内容については割愛するが，弊社で担当したマーケティングや中小企業経営理解の研修だけでなく，神戸新聞関連各社（サンテレビ，ラジオ関西，京阪神エルマガジン社，神戸新聞事業社，神戸新聞出版センター）の専門人材が，広告の実際や活用の仕方を伝授した。また大手広告代理店やWEBブランティング企業にもご協力頂き，最前線のネットプロモーションツールについても学べるプログラムであった。

4.4. その後について

　前述の人材育成は充分に目的を果たして修了した。そこで得られた経験やノウハウを元に，再就業したい女性やひとり親が，在宅ワーカーとして，自宅もしくは神戸新聞社に設ける予定であった就業支援ステーションで，業務に携われるような事業構想が立てられた。具体的な業務の切り出しも行われた。県

内の女性就業応援が事業主旨であり，兵庫県と連携して取り組むことがふさわしいと思われ，兵庫県ひとり親家庭等在宅就業支援事業での実施を望んだが，叶わなかった。残念ながら，同構想を完遂するには至らなかった。

　ちなみに，現在の企業のソーシャルメディア活用の状況であるが，総務省によれば，「ソーシャルメディアを活用している企業の割合は，産業全体で見ると，2014年末が18.0％であったところ，2015年末は23.4％となっており，かつ全ての産業において利用が上昇している（ただし常用雇用者規模100人以上の企業を対象にしている）」という（総務省2015）。また，経済産業省によれば，「ソーシャルメディア未活用の企業の課題で最も多かったことが『人材や知見がない』ということで，活用中の企業の半数以上が『狙った効果を得れていない』と感じていた。そのため，ソーシャルメディアの活用に向けて，ノウハウの普及，専門人材の育成アドバイスや，データ取扱いのガイドライン策定等が，方策として必要」としていることを明らかにしている（経済産業省2016）。

5. 中小企業の経営資源をテレワークで補完する

　上述（4節）のように，マーケッター人材育成に取り組むと同時に，既存の自営型テレワーカーが活躍しているアウトソーシング市場の実態把握を行った。その調査結果から，アウトソーシングを活用する側（発注者，時にはテレワーカー自身も発注者となる）のアウトソーシング活用ポイントと，アウトソーシングを受託する側（テレワーカー）の受託ポイントを探り，まとめている。

5.1. アウトソーシング実態の把握と理解に向けて

5.1.1. 調査・支援事業を始めた理由

　女性の再就業を進める就業形態のひとつとして期待した在宅ワークであるが，仕事を依頼する側や雇う側の求めていることに合致しなければ，両者の間

に仕事は生まれず，何事も起きない。では仕事を発注する企業側はどのくらい自営型テレワーカーを活用しているのか，また活用したいというニーズはあるのか。それを知りたいと考えた。

ひるがえって，自営型テレワーカーも含めた外部資源をいかに戦略的に活用することができるか，また継続的な取引先として互いに発展していけるかが，中小企業の生き残りと発展に，少なからず影響を及ぼしていることを，日々の支援業務から感じていた。

そのため，兵庫県内中小企業の自営型テレワーカーの活用実態を知るべく，それらがわかりそうなデータ等を探してみたが，見つけることが出来なかった。そこで，組合だけでなく小規模企業者の支援にも力を入れていこうとしていた兵庫県中小企業団体中央会（以下，中央会とする）と，2010年度から2012年度の3か年に渡り，県内中小企業の外部経営資源活用に関する調査と支援を行い，アウトソーシング実態の把握と理解に努めることになる。

5.1.2. 主な取り組みと流れ

2010年度は，アウトソーシング発注者の実態把握と，発注ポイントの分析をテーマに取り組んだ。具体的には，中央会に所属する中小企業500社にアンケート調査票を発送し，131社の調査結果を回収・分析し，アウトソーシングの活用目的，業務内容，契約形態，成果，アウトソーシング先の見つけ方等について状況を整理した。

また，積極的にアウトソーシングに取り組んでいると思われる回答企業の中から抽出した企業へ訪問し，アウトソーシングの具体的内容と活用ポイントについてより詳しいヒアリングを行った。

これらにより中小企業者（アウトソーシング発注者）のアウトソーシング促進にあたっての課題とニーズを理解することができた。アウトソーシング発注者に向けては，より効果的なアウトソーシングを実施するための「アウトソーシング活用のポイント十箇条」を作成し，座談会・報告会で周知を図った。

2011年度は，アウトソーシング受注者の実態把握と，受注ポイントの分析

をテーマに取り組んだ。具体的には，SOHOリーダー的な役割を担っている小規模事業者に，アウトソーシングを受ける側としての取引状況や，これまでの成功事例，失敗事例を尋ねた。ヒアリングを行った各受注者の組織形態や業務内容はそれぞれ違うため，調査結果はバラバラになることも予想されたが，受注の成功ポイントを整理し，分類してみたところ，3つの共通点を見出すことができた。それとともに，「アウトソーシング受注のポイント十箇条」を作成し，座談会・報告会で周知を図った。

2012年度は，アウトソーシング受注者のコミュニティ形成と，情報発信の支援をテーマに取り組んだ。2010年度から2011年度の調査・支援活動を通じて，発注者は，信頼できるアウトソーシング先の発掘をしたいと考えており，受注者（自営型テレワーカー）は自分（自社）の専門性を高めたり，補完し合ったりする仲間やその機会を求めていることがわかってきたからである。そこで，アウトソーシング受注者のコミュニティが形成されつつあると思われる，兵庫県内にあるコワーキング・スペースや民間インキュベーション等の情報を探索し，違いが見られた7つの施設について訪問調査をした。

なお，本調査では，アウトソーシングと外注は同意語とみなし，また，アウトソーシングとは「自社が業務上必要とする資源やサービスを外部から調達することすべて」を指している，として調査先に回答を求めている。

5.2. アウトソーシングの実態と課題

調査・支援事業により，アウトソーシングの実態と，発注者側・受注者側それぞれが抱えている課題が見えた。兵庫県中小企業団体中央会の報告書より抜粋して紹介する（兵庫県中小企業団体中央会 2010；2011；2012）。

5.2.1. 発注側に見られた傾向

（1）アウトソーシング内容を使い分け，専門性の高い業務利用も行う

アンケート調査の結果より，7割以上の企業がアウトソーシングを行い，約6割が常態的に活用していることがわかった。アウトソーシングの目的は「専

門性を補うため」が突出して多く，続いて「自社で行うよりも人件費が削減できるため」，「繁忙期の人手不足解消のため」となり，アウトソーシングを行うことで，自社にない専門性を高めるとともに，コスト削減を期待していることが伺えた。

（2）アウトソーシングを人的補完機能の強化として活用

ヒアリング調査対象のいずれの企業も，アウトソーシングを専門性の補完に活用し，成功していた。そればかりか，アウトソーシング先の人材が中心となり，企業内の新規事業部門を担当しているケースも見られ，アウトソーシング先に中小企業が依るところは大きい。その成功の要因は，企業の発注担当者（多くは経営者）とアウトソーシング先が密にコミュニケーションを図り，プロジェクトのゴールを確認しつつ，互いがプロフェッショナルな立場として，時には忌憚のない意見交換ができる関係性を形成していることにあった。

（3）小規模の事業者へのアウトソーシングを行っている企業が多い

アウトソーシング先の事業形態は，系列会社でない法人が約4割を占めたが，「個人事業主」「専門家」の合計が4割となるなど，法人でない先にも発注していることがわかった。事業規模でみると「2〜5人」が4割と最も多く，全体の約7割が15人以下の事業者であった。

（4）最も多かった選択理由は「信用がある」

アウトソーシング先の選択理由は，「信用がある」（33.6％），「技術がある」（29.4％），「低価格である」（13.3％）となった。「距離が近い」という選択理由を選んだ企業が7.7％であったことは，アウトソーシング先にとって，利便性だけではもはや受注を期待することは難しいことを表していると同時に，ITインフラの普及により，距離が遠方であっても，「信用力」や「技術力」などの競争力があれば，仕事を受注できる可能性を示していると思われる。

（5）信頼できるアウトソーシング先の発掘が課題

発注者がアウトソーシングを行うにあたって最も課題となることとして4社に1社が，「信頼できるアウトソーシング先の発掘」を挙げた。行政に期待する支援についても「アウトソーシング先の情報提供」が最も多く，「アウト

90

ソーシングの成功事例に関する情報提供」と合わせると情報提供の希望が半数以上を占めた。

5.2.2. 小規模事業者のアウトソーシング受注に見られた課題

（1）受注体制を維持するための人材確保のジレンマ

調査対象者は小規模企業者であり，事業主のみの組織か2〜3名の組織である。事業の継続・拡大のために，営業代行者を置いたり，依頼された仕事の条件が厳しくとも断らずにできるだけ受注したりするといった方針の事業者が多く見られた。仕事を受注すると当然のことながら，受注した仕事を担当する者が必要となり，事業主が担当してしまうと経営者としての他の仕事がまわらなくなる。そのため，社内の従業員に任せるか，外注するケースが見られた。しかし，受注量が一定でない中，人を雇用すると，仕事を定期的に獲得する必要に迫られる。従業員が事業主と同様のスキルを発揮できるまでは，経営者としての仕事に加えて従業員教育という負荷が事業主にのしかかる。また，外注した場合に，事業主が発注先から受注したことを，外注先がうまく具現化できず，結果として，外注先がつくったものを事業主がやり直すというような事態が発生していた。

（2）金銭リスク回避策の必要性

支払期日になっても報酬を支払ってもらえなかったケースもある。受注者は材料費や人件費など制作に要した費用を先に支払う必要があり，受注金額が大きい場合や，修正等が発生し，なかなか納品できない場合は，受注者が金銭リスクを背負うことになる。経営資源が乏しい小規模企業者はリスクが負えずに受注を断念する場合も少なくない。

リスクを回避する方法として，受注内容を書面で残すことにより，発注者に契約を反故にしないよう心理的プレッシャーをかけたり，前金制度を設けて報酬をあらかじめ確保したりするなどの工夫ができるが，それで完全に回避できるわけではない。いずれにせよ，受注者には運転資金の確保を含めた経営者としての視点を常に持つことが要求される。

（3）付加価値部分の評価と報酬への反映の難しさ

　ヒアリングを行ったアウトソーシング受注者の事業内容は，デザイン・設計，システム構築，広告宣伝，ホームページ管理であった。このような仕事はその内容によって大きく２つに分かれる。一つは受注時に仕様書がきっちり決まっており，発注者からの指示に沿って行う比較的やり易い仕事。もう一方は，発注者が受注者の専門性や経験に頼らざるを得ない内容であり，受注者の裁量に任される部分が大きい仕事である。後者は，発注者が求める成果物を受注者に伝えられたとしても，作業プロセスを理解せずに発注している場合が多い。受注者は発注者の意向に沿ったもの，あるいは意向以上のものを納品しようと様々な提案を行うのであるが，目に見えないものであるが故に，成果物が発注者の思い描いていたものと合致しない。そのため何度もやり直す作業が発生し，システム開発であれば，やり直した箇所さえ目に見えないため，修正を加えて最終的に完成したもののみで発注者に評価されることになる。修正に費やした作業や，受注者の提案により，発注段階よりもレベルが上がった部分があっても，報酬に反映させてもらえない場合がほとんどである。

　アウトソーシング受注者の中には，最初の商談の際に発生しうるあらゆるリスクに対して，発注者に確認したり，デザインについても修正回数を限定したりするなど，様々なリスク管理を行い，できるだけ円滑に納品しようと努力している事業者も見受けられた。しかし，受注者のリスク管理だけでは限界がある。また制約を大きくすればする程，より良いものも生まれにくくなる。発注者も受注者の作業プロセスにおける負荷や献身を理解し，アウトソーシング業界全体として，付加価値を評価する姿勢を持つことが必要であると思われた。

5.2.3. テレワーカーの連携形態の変化

　2011年度の調査では，調査対象者（アウトソーシング受注者）のすべてが外注先（さらなるアウトソーシング受注者）を持っていることがわかった。仕事のチャンスを逃すことなく獲得するために，発注者が求める分量・スピード・専門性に応えられる体制を作っておくことが重要だからである。このアウ

92

トソーシング受注者が外部にさらなるアウトソーシング受注者を確保している
状態を「SOHOとりまとめ」型とする。これに対して，2012年度調査対象で
あったコワーキング・スペースにおいて見られる，独立事業者同士のつながり
も一種のアウトソーシング活用であると考える。こちらを「コワーキングつな
がり」型とする。双方は，テレワーカーがアウトソーシングを行う点では共通
するが，図表4-3に示すような違いがある。

　コワーキング以外の場でも，自営業者同士が集まる場では以前から見られた
人のつながり方であるが，この上下関係ではなく，横にゆるやかにつながる関
係は，個として確立されたテレワーカーが増えることによって，さらに増える
のではないかと推測する。

　昨今では，副業や社外での交流を推奨する企業がニュースに取り上げられる
ようになった。社員が社外に出て，コワーキングつながり型で，さまざまな人
や情報と接触し，そこで偶発的に生み出される何かに期待する企業が，今後も
増えていくのではと感じる（図表4-3）。

図表4-3　「SOHOとりまとめ」型と「コワーキングつながり」型の相違点

	＜SOHOとりまとめ型＞	＜コワーキングつながり型＞
事業者同士の階層をイメージした図	三角錐 とりまとめは上位のアウトソーシング受注者 下位のアウトソーシング受注者	文鎮 事務局マネージャーもしくは同列のアウトソーシング受注者 同列のアウトソーシング受注者
とりまとめ人材の位置づけと役割	・より上位のアウトソーシング受注者（責任者） ・仕事をとってくる人	・同列のアウトソーシング受注者 ・仕事の機会を広げる人 ・事業者同士のつながりを作る人
仕事の発生	・必然的	・偶発的
仕事内容	・固定的な仕事多し	・提案から始まる

出所：兵庫県中小企業団体中央会（2012）

5.3. 中小企業の経営資源補完をテレワーカーで進めるためには

　3か年の調査・支援事業を行った結果，中小企業の経営資源をテレワークで補完することは十分にできることと，そのためにアウトソーシング活用がさらに進むことの重要性を感じた。しかし，発注側のアウトソーシング活用における迷いも多く，受注（テレワーカー）側の課題も容易に解決できる事柄ではない。まずは，転ばぬ先の杖として，取引成功のポイントになり，かつ各々が取り組めることをまとめる。

5.3.1. 発注側のアウトソーシング活用ポイント

　アウトソーシング活用を行うにあたって，まず明確にしなければならないことは，自社が伸ばす強み，業務内容，契約内容の3つである。とにかく外注，と急ぐあまりに業務内容だけ決めて発注していると痛い目を見る。アウトソーシングにおけるトラブルの元をたどれば，発注時の曖昧さに行き着くことが少なくない。また，単に該当業務の担当者だからという理由や，手が空いているからという理由で安易に発注責任者にしてしまうのではなく，発注ニーズを，アウトソーシング先が理解できるようにきっちりと伝え，コミュニケーションを図り，最終的にアウトソーシング先から提出される製品やサービスのクオリティを費用対効果も含めて，判断できる人材が必要となる。

　これらの点について，前記に加えて，活用ポイントを十箇条にまとめた（図表4-4）。

5.3.2. 受注側＝テレワーカーの受託ポイント

　アウトソーシング受注に成功している事業者には3つの共通点が見られた。第1に，「受注体制を工夫すること」である。調査対象者は事業者のみか2〜3名の組織であるが，さらに外注先（SOHO事業者）とのネットワークを広げて，共に仕事に取り組む協力者を持つ努力をしていた。それにより受注規模や分量が広げられるとともに，発注者の様々な要望に応えることが可能な技術や専門性を確保している。

図表4-4 アウトソーシング活用ポイント十箇条

第一条	自社が伸ばす強みの明確化
第二条	業務内容の明確化
第三条	契約内容の明確化
第四条	アウトソーシング管理者の育成
第五条	協働しやすい風土づくり
第六条	PDCAサイクルでの管理を行う
第七条	「報・連・相」の約束を忘れずに
第八条	トライ＆エラーを恐れない
第九条	情報発信を怠らない
第十条	信頼できるネットワークの構築

出所：兵庫県中小企業団体中央会（2010）

　第2は，「受注方針を明確にすること」である。受注時に受注範囲や内容を
しっかり確認している。自身の受注可能な範囲と内容をあらかじめ理解し，そ
れをはっきりと発注者に伝えることは，無理な仕事を請けないリスク回避策に
なるだけでなく，品質を確保するために大切である。その結果，発注者の期待
を裏切らない仕事をし，信用を得ることにつながっていた。

　第3は，「対応能力をあげること」だ。ここでいう対応能力とは，対応可能
な技術力や専門性の高さのことではなく，顧客に寄り添って柔軟に対応できる
ことを指している。小規模企業者ならではの強みを生かした迅速な対応で，発
注者にとって身近に相談できる存在となり，受注機会を広げている。また発注
者では対応できない問題の解決や専門性を求めてアウトソーシングが行われる
場合が多く，受注者の知見に頼るところが多々ある。発注者が求めていること
をよく理解し，カタチにしていく能力が必要となる。なかには発注者さえ気づ
いていない課題等を見つけ出して解決に導くコンサルティング能力まで惜しみ
なく発揮している様子が見られた。このような理解力，洞察力，行動力が高く
評価されることをベテランテレワーカーは知っている。

　上記に加えて，受注者が注意して対応するポイントを十箇条にまとめた（図
表4-5）。

図表4-5 アウトソーシング受注のポイント十箇条

第一条	受注可能な範囲，内容を明確にする
第二条	受注姿勢を決める
第三条	受注協力者と組む
第四条	外注先（SOHO事業者）と連携する
第五条	即応を心がける
第六条	情報収集を怠らない
第七条	発注者の思いをカタチにする
第八条	自ら提案していく
第九条	先手，先手のコミュニケーションをとる
第十条	納期厳守

出所：兵庫県中小企業団体中央会（2011）

6. むすび

　本章では，テレワークによって変えることが出来ると考えた事（女性の再就業を推進，中小企業のプロモーション課題を解決，中小企業の経営資源を補完）について，その取り組み内容と結果を述べた。誰もがテレワークを働き方の選択肢に置くほど，テレワーク市場が形成されていないために，かなり先導的に提案して進めている部分もある。なぜなら，変革をしようとすれば，旗を振り，イメージできるようにすることが必要だからだ。人は，それができることがわかり，自分がやる意味や変わる意味にメリットを感じ，やりたい・変わりたいと本気で思い出した時に，やっと変わることができる。また，自分ひとりでそのことに気づき，変わることは，なかなか難しく，自分が考えもしなかった視点から提案をしてくれる人との出会いや，何らかの環境変化に巻き込まれる必要がある。その意味では，政府が「働き方改革」や「テレワーク」というキーワードを多用することは追い風になるだろう。とは言うものの，自営であることやテレワークという働き方を礼賛するつもりはまったくない。望ましい働き方というのは，その人によって変わるものなので，誰かがこれが良いと極端に示すことは，自分に本当に合う働き方を試行錯誤する機会を奪いかね

ない。そんなジレンマを抱きつつも，テレワークの中身は今後も進化して，私たちの働き方の可能性を広げてくれると思っている。

【参考文献】

経済産業省（2016）「企業のソーシャルメディア活用に関する調査報告書（概要版）」. http://www.meti.go.jp/policy/economy/consumer/consumer/pdf/sns_report_digest.pdf

総務省「2015年通信利用動向調査 調査結果のポイント」. http://www.soumu.go.jp/main_content/000431155.pdf

兵庫県再チャレンジ学習支援協議会（2008）『在宅ワーカー学習支援ソフト検証・調査報告』兵庫県再チャレンジ学習支援協議会.

兵庫県男女共同参画センター（2006）『女性の在宅ワーク等検討プロジェクトチーム検討結果報告書』兵庫県男女共同参画センター.

兵庫県中小企業団体中央会（2010）『兵庫県内中小企業の外部経営資源活用実態調査』兵庫県中小企業団体中央会.

兵庫県中小企業団体中央会（2011）『兵庫県内小規模企業者のアウトソーシング受注実態調査』兵庫県中小企業団体中央会.

兵庫県中小企業団体中央会（2012）『独立事業者のビジネスチャンスを広げる新しい働き方（コワーキング）とコミュニティを探る』兵庫県中小企業団体中央会.

中蔦剛（2014）「キャリアデザイン入門テキスト　人生設計のためのパワースポット55選」学事出版.

吉住裕子（2012）「女性の再就業を在宅ワーク（自営型テレワーク）で推進することの意味と課題」『日本テレワーク学会誌』第10巻第1号，pp.12-17.

（吉住裕子）

第5章
企業実践における制度設計のポイント

　本章では，実際にテレワークを導入する場合に留意する事項を実際の事例や相談案件をもとに検討する。特に導入時に問題となりやすい，雇用契約，就業規則・労働時間，人事評価，給与と費用，労災，阻害要因の面から考察する。

1. はじめに

　2016年6月2日に「一億総活躍プラン」が閣議決定され，働き方改革や女性活躍を推進するなかで，テレワークが有効な手段として挙げられている（内閣府 2016)[1]。企業などと雇用関係のない自営型テレワークであれば，ICTの発展と共にテレワークを活用しやすくなるだろう。しかし，雇用型テレワークは，所属企業の承諾や制度がないと，その実現は難しい。

　一般社団法人日本テレワーク協会の調査によると，就業者の50％が「電話とメールさえあればオフィス以外で仕事ができる」，また59％が「在宅勤務をしてみたい」と回答しており，ニーズは確実に高まってきている。しかし，実際に在宅勤務を行っている割合は全労働者のわずか5.1％（300万人）に過ぎない（国土交通省 2016）。実は，「制度がない」「許可してくれない」ために「やりたくでもできない」ということが現状なのである。

　そのため，テレワーク導入は，経営者はじめ推進者の深い理解と強いリーダーシップに基づいた制度設計が重要な鍵を握ると言える。そこで本章では，テレワーク制度導入のポイントについて，法律と制度の視点から考察を加えていく。まず，国や自治体の施策を確認することから議論を始めたい。

2. 国や自治体の施策

　厚生労働省（2012）は，2010年からの20年間で労働力人口は950万人減少すると予測している。実に全大阪府民（約884万人）に相当する働き手がいなくなる計算だ。少子高齢化や介護離職を背景に「毎日出社できる人だけが働けば良い」という時代は終焉しつつある。育児や介護などの時空間の制約が大きい人材を幅広く活用することができ，生産性の向上を実現するテレワークは，労働者人口の減少を緩和する手段としても注目されている。

　2017年5月，政府は「仕事と生活の調和」実現にむけて，「世界最先端IT国家創造宣言官民データ活用推進基本計画」を閣議決定した。その中で，重要業績評価指標（KPI）として，2020年までに，（1）テレワーク導入企業を2012年比で3倍（34.5%），（2）テレワーク制度に基づく雇用型テレワーカーの割合を2016年比で倍増（15.4%）にすることを掲げ，助成金を含む数多くの普及促進策を打ち出した。たとえば，「職場意識改善助成金（テレワークコース）」（中小企業対象）では，評価期間に週1回以上在宅またはサテライトオフィス勤務を実施する企業に対し，対象となる経費の3/4を助成する（1人当たり15万円または1企業当たり150万円を上限）。また，テレワークに精通した社会保険労務士を全国に無料派遣する「労務管理のコンサルティング」（企業規模問わず）を実施する。

　図表5-1は，今年度の具体的施策概要を示したものである。実態の把握や普及に向けた表彰制度など，総務省・厚労省・経産省・国交省の4省がそれぞれの分野においてテレワークを普及推進し，毎年11月を「テレワーク月間」として働き方の多様性を広げる運動を進めている。また，2017年7月24日には「テレワーク・デイ」を開催し，テレワークによる交通混雑緩和効果を立証した（2020年の同日は東京五輪開会式の予定）。しかしテレワークは，まだまだ認知度が低く誤解や思い込みも多く，「まず知ってもらうこと」が不可欠である。そこで，政府は全国各地でテレワークの普及活動を精力的に展開している。2017年度では，6月23日の厚生労働省主催テレワークセミナー（東京）

第5章　企業実践における制度設計のポイント　　*99*

図表5-1　政府のテレワーク推進施策

■政府の具体的施策

● 政府は、テレワーク推進に関する施策を閣議決定し、2020年に向けて重点実施

	施策内容	担当	2014～2017年度	2018～20年度
1	テレワーク普及に向けた新たなモデル確立	総務省 厚労省	◆テレワーク推奨モデル構築の実証事業 ・企業規模・職種別モデル ・地域活性化モデル（ふるさとテレワーク）	推奨モデルの普及・展開
2	テレワークの普及啓発	総務省 厚労省	◆セミナー・シンポジウムによる普及啓発 ◆輝くテレワーク賞（厚労省）／テレワーク百選（総務省）実施 ◆優良事例の収集・展開	
3	テレワークの導入支援	総務省 厚労省	◆テレワーク相談センターの開設 ◆テレワークの専門家派遣 ◆職場意識改善助成金（テレワークコース）制度の導入	
4	テレワークの普及状況の把握	国交省 総務省	◆テレワーク人口の実態把握 ◆企業でのテレワーク導入率把握	
5	サテライトオフィスの展開	国交省 総務省 経産省 文科省	◆サテライトオフィスの全国展開 ・離島・過疎地等における超高速ブロードバンド基盤の整備 ・古民家や遊休施設等を活用した住居・施設環境の整備	
6	国家公務員のテレワーク	全省庁	◆国家公務員のテレワークに係るロードマップに基づく各施策の実施	

出所：日本テレワーク協会作成講演資料

を皮切りに，労働者体験イベントや総務省働き方改革セミナーなどが開催された。札幌から沖縄に至る各所で開催されるイベントは総数で32回に及ぶ。地方自治体が主導で開催されるセミナーや企業・団体主催のテレワークセミナーなど，全国で多くのセミナーが予定されている。

3. テレワーク導入に際して考慮すべき法制度

3.1. テレワークにおける雇用契約の区分

　次に，テレワーク導入に際して考慮すべき事項について説明を加えたい。

　まず，雇用契約によりテレワークを行う場合は，オフィスで勤務する時と同様に，労働基準法・労働契約法・最低賃金法・労働安全衛生法・労働者災害補償保険法など労働者にかかわる法令が全て適用される点に留意して欲しい。労働者がどこにいても安心して働けるように労働者が目の前にいない状態であっ

ても使用者は労務管理を怠ってはならない。

　次に，自宅で行うテレワークの場合は，「在宅勤務」と「在宅ワーク」があり，雇用契約なら「在宅勤務」，請負契約なら「在宅ワーク」と分類される。在宅勤務は「情報通信機器を活用して雇用契約に基づき，支配管理下におかれ使用者の指揮命令を受け自宅において行う就労形態」を指し，就業場所が自宅になるだけで，労働者であることに何ら変わりはない。それに対し，在宅ワークは「情報通信機器を活用して請負契約に基づきサービスの提供等を自宅において行う就労形態（法人形態により行っている場合や他人を使用している場合などを除く）」を指す。このとき，請負契約である在宅ワークには，家内労働法が適用される場合を除き労働関係法令が適用されない点に注意する必要がある。そもそも請負契約は「仕事を完成することを約束し，仕事の結果に対して報酬を支払う約束をする契約」なので，請負人（在宅ワーカー）は，発注者から指揮命令を受けたり管理されたりするような立場ではない。発注者は業務に必要な情報の提供等を行うのみで，具体的な指揮命令を行ってはならない。

　時折，「テレワークを導入して，自宅で働いてくれる人を募集したい」という企業から，「雇用するべきか請負にするべきか」と相談されることがある。具体的な就業内容を尋ねると，「指揮命令はするが，時間管理は行わず，売り上げた額に応じて報酬を支払う」という。このようなときは，前述の「在宅勤務」と「在宅ワーク」の違いを説明したうえで，就業形態が混在することで生じる労働問題のリスクを伝えている。雇用契約による「在宅勤務」であれば，労働者の時間管理を行わなくてはならず，拘束時間による賃金の最低保証額も必要である。一方「在宅ワーク」の場合，在宅ワーカーに対して細かい指揮命令を行うと，在宅ワーカーの労働者性（労働者であるかどうか）が強くなり，偽装請負とみられるリスクが生まれる。

　そのために，在宅勤務と在宅ワークそれぞれのメリットを混同しているケースでは，在宅ワーカー自身も請負契約であることを理解せず，在宅勤務者のつもりで働いていることも少なくない。何の問題もなく労使双方が良好な関係でいる間は良いが，ひとたび問題が生じると，請負人のはずの在宅ワーカーの労

働者性を争う労働問題が起こりやすいので十分な注意が必要だ。たとえば，業績不振で仕事の発注ができなくなった場合の解雇問題，業務量が報酬に見合わない不満や時間外・深夜手当不支給から生じる残業問題，就業中に負傷を負った場合の労災請求などが問題になりやすい。

労働者性に関する判例をみると，裁判所は，雇用契約，請負契約といった形式的な契約形式のいかんにかかわらず，実質的な使用従属性を，労務提供の形態や報酬の労務対償性，さらにこれらに関連する諸要素をも勘案して総合的に判断している。具体的には，（1）仕事の依頼，業務従事の指示等に対する諾否の自由の有無，（2）業務遂行上の指揮監督の有無（業務の内容および遂行方法に対する指揮命令，拘束性，代替性）などで，当該契約当事者間における労務提供について，実質上使用従属関係があるか否かがポイントになる。また，労働者性をより広く捉える労働組合法上の労働者の扱いにも留意する必要がある。

以上のように，テレワークを導入する際は，労働者性の判断基準を正しく理解したうえで就労形態を定め，適切な対応が重要である。

3.2. 就業規則の扱い

次に就業規則の扱いについて説明する。雇用型テレワークでは当然，労働基準法などの法令遵守が重要になる。とくに在宅勤務については，厚生労働省の「情報通信機器を活用した在宅勤務の適切な導入及び実施のためのガイドライン（在宅勤務ガイドライン）」を参考にしながら，自宅でも安心して働けるような労務管理を行うことが求められる。

在宅勤務制度を初めて導入する際は，労務管理上必要となる社内ルールを洗い出し，既存の就業規則に変更を加えるかどうか検討する必要がある。検討項目には，（1）適性基準，（2）実施の申請と承認，（3）業務連絡（コミュニケーション）方法，（4）労働時間，（5）人事評価，（6）給与・手当，（7）服務規律，（8）セキュリティ，（9）安全衛生（作業環境・健康診断），（10）教育・研修，（11）緊急時の対応，（12）費用負担，（13）福利厚生などがある。

既存の就業規則に変更や追加がある場合，就業規則に直接盛り込む方法と「テレワーク勤務規程」「在宅勤務規程」など就業規則とは別に規程を作成する方法がある。しかし，別に規程を作成したとしても，その規程は就業規則の一部とみなされる。このため，就業規則の作成や変更をしたときと同様，労働者代表から意見書による意見聴取を行うなどの所定の手続きを経た後，所轄労働基準監督署に届出をし，さらに社内に周知する必要がある。変更の必要がないと判断した場合でも，従業員への説明は欠かせない。そのうえで意見や要望があれば，改めて変更を検討しても良いだろう。

就業規則の変更が必要な例として，（1）就業規則に規定されていない労働時間制（フレックスタイム制など）を利用する場合，（2）みなし労働時間制の適用を検討したものの，就業規則に同規定がない場合，（3）人事評価制度の新設や改定をする場合，（4）通勤手当の支給基準の変更，在宅勤務手当等の新設をする場合，（5）業務内容の変更に伴い給与の見直しも行う場合などが挙げられる。直行直帰が禁止されていたり，就業場所が社内オフィスに限られたりしている場合も変更の必要があるだろう。しかし，在宅勤務を導入するには，必ずしも就業規則を変更しなければならないわけではない。たとえば，在宅勤務者が書類を送るための郵送代の清算方法など，就業規則の絶対的記載事項である労働条件（始業・終業時刻，休憩時間，休日，休暇，賃金など）を変更することなく，「働く場所が変わるだけ」で在宅勤務を運用するのであれば，就業規則を変更することなくテレワークを実施することも可能である。

ただし，新しく雇う労働者に対しては注意が必要だ。就業規則の変更や規程作成の必要がない場合でも，労働条件通知書や雇用契約書の就業場所に「自宅」と明記しなければならない。（労働基準法第15条「労働条件の明示」）また，すでに雇っている労働者に対しても，できる限り文書による明示が望ましいとされている。

セミナーや導入相談の際に「就業規則を変えなくてもテレワーク（在宅勤務）は導入可能」という話をすると，導入に二の足を踏んでいる企業にとってはかなりインパクトがあるらしく，一気に導入の敷居が下がるようだ。まずは

トライアルを行い，その結果に基づいて規程を変更する企業も多い。ある企業では，大幅な規程の変更なくテレワークを導入後，業務上必要などの特段の理由もなく「海外でテレワーク実施したい」という要望を受けたが，そこまでの対処が難しいと「オフィスに2時間以内で出社できる場所に限る」という規定を追加した例もある。労務管理や就業規則の問題で導入を迷っている企業には，最初は就業規則の変更を要しない「場所が変わるだけ」のテレワークからスタートし，「まずやってみる」というテレワーク導入の基本精神のもと，試行錯誤しながらルールを構築する方法もあることをお伝えしている。

4. テレワーク導入における誤解と問題点

4.1. 労働時間

続いて，テレワーク導入における誤解と問題点を紹介したい。

まず，労働時間について論じる。「テレワーク中は労働時間の管理ができないので，柔軟な労働時間制度に変更しないと導入することは難しい」という意見を聞くことが多いが必ずしもそうではない。むしろ，テレワークは「通常の労働時間制」をはじめ，あらゆる労働時間制度において行うことが可能だ。また，初めてテレワークを導入する際は，従来の労働時間制度を変更せず，「場所が変わるだけ」のテレワークからスタートすることによって，労働時間管理の問題を回避することが出来る場合もある。

厚生労働省がテレワーク実施企業に対して行ったアンケート（厚生労働省2016a）をみると「通常の労働時間制」を採用している企業が最も多い（図表5-2参照）。確かに，テレワーク実施企業と未実施企業を比較すると，実施企業は「フレックスタイム制」「裁量労働制」「事業場外みなし労働制」「短時間勤務制」を導入している企業が多くなっている。しかし，これはテレワークを実施するためだけに柔軟性のある労働時間制度に変更したわけではなく，以前から採用していただけで，テレワーク導入をきっかけに労働時間制度を変更す

図表5-2 採用している労働時間制度

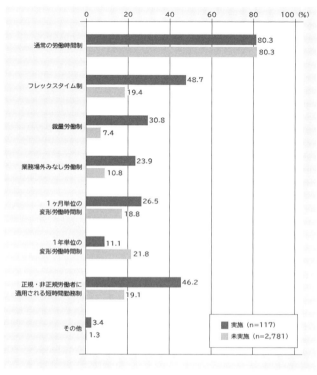

出所：厚生労働省（2016a）

る企業が多いわけではない。例えば，「在宅勤務には，みなし労働時間制」などと単純に適用するのは早計だ。導入した事例の多くで，みなし労働時間制をとらずに在宅勤務を行っている。

在宅勤務におけるみなし労働時間制（労働基準法第38条の2第1項）は例外的な働き方なので，業務遂行の実態を考慮したうえで，効果的に実施する必要がある。在宅勤務時におけるみなし労働時間制は，自宅で業務を行うことで勤務時間とプライベート時間が混在し切り分けにくく，労働時間が算定し難い場合にのみ認められている。これは，在宅勤務に限った事業場外みなし労働時間制である。要件は，(1) 当該業務が，起居寝食等私生活を営む自宅で行われ

る，(2) 当該情報通信機器が，使用者の指示により常時通信可能な状態にお
くこととされていない，(3) 当該業務が，随時使用者の具体的な指示に基づ
いて行われていない，の3つである。なお，(2) の常時通信可能とは，イン
ターネットの回線が接続されている状態のみならず，在宅勤務者が電話やメー
ルなども含めて随時即応しなくても良い状態をいう。(3) の随時使用者の指
示とは，業務の目的や目標，期限など基本的な事項の指示にとどまらない具体
的な指示や報告が，随時行えるような状態でないことを指す。

　つまり，在宅勤務におけるみなし労働時間制は，労働者に即応を求めたり，
具体的な指示を行ったりしないという条件のもとで認められる。私生活の雑務
により「席を離れている」「電話に出ない」「メールの返事がすぐできない」状
態だったとしても，使用者側はそれを咎めることはできない。このような理解
のないままみなし労働時間制を導入した場合，上司などが「業務に専念してい
るのだろうか」という懐疑を持つことにつながり，従業員が在宅勤務を利用し
にくくなってしまうケースも見受けられる。

　「テレワーク用の評価制度を知りたい」「仕事の評価が難しい」という相談を
受けることがある。2014年度の厚生労働省テレワークモデル実証事業「企業
アンケート」(厚生労働省 2016a) によると，半数以上が「通常勤務者と評価
観点は同一である，特に変えていない」と回答しており，次いで「成果・業
績」「目標管理」が多かった。

　テレワーク中の業績評価について，従業員の不安を払拭するためにも，労使
双方が十分に話し合い，ルールを明確にしておくことが必要になる。実際に目
でみないと確認できない評価項目を用いたり，遅くまで残業していることだけ
を高く評価したりしている場合，制度の見直しは必須だろう。しかし，評価制
度自体を変更するよりも，業務の可視化の推進や上司と部下のコミュニケー
ションの活性化などを通じて，テレワーク利用者が，通常のオフィス勤務者と
同等の公正な評価がされるよう徹底することが重要だ。

　公正な評価をする上で大切なのは「テレワーク利用の有無で，従業員の評価
に差を付けない」という点である。会社がテレワーク制度を作っておきながら

図表5-3 テレワークの頻度および現行制度別の対策

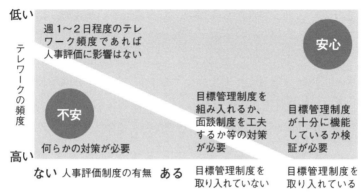

出所：社会保険労務士法人NSR作成講演資料

利用したことで評価が下がるようでは，誰も利用しようと思わない。週1〜2日程度の利用頻度ならば，テレワークの利用の有無で評価に差を付けないことを前提に，導入前の評価制度をそのまま適用することもできる（図表5-3）。テレワークを機に会社全体の評価制度を再構築するのも良いが，評価制度の設計には時間や手間がかかる。頻度が低いのであれば，まずは既存の評価制度を用いてテレワーク導入のトライアルを始めると良い。

　頻度が高い場合は，「成果・業績」による評価がポイントとなる。しかし，成果・業績がみえにくい業務もあることなどから，「目標管理制度」に基づく成果主義が導入される傾向にある。厚労省主催の「2015年度テレワーク推進企業等厚生労働大臣表彰」で「特別奨励賞」を受賞した明治安田生命保険相互会社では，2010年より働き方改革に向けた取組みをはじめ，15年のテレワーク「プレトライアル」以前から目標管理制度を導入している。同じく「特別奨励賞」受賞に輝いたカルビー株式会社では，09年の経営刷新とともにプロセス評価から成果主義の人事評価に変更している。16年日本テレワーク協会主催「テレワーク推進賞」で「会長賞」受賞の株式会社リクルートマーケティングパートナーズは，16年より全社員を対象に日数制限のない在宅勤務制度を導入したが，日頃から管理職の意識の醸成や社風として成果主義が浸透してい

たため，テレワークの導入がスムーズだったという。「目標管理制度」の導入
は，ルールづくりや評価者のスキルの向上などに時間や手間がかかるものの，
ワークスタイル変革の原動力としても注目されている。大規模な導入や，制度
拡大を進めるうえで，「目標管理制度」を検討する価値は十分にあるだろう。

4.2. 給与と費用負担に関する誤解と実際

つぎに，「給与」や「費用負担」に関する話題を取り上げる。これらは労働
時間や人事評価とならんで，導入にあたって問題となることが多い。以前，企
業の経営者や人事担当者から「在宅勤務者の給与（基本給）を下げてもいい
か」という質問を受け驚いたことがある。「通勤せず家で仕事をするならオ
フィス勤務より楽なはず」というのが理由らしい。もちろん，在宅勤務をする
と給与（基本給）が下がるというのは不利益変更であり，認めるべきではな
い。在宅勤務者は「働く場所が変わるだけ」で，業務内容や職種，勤務時間の
変更がなければ，給与を見直す必要はないはずである。

給与の見直しを考えなければならないのは，原則として，現在の業務内容，
職種などが変わるときだ。業務内容や職種が同じでも，所定労働時間を長くし
たり（短時間勤務からフルタイムに変更等），短くしたり（育児や介護を目的
とした在宅勤務等）する場合は見直しの対象となる。なお，育児・介護を理由
とする在宅勤務で，育児介護休業法に基づき所定労働時間が短くなる場合の給
与については，「育児・介護休業規程」の定めによることになる。

雇用契約で働く労働者である限り在宅勤務者も当然に最低賃金が適用され
る。とくに地域別最低賃金は，賃金の実態調査結果などを総合的に勘案して定
めるものとされており，2017年10月時点で，958円（東京都）から737円（沖
縄県など）までとかなりの幅がある。「場所にとらわれない柔軟な働き方」と
いうテレワークの特性を活かすことにより，最低賃金の高い地域の企業が，最
低賃金の低い地域の在宅勤務者を雇うことで地域創生やコスト削減効果をめざ
す場合もあるだろう。ただし，地域別最低賃金は各都道府県内の事業場ごとに
適用される。沖縄県の最低賃金を適用するためには，沖縄県内に直属の事業所

を設けなければならないので，注意が必要だ。

　通勤手当に関しては，テレワークの頻度が増えて会社に通勤することが少なくなれば，通勤費用を実費支給するように見直すことも考えられる。その目安として，通勤定期代との兼ね合いから「週3日以上テレワークをする（通勤しない）場合」と定めている企業が多いようだ。

　在宅勤務に係る通信費や情報通信機器等の費用は，在宅勤務ガイドラインをみると，（1）労使のどちらが負担するか，（2）事業主が負担する場合は限度額をいくらにするか，（3）労働者が費用を請求する場合の請求方法をどうするかなどを，あらかじめ労使で十分に話し合い，就業規則等に定めておくのが望ましいとされている。パソコンなどの情報通信機器は，セキュリティの観点からも事業主が貸与することが多いものの，労働者に負担させる場合は，就業規則に規定しなければならないとされている（労働基準法第89条第5号）。

　在宅勤務やモバイル勤務の際に自宅の電話や個人のスマートフォン，パソコンを使用している場合も，従業員との雇用契約がその負担を包括しているものであれば良いが，そうでない場合は会社の負担割合などについて決めておく必要がある。たとえば，自宅の電話料金や水道光熱費で自己使用分と業務使用分が請求明細などにより区分可能であれば，その実額を精算することができるが，不明な場合は使用頻度などを考慮して従業員と話し合い，定額の手当（在宅勤務手当等）として支給する方法がある。在宅勤務手当の支給額については各社様々であるが，水道光熱費のみであれば，1日数百円程度であることが多い。頻度の高い在宅勤務者には，通勤手当の削減分を在宅勤務手当に充てるなどの方法が採られることもあるが，週1〜2回の頻度で在宅勤務を行う場合には，とくに支払っていないとする会社がほとんどである。

4.3. 労災の要件と実際

　最後に，労働災害の取扱いについて紹介したい。しかし，業務場所がオフィス以外でも労災給付の要件は基本的に同じである。テレワークにおける労災認定を巡る裁判例はまだない。しかし，『テレワーク導入のための労務管理等

Q&A集』（厚生労働省 2016b）をみると，「自宅で所定労働時間にパソコン業務を行っていたが，トイレに行くため作業場所を離席した後，作業場所に戻り椅子に座ろうとして転倒した事案。これは，業務に付随する行為に起因した災害であり，私的行為によるものとも認められないため，業務災害と認められる」という事例がある。また，『在宅勤務ガイドライン』（厚生労働省 2008）も，（1）在宅勤務者には労災を含む全ての労働基準関係法令が適用され，通常の労働者と同様の取扱いが原則であること，（2）業務が原因である災害は，業務上の災害として保険給付の対象であること，（3）自宅における私的行為が原因であれば，業務上の災害とはならないことの3つが明記されている。

　労災保険は，業務災害および通勤災害に遭った労働者またはその遺族に，保険給付を行う制度である。労災認定では，（1）労働契約に基づいて事業主の支配下にある状態で起きた災害という「業務遂行性」，（2）事業主の支配下にあることに伴う危険が現実化したものであり，業務と負傷・疾病などの間に相当因果関係があるという「業務起因性」が要求される。労災保険給付の対象になるかどうかは，「業務遂行性」「業務起因性」の2つの要件を満たすという原則を踏まえたうえで，負傷や疾病が発生した具体的な状況に応じて個別に判断される。たとえば，自宅の階段で足を踏み外して怪我をしたケースを想定すると，「仕事関係の郵便物を投函しに行くために階段を下りていた」のであれば，業務遂行性があると判断される可能性は高いものの，「洗濯物を持って階段を上がっていた」のであれば，私的行為と判断され業務災害とは認められないと考えられる。

　これまでみてきたように，オフィスでも自宅でも労災の給付要件は原則同じである。しかし，在宅勤務の場合は，自宅などにおいて一人で業務に従事することが基本であり，災害状況の現認者もいないことから，業務との因果関係の立証がオフィス勤務時より困難となる可能性がある。そのため，業務場所を「自宅のみ」や「自宅の特定の一室」に限定したり，「外出禁止」，「自動車などへの乗車禁止」などのルールを定めたりして労災防止と発生時の対応に備えている企業も存在する。

一方，業務場所を限定せず，より柔軟にするという考え方もある。A社では，場所を限定しないテレワークを大々的に行っているが，カフェなど公共の場所でのテレワークに関する注意事項をハンドブックに一通り記したうえで，「上記の事項を厳守したとしても労災が認められない可能性もある」と但し書きをしている。時代とともに働く場所をより柔軟にする企業が増え，「カフェなどで生じた業務災害」についての質問が多くなりつつあるが，カフェは本来お茶を飲むという私的行為で利用されるべき場所である。そのような場所でも「業務遂行性」「業務起因性」があれば労災の対象になり得ることに変わりはないが，「私的行為ではないこと」を立証する必要性は覚悟しなければならない。

そのためには，「業務時間の記録」や「業務進捗の適時報告」など管理体制のルールを定め，業務と私的行為の区分を予め明確にしておくと良いだろう。これは，労災への備えだけでなく，過重労働の抑制の効果もある。併せて，テレワーク利用者に労災防止のための安全衛生教育などを行い，健全なテレワーク実施に向けた意識付けを促すことも重要である。

どの先進導入企業も，試行錯誤をしながら自社に合ったテレワークを作り上げている。テレワークのための様々な情報や技術が整った今，いかにして自社の文化に合わせながら制度を設計して導入していくかが，重要になるだろう。

5. おわりに

本章では，テレワーク導入にあたって考慮すべき制度や法律について述べた。多くの事例を見る中で，成功に導くためのポイントは3つあると考えている。

まず，経営トップのリーダーシップが発揮されているかどうかである。テレワークは，いわば企業全体の風土改革だ。導入目的を社員全員に浸透させ，意識改革を行い，業務の見直しや部門間の調整をする必要があるためである。その際，中間管理職がとくに抵抗勢力になりやすい。まずは経営トップが働き方改革を経営課題と位置付け，強力なリーダーシップを発揮することが不可欠だ。

第5章　企業実践における制度設計のポイント　*111*

　働き方改革の先進企業であるカルビー株式会社では，トップ自らが多様な働き方を支える制度改革を打ち出し，株式会社リクルートマーケティングパートナーズでは，社長が所属長を集めて意識醸成のためのワークショップを何度も行った。経営トップが直々に携わることで，推進への本気度を具体的にアピールでき，意識の浸透が非常に早い。社長の交代でテレワーク推進へのリーダーシップがなくなった途端に制度の利用が激減した事例も少なくないことから，経営トップの影響力は多大だといえよう。

　経営トップの支援を得て，中間管理職からテレワークを体験させることも効果的だ。制度やツールは整っているのに利用が進まない場合，原因の大半は，中間管理職の理解不足である。「部下がサボるのでは？」などの懐疑心がある限り，部下は安心して利用することはできない。そこで明治安田生命保険相互会社は，トライアルなど早い段階で，抵抗勢力になりがちな中間管理職からテレワークを体験させ，成功を収めている。通勤がないことによる心身への効果や，業務に集中できるため生産性が向上することを体感し理解を深めることで，導入は格段にスムーズになるだろう。

　次に，小さく始め，大きく育てることである。できない理由を考えて二の足を踏むよりも，小規模でも良いから「まずやってみる」ことで，効果や推進方法を見出すことができる。育児・介護などの理由のある社員をトライアルや導入の初期段階の対象者とするのは，周囲の理解も得やすく，アンケートなどの検証活動にも協力的だ。しかし，対象者を限定したままだと，「特別扱いの福利厚生では？」という社員間の不公平感につながり，結果，対象者が制度を利用しにくくなるケースが多く見受けられる。育児・介護など理由のある社員が一時的にいなくなったことで制度が頓挫した例もある。小さくはじめたとしても，将来的には社員全員を対象にすることを目標に掲げ，社員全員の制度として対象者を拡大する努力を続けることが，制度持続の鍵となる。

　最後は，仕事のやり方を変えることだ。ICT環境が十分に整っていなくても，業務の切分けにより導入は可能だ。だが，そのままやり繰りを続けていくと，テレワークのために仕事を作る事態になりかねない。ペーパーレス化やグルー

プウェア，仮想オフィスといったツールの活用を進め，仕事がどこでもできるような環境を構築していくことが求められる。

　われわれは，決して，テレワークが最高の働き方だと断言しているわけではない。実際に顔を合わせることで，社員間の共感や助け合いの精神が育まれてイノベーションにつながるなど，フェイス・トゥ・フェイスならではのコミュニケーションから生まれるものもたくさんある。しかし，少子高齢化に突入した今日，誰もが毎日，オフィスに長時間居られるとは限らない。ホワイトカラーの業務のほとんどがパソコンなどのICT機器で行われている現状では，必ずしもオフィスにいる必要性はなくなってきている。テレワーク導入をきっかけに仕事の見直しと働き方改革を進めていくことで，人も企業も輝ける社会が実現することを願っている。

（注）
1）本稿は，筆者が労働新聞社に寄稿した連載記事（第3071号，3073号，3081号
　〜3084号，3087号，3088号，3091号，3093号，3094号）をもとに加筆修正
　したものである。労働新聞社編集部には記して感謝の意を表したい。また，加
　筆・修正に際しては編者の先生方から有益な示唆を得たことについても感謝し
　ます。
2）一億総活躍社会とは，「50年後も人口1億人を維持し，家庭・職場・地域で誰も
　が活躍できる社会」を実現するための軸として掲げられた旗印である。
3）ふるさとテレワークの概要については，第1章を参照されたい。

【参考文献】
厚生労働省（2008）『在宅勤務ガイドライン』．
　　http://www.mhlw.go.jp/houdou/2004/03/h0305-1.html
厚生労働省（2012）『雇用政策研究会報告書』．
　　http://www.mhlw.go.jp/stf/houdou/2r9852000002gqwx.html
厚生労働省（2016a）『テレワークではじめる働き方改革テレワークの導入・運用ガ
　　イドブック』平成28年12月発行．

http://work-holiday.mhlw.go.jp/material/pdf/category6/01_01.pdf

厚生労働省（2016b）『テレワーク導入のための労務管理等Q&A集』.

http://work-holiday.mhlw.go.jp/material/pdf/category6/02.pdf

総務省（2017）『平成27年通信利用動向調査の結果』.

http://www.soumu.go.jp/johotsusintokei/statistics/data/160722_1.pdf（2017.7.22）
（2017.7.10確認）

内閣府（2016）『ニッポン一億総活躍プラン』.

http://www.kantei.go.jp/jp/singi/ichiokusoukatsuyaku/pdf/plan1.pdf,2016.6.2
（2017.7.10確認）

（武田かおり・中島康之）

第6章
在宅勤務型テレワークの現状と課題
―テレワーク人口実態調査の結果を用いて―

　本章では，主に国土交通省による「テレワーク人口実態調査」の結果を活用しながら，在宅勤務の現状と効果，さらには課題を探ることにしたい。

1. はじめに

　2015年6月末に政府が発表した「世界最先端IT国家創造宣言」は，雇用形態の多様化とワークライフバランス（WLB）の実現に関する節のなかで，テレワークに言及している[1]。

　周知のように，テレワークには在宅勤務型やモバイルワーク型，在宅ワーク型など様々な労働形態が含まれる（佐藤 2008, pp.5-6）。それらのうちでも政府がWLBの改善や地域の活性化，女性の就業率向上などの効果を期待しているのは，一般的に「在宅勤務型」と呼ばれている「雇用型在宅型」のテレワーク，しかも「週1日以上終日在宅で就業する」タイプの働き方である。現実にも，育児・介護支援策の一環として在宅型テレワーク制度を導入する企業はみられる（阿部 2006, pp.22-24；佐藤 2008, p.43）。その背景には「在宅で働けるなら，家事・育児・介護と仕事の両立が容易になる」という推測があると考えられる[2]。

　しかしながら，そのような推測のみを根拠として，在宅で働く形態が普及すれば直ちにWLBの改善や地域の活性化，子育て期の女性の就業率向上等が実現すると結論づけることはできない。本章では「週1日以上終日在宅で就業する雇用型在宅型」のテレワークがもたらす効果について，主として国交省による「テレワーク人口実態調査」の結果を活用しながら，現実のデータに基づく

検証を試みていきたい[3]。

2. テレワーク人口実態調査の概要

　国内のテレワークおよびテレワーカーを対象とした本格的な調査研究は1980年代に開始され，すでに一定の蓄積を築いている。しかし，一定規模の「雇用型在宅型テレワーカー」（以下，本稿では政府の用例にならって「在宅勤務者」と標記する）を回答者に含み，なおかつ定期的・継続的に実施されているものは，これまでのところ国交省による「テレワーク人口実態調査」のみである。同調査は，毎年のテレワーク人口推計に活用されると同時に，テレワークの実態を把握すべく設計されたものであり，テレワーカーに関する様々な設問を含んでいる。

　とりわけ「平成27年度 テレワーク人口実態調査」では，テレワーカー全体のうちから「週1日以上終日在宅で就業する」在宅勤務者（以下，終日在宅勤務者と表記する）を抽出して，さらにくわしい「第2段階調査」を実施しており，本章における考察にとっては最適のものといえる。

　当該の報告書で紹介される調査は，2015年の11月にWebを活用したオンライン調査として実施されたもので，性別・年齢・居住地によるサンプリングを行ったうえで，40,000人から有効回答を得ている。同調査におけるテレワーカーの判定基準は独特のものであり，回答者本人がテレワーカーと自覚しているかどうかや，勤務先におけるテレワーク制度の導入は問われない。

　当該の調査では，まず回答者を自営業主である「自営型」と企業等の被雇用者である「雇用型」に区分する（国交省，2016，参考2-1）。自営型の場合，「ふだん収入を伴う仕事を行っている」（条件A）ことにくわえ，「仕事で電子メールなどのICT（ネットワーク）を利用している」（条件B）なら，テレワーカーと判別される。つまり業務としてパソコンや電子メールを利用する自営業主は，すべてテレワーカーとみなされる。一方，「雇用型」の場合は，条件A・Bにくわえて「自分の部署のある事業所以外のICT利用が可能な環境にお

第6章　在宅勤務型テレワークの現状と課題　*117*

図表6-1　テレワーカーの類型

雇用型テレワーカー	在宅型 （在宅勤務者）	1,884 (4.7%)	週1日以上終日 在宅で就業 （終日在宅勤務者）	1,113 (2.8%)
			週1日未満終日 在宅で就業	771 (1.9%)
	非在宅型	6,672 (16.7%)		
自営型テレワーカー		4,099 (10.2%)		
非テレワーカー		27,345 (68.4%)		
合計		40,000		

ける仕事時間が，1週間あたり1分以上である」（条件C）を満たすことが求められる[4]。

　さらに本章の分析対象である在宅型・雇用型テレワーカー（在宅勤務者）と判定されるには，条件A・Bを充たし，なおかつ「自分の部署のある事業所以外のICT利用が可能な環境における仕事時間が，1週間あたり8時間以上である」（条件C'）こと，および「自宅（自宅兼事務所を除く）のICT利用が可能な環境における仕事時間が，1週間あたり1分以上である」（条件D）ことが求められる。

　上記の基準によって回答者を分類した結果，図表6-1に示したように，全回答者中の12,655名（31.6％）が，テレワーカーと判定されている[5]。それらのテレワーカーのうち約3分の2にあたる8,556名が「雇用型」であるが，在宅勤務者は1,884名にとどまる。さらに雇用型在宅型のなかでも，「週1日以上終日在宅で就業する」という回答者は1,113名にすぎない。これは回答者全体の約2.8％に相当するが，「世界最先端IT国家創造宣言」にあげられた目標である「全労働者数の10％以上」とは，かなり開きのある数値といえる。

3. 終日在宅勤務者をめぐる状況

これら「週1日以上終日在宅で就業する」雇用型在宅型テレワーカー（終日在宅勤務者）たちの男女比は，70：30である。全国の雇用労働者の男女比（56：44）と比較すると，男性の比率がかなり高い（総務省 2016, p.26）[6]。平均年齢は43.9歳で，給与所得者の全国平均（45.5歳）よりわずかに若いが，性別による年齢差（男性44.6歳・女性42.3歳）は小さい（国税庁 2015, p.13）。

図表6-2 職種と雇用形態

職種	実数	％
管理職	204	18.7%
技術者	154	14.1%
保健医療職	35	3.2%
福祉専門職	29	2.7%
教員	82	7.5%
専門技術職	76	7.0%
事務職	192	17.6%
販売・営業職	110	10.1%
サービス職	62	5.7%
保安職	6	0.6%
農林漁業	2	0.2%
生産工程職	22	2.0%
輸送・機会運転職	10	0.9%
建設・採掘職	14	1.3%
運搬・清掃職	19	1.7%
その他	73	6.7%
合計	1,090	100.0%

	雇用形態	実数	％
正規	民間企業の正社員	662	60.7%
	公務正職員	47	4.3%
	その他の法人・団体の正職員	96	8.8%
非正規	派遣・契約・嘱託社員	107	9.8%
	パート・アルバイト	178	16.3%
	合計	1,090	100.0%

図表6-2は終日在宅勤務者たちの職種と雇用形態を示したものである。職種をみると管理職が最も多く，続いて事務職，技術者と販売・営業職がこれに続く。雇用形態では，いわゆる正規雇用者が，民間と公務をあわせて73.9％を占める。一方，派遣やパート等の非正規雇用者は26.1％である。全国平均（正規62.5％，非正規37.5％）に比べると，正規雇用労働者の比率がかなり高い。

回答者たち個人の年収は，雇用形態と性別による差が大きい。年収に関する

回答は，実際の金額ではなく，図表6-3に示されたような階級別になっている。そのため平均値や分散等を算出することはできないが，おおよその様子を知ることは可能である。

図表6-3　個人年収

	回答者全体		正規雇用		非正規雇用	
	男	女	男	女	男	女
200万円未満	55 (7.2%)	147 (44.8%)	18 (2.8%)	40 (25.3%)	37 (32.2%)	107 (62.9%)
200〜400万円	190 (24.9%)	85 (25.9%)	148 (22.9%)	47 (29.7%)	42 (36.5%)	38 (22.4%)
400〜600万円	203 (26.6%)	22 (6.7%)	190 (29.4%)	20 (12.7%)	13 (11.3%)	2 (1.2%)
600〜800万円	119 (15.6%)	14 (4.3%)	110 (17.0%)	14 (8.9%)	9 (7.8%)	—
800〜1000万円	70 (9.2%)	3 (0.9%)	69 (10.7%)	3 (1.9%)	1 (0.9%)	—
1000〜1200万円	25 (3.3%)	1 (0.3%)	25 (3.9%)	1 (0.6%)	—	—
1200〜1500万円	10 (1.3%)	2 (0.6%)	10 (1.5%)	2 (1.3%)	—	—
1500〜2000万円	9 (1.2%)	—	9 (1.4%)	—	—	—
2000万円以上	7 (0.9%)	—	7 (1.1%)	—	—	—
不明	26 (3.4%)	11 (3.4%)	23 (3.6%)	4 (2.5%)	3 (2.6%)	7 (4.1%)
無回答	48 (6.3%)	43 (13.1%)	38 (5.9%)	27 (17.1%)	10 (8.7%)	16 (9.4%)
合計	762 (100.0%)	328 (100.0%)	647 (100.0%)	158 (100.0%)	115 (100.0%)	170 (100.0%)

　表中の灰色の部分は中央値が含まれるセルであるが，男性の場合，年収の中央値は400〜600万円の層に位置し，正規に限れば400〜600万，非正規は200〜400万の間となる。これらの金額は，いずれも図表6-4にあげた全国の給与所得者の雇用形態別年間平均給与から，目立った乖離はない。女性の場合も同様で，年収の中央値は200〜400万円の間，正規なら200〜400万，非正規は

図表6-4　給与所得者の年間平均給与

（全国，2014年，単位：千円）

	全体	正規	非正規
男性	5,144	5,323	2,220
女性	2,722	3,593	1,475
平均	4,150	4,777	1,697

出所：国税庁（2015）p.13

200万未満となり，全国の水準と大きな差は認められない。収入の点からみれば，終日在宅勤務者たちは，一般の雇用労働者とおおむね同等の水準にあるといえよう。

　回答者たちは，全員が「週1日以上終日在宅で就業」しているが，必ずしも勤務先のオフィス（メイン・オフィス）と自宅の2か所だけで働いているわけではない。テレワーク人口実態調査では，回答者が働く空間について，（0）「自分の部署のある事業所（普段勤めているオフィス）」，（1）「上記以外のワークスペース（勤務先の他事業所や共同利用型のワークスペースなど）」，（2）「移動中の電車内，カフェ等の店舗内や，顧客訪問先」，（3）「自宅」，（4）「情報通信手段を利用できない環境」の5種に分けて質問を行っている[7]。

　このとき，（0）の「自分の部署のある事業所」はメイン・オフィスのことであり，ここで働く場合はテレワークに含まれない。また（4）で行う労働も，ICT機器を利用した作業が含まれないという点から，テレワークとみなされない。一方，（1）は自社の営業所やサテライトオフィス等で働くことを指し，（2）の空間で働けばモバイルワーク，（3）の自宅での労働は在宅勤務に相当すると考えられる。従って（1）から（3）での労働が，テレワークとみなされる。

　図表6-5は回答者たちが，どのような空間で，どれだけ働いているかを示したものである。もともと「終日在宅」で働いていることが前提なので，当然1,090名全員が（3）の自宅で働いている。しかし，その5割近くは（1）のワークスペースや（2）の立寄り先でも働いている。しかも（1）や（2）でも

第6章　在宅勤務型テレワークの現状と課題　*121*

図表6-5　労働の空間と週当たりの労働時間

労働空間		就業実施者	平均労働時間（実施者のみ）
非テレワーク空間	(0)自分の部署のある事業所（普段お勤めしているオフィス）	920 (84.4%)	29.5
テレワーク空間	(1)上記以外のワークスペース（勤務先の他事業所や共同利用型のワークスペースなど）での労働	507 (46.5%)	10.8
	(2)移動中の電車内，カフェ等の店舗内や，顧客訪問先	534 (49.0%)	8.1
	(3)自宅	1,090 (100.0%)	9.8
(4)情報通信手段を利用できない空間		342 (31.4%)	11.4
回答者全体		1,090 (100.0%)	47.3

働くという回答者に着目すれば，その平均労働時間は，（3）の自宅で働く時間よりも長い。つまり在宅型であっても，多くはモバイルワークやサテライトオフィス・ワーク等，他のタイプのテレワークにも従事しているし，自宅以外の場所が主たるテレワークの空間であるケースも少なくないことが示されている。

　また同表中にみられるように，終日在宅勤務者たちは，週あたり平均47.3時間働いている。これは全国の就業者平均である39.0時間より，8時間以上も長い。この勤務時間の内訳は，メイン・オフィスに出勤して働く28.5時間（60.3％）と，その他の場所でのテレワーク18.8時間（39.7％）である。

　図表6-6は，回答者たちがテレワークに従事する時間と空間の組み合わせを示したものである。（3）の自宅のみで働くという回答者のテレワーク時間（13.0時間）が最も短く，（1）（2）（3）のいずれでも働くという回答者のテレワーク時間（24.4時間）が最も長い。このことは，自宅や出先などメイン・オフィス以外のさまざまな空間を労働のために活用するようになると，労働時間も伸張する可能性があることを示唆している。

図表6-6　テレワークの空間と週当たりの労働時間

労働の空間	実施者数	平均労働時間
(3)のみ	428 (39.3%)	13.0
(1)+(3)	128 (11.7%)	18.4
(2)+(3)	155 (14.2%)	21.4
(1)+(2)+(3)	379 (34.8%)	24.4
回答者全体	1,090 (100.0%)	18.8

①勤務先の他事業所や共同利用型のワークスペースなど
②移動中の電車内，カフェ等の店舗内や，顧客訪問先など
③自宅

4. 終日在宅勤務の実態

　終日在宅勤務者たちが従事する業務の内容を，図表6-7に示した。全体でみると，最も一般的に行われているのは「文書の作成」（59.8%）と「資料や情報の収集」（57.5%）で，どちらも6割近い回答者が従事している。

　性別・雇用形態別に細かくみれば「資料や情報の収集」は64.8%の男性・正規の回答者が行っているが，女性・非正規の回答者では34.7%と，30ポイント以上の開きがある。「文書等の作成」では女性・正規の65.8%に対し，女性・非正規は46.5%で，その差は20ポイント近い。

　しかし実施率の順位でみれば，性別と雇用形態が異なってもほとんど差異はない。性別・雇用形態にかかわらず，自宅で従事する業務として上位を占めるのは，「文書の作成」「資料や情報の収集」「データの入力・処理」である。それらは個人が独力で行う作業のうち，たいていのホワイトカラー職に伴う作業といえる。同様に独力で行う業務であっても，外勤業務の報告書作成や会計処理，システム開発などに従事するのは，特定の職種に就く回答者に限られるので，回答率が低くなるのは当然であろう。

図表6-7　終日在宅勤務日の作業（複数回答）

	男性				女性				合計	順位
	正規	順位	非正規	順位	正規	順位	非正規	順位		
文書等の作成	409 (63.2%)	②	60 (52.2%)	①	104 (65.8%)	①	79 (46.5%)	①	652 (59.8%)	①
資料や情報の収集	419 (64.8%)	①	59 (51.3%)	②	90 (57.0%)	②	59 (34.7%)	③	627 (57.5%)	②
データの入力・処理	254 (39.3%)	③	47 (40.9%)	③	54 (34.2%)	③	66 (38.8%)	②	421 (38.6%)	③
同僚・上司との連絡・調整（メールや電話で）	172 (26.6%)	④	18 (15.7%)	⑤	42 (26.6%)	④	30 (17.6%)	④	262 (24.0%)	④
取引先や顧客との連絡・調整（メールや電話で）	156 (24.1%)	⑤	15 (13.0%)	⑥	36 (22.8%)	⑤	16 (9.4%)	⑥	223 (20.5%)	⑤
外勤業務の整理・報告書作成	144 (22.3%)	⑥	20 (17.4%)	④	30 (19.0%)	⑥	14 (8.2%)	⑧	208 (19.1%)	⑥
部下・後輩への指導	94 (14.5%)	⑦	5 (4.3%)		15 (9.5%)	⑩	8 (4.7%)	⑩	122 (11.2%)	⑦
経理・会計事務	60 (9.3%)		6 (5.2%)	⑨	28 (17.7%)	⑦	17 (10.0%)	⑤	111 (10.2%)	⑧
文書・資料等の印刷やスキャン	66 (10.2%)	⑩	10 (8.7%)	⑧	19 (12.0%)	⑧	10 (5.9%)	⑨	105 (9.6%)	⑨
システム・アプリ開発	78 (12.1%)	⑧	7 (6.1%)		11 (7.0%)		4 (2.4%)		100 (9.2%)	⑩
設計・CAD作業	67 (10.4%)	⑨	2 (1.7%)		14 (8.9%)		3 (1.8%)		86 (7.9%)	
TV会議・Web会議・電話会議	59 (9.1%)		5 (4.3%)		14 (8.9%)		5 (2.9%)		83 (7.6%)	
ライティング（ブログ・記事作成，WEBコンテンツ作成など）	37 (5.7%)		14 (12.2%)	⑦	16 (10.1%)	⑨	15 (8.8%)	⑦	82 (7.5%)	
社内決裁等の意思決定	54 (8.3%)		6 (5.2%)	⑨	7 (4.4%)		3 (1.8%)		70 (6.4%)	
コールセンター業務	13 (2.0%)		4 (3.5%)		7 (4.4%)		2 (1.2%)		26 (2.4%)	
クラウドソーシングを通した仕事	—		—		—		—		—	
その他	31 (4.8%)		13 (11.3%)		7 (4.4%)		27 (15.9%)		78 (7.2%)	
回答者全体	647 (100.0%)		115 (100.0%)		158 (100.0%)		170 (100.0%)		1,090 (100.0%)	

また正規と非正規で数値に多少の差はみられるものの「同僚・上司との連絡・調整」（24.0％）や「取引先や顧客との連絡・調整」（20.5％）も，比較的実施率が高い。正規雇用の場合は「TV会議・Web会議・電話会議」の実施率が1割弱あることからみても，在宅勤務とはいいながら，比較的頻繁に同僚や顧客との連絡を行っている様子がうかがえる。

図表6-8　所定勤務日における終日在宅勤務の日数と就労時間（実施者840名）

		実施者	平均実施日数	実施日数の中央値	1日当たりの就労時間
男性	正規	465 (71.9%)	2.25	1	3.96
	非正規	105 (91.3%)	2.70	2	4.76
女性	正規	113 (71.5%)	2.03	1	4.45
	非正規	157 (92.4%)	2.89	3	4.13
実施者合計	正規	578 (71.8%)	2.20	1	3.93
	非正規	262 (91.9%)	2.81	3	4.39

　前節でふれたように，回答者たちは週あたり平均9.8時間，終日，自宅で就労している。図表6-8にみられるように，男女を問わず正規の7割，非正規の9割以上が所定勤務日に終日在宅勤務に従事している。終日在宅の日数はいずれのカテゴリーでも週2日以上3日未満であるが，男女とも非正規の回答者たちの平均値が，正規のそれをやや上回っている。このため中央値には差がみられ，正規雇用の場合は男女とも週1日，非正規は男性が週2日，女性が週3日となる。

　終日在宅で働く場合の1日あたりの平均勤務時間は，正規雇用の男性が1日平均3.96時間と最も短く，非正規の男性が4.76時間と最も長いが，平均値でみる限り，いずれのカテゴリーでも4〜5時間程度におさまっており，性別・

第6章　在宅勤務型テレワークの現状と課題　*125*

図表6-9　休日における終日在宅勤務の日数と就労時間（実施者480名）

		実施者	平均実施日数	実施日数の中央値	1日当たりの就労時間
男性	正規	322 （49.8%）	0.58	実施せず	2.02
	非正規	38 （33.0%）	0.44	実施せず	1.26
女性	正規	76 （48.1%）	0.57	実施せず	1.94
	非正規	44 （25.9%）	0.35	実施せず	0.93
実施者合計	正規	398 （49.4%）	0.58	実施せず	2.00
	非正規	82 （28.8%）	0.39	実施せず	1.07

雇用形態によってそれほど大きな差はみいだせない。

　他方，「就業規則で定められた休日」に在宅勤務を行っている回答者も少なくない[8]。図表6-9に示したように，正規雇用の5割，非正規雇用の3割近くが，休日に自宅で働いている。所定労働日に比べれば休日の平均就業時間は短いが，注目すべきは1割弱の回答者が，週「2日」以上，休日に在宅で働いている点であろう。

　実際には，回答者全体のうち250名（22.9%）が，休日のみに終日在宅勤務を実施している。その内訳は正規・男性647名中182名（28.1%），正規・女性158名中45名（28.5%），非正規・男性115名中10名（8.7%），非正規・女性170名中13名（7.6%）である。男女とも正規雇用の回答者に多い働き方といえる。

　図表6-10は，回答者たちの勤務先について，在宅勤務の制度の有無を訪ねた結果である。回答者全体でみると，在宅勤務が規定で定められている企業等は2割程度で，上司の裁量等で在宅勤務を行っている場合が過半を占める。一方，23.4%の職場では，在宅勤務が「認められていない」状態である。とりわけ，休日のみ終日在宅勤務を実施している回答者たちについては，37.0%が在

宅での就業を認められておらず，インフォーマルに在宅勤務を行っていることになる[9]。

図表6-10　勤務先の在宅勤務制度

		社内規定などに在宅勤務等が規定されている	制度はないが会社や上司などが在宅勤務を許可することで認めている	試行実験（トライアル）を行っており，在宅勤務を認めている	1〜3には該当しないが，在宅勤務を認めている	認めていない	合計
回答者全体	正規	171 (21.2%)	212 (26.3%)	23 (2.9%)	192 (23.9%)	207 (25.7%)	805 (100.0%)
	非正規	57 (20.0%)	55 (19.3%)	8 (2.8%)	117 (41.1%)	48 (16.8%)	285 (100.0%)
	合計	228 (20.9%)	267 (24.5%)	31 (2.8%)	309 (28.3%)	255 (23.4%)	1,090 (100.0%)
休日のみ終日在宅就業を実施する回答者（正規のみ）		28 (12.3%)	55 (24.2%)	6 (2.6%)	54 (23.8%)	84 (37.0%)	227 (100.0%)

　図表6-11は，休日に終日在宅勤務を行っている480名の回答者について，その処遇等を示したものである。休日の在宅勤務に対し，手当が支給されるのも，代休が認められるのも，10.6％にすぎない。勤務先が在宅勤務を制度的に認めていない場合には，手当や代休を取得することは難しいであろうが，規定によって在宅勤務を認められている場合ですら，23.6％しか手当が支払われておらず，代休を得たのは18.0％のみである。このような数字からみる限り，大半の企業等において休日の在宅勤務は，対価を支払うべき労働として扱われていないといえる。

　終日在宅勤務に従事した日は，通勤時間が不要になるので，一日の可処分時間は増加する。その時間を実際にどのように使用しているかを，集計したものが図表6-12である。

　回答者全体でみると，可処分時間の使い道としても最も多いのは「趣味，娯

楽，遊びなど」の43.1％である。また回答者の3割は「睡眠」に使用しているが，これは回答者たちが一般の雇用労働者に比して長時間労働である点から考えれば，当然かもしれない。

図表6-11　在宅勤務制度と休日就業の処遇（実施者480名）

	休日手当が支給されている	代休を取得している
社内規定などに在宅勤務等が規定されている	21 (23.6%)	16 (18.0%)
制度はないが会社や上司などが在宅勤務を許可することで認めている	13 (11.8%)	14 (12.7%)
試行実験（トライアル）を行っており，在宅勤務を認めている	6 (40.0%)	4 (26.7%)
1〜3には該当しないが，在宅勤務を認めている	6 (4.4%)	10 (4.3%)
認めていない	5 (3.9%)	7 (5.4%)
実施者合計	51 (10.6%)	51 (10.6%)

　他面で性別によって数値に開きがある使途も多い。男性の場合は，その時間を「スキルアップ」（28.3％），「仕事」（21.7％）のように業務に費やす割合が高い。女性では「食事・入浴・家事・身の回りの用事」が4割近い回答率を示す。可処分時間が増えたからと言って食事や入浴にかける時間が顕著に増加するとは考えにくいので，これは家事にかける時間が増えたことを意味すると推測される。女性では「買い物」（32.6％）も多いが，これも大部分は家事の範疇に含まれる行動であろう。

　就学前の子どもと同居する回答者については，やはり「育児・子育て」に使用される割合が高い。しかし幼い子どもがいる回答者たちでも，男女によって増加した可処分時間の使途はかなり異なる。終日在宅勤務によって「育児・子育て」の時間が増えたという女性は61.1％に達するが，男性では34.0％にとどまっている。男性全体にくらべて，幼い子どものいる男性は「食事・入浴・家事・身の回りの用事」や「買い物」に費やす時間が増加する割合も高くなる

図表6-12　終日在宅勤務による可

		趣味、娯楽、遊びなど	睡眠	スキルアップ（自己啓発、勉強など）	食事・入浴・家事・身の回りの用事	家族との時間
男性	男性全体	350 (45.9%)	226 (29.7%)	216 (28.3%)	144 (18.9%)	186 (24.4%)
	就学前の子どもがいる	55 (39.0%)	39 (27.7%)	37 (26.2%)	40 (28.4%)	49 (34.8%)
女性	女性全体	120 (36.6%)	107 (32.6%)	59 (18.0%)	131 (39.9%)	86 (26.2%)
	就学前の子どもがいる	13 (24.1%)	11 (20.4%)	10 (18.5%)	21 (38.9%)	18 (33.3%)
回答者全体		470 (43.1%)	333 (30.6%)	275 (25.2%)	275 (25.2%)	272 (25.0%)

が，それでも女性たちとは10ポイント前後の差がみられる。また「趣味，娯楽，遊びなど」に費やす回答者の割合は，男性の場合，幼い子どもの有無によって6.9％の差しかみられないが，女性では12.5％の差となる。

　このように増加した可処分時間の使途については，性別によって明確なちがいがみられる。終日在宅勤務の実施者であっても，「男は仕事，女は家事育児」というジェンダー・バイアスから，かんたんに逃れられるわけではないことが示されている[10]。

　なお，増加した可処分時間を「地域活動（ボランティアやNPO，PTA活動など）」に使用するという回答者は7.8％で，性別・子どもの有無にかかわらず1割に届かない。このような数値からみる限り，終日在宅勤務の普及が「地域の活性化」に貢献をはたすという可能性は否定できないにしても，ただちに有効と結論づけることもまた難しい。

処分時間増加分の使途（複数回答）

買い物	仕事	育児・子育て	地域活動（ボランティアやNPO、PTA活動など）	介護	その他	母数
160 (21.0%)	165 (21.7%)	88 (11.5%)	64 (8.4%)	34 (4.5%)	23 (3.0%)	762 (100.0%)
34 (24.1%)	22 (15.6%)	48 (34.0%)	12 (8.5%)	3 (2.1%)	2 (1.4%)	141 (100.0%)
107 (32.6%)	46 (14.0%)	49 (14.9%)	21 (6.4%)	15 (4.6%)	12 (3.7%)	328 (100.0%)
18 (33.3%)	5 (9.3%)	33 (61.1%)	5 (9.3%)	3 (5.6%)	0 (0.0%)	54 (100.0%)
267 (24.5%)	211 (19.4%)	137 (12.6%)	85 (7.8%)	49 (4.5%)	35 (3.2%)	1,090 (100.0%)

5. 終日在宅勤務のメリットとデメリット

　図表6-13は終日在宅勤務のメリットについて集計したものである。表中に示されたように，「通勤や移動の肉体的・精神的負担を減らせる」が終日在宅勤務者の6割前後から支持を得ている。これに続くのは「自分のために使える時間を増やせる」ことで，4割を越える。

　性別と就学前の子どもの有無で回答者を区分した場合の結果には，やはりそれぞれに異なった傾向があらわれる。男性は「仕事に集中でき，業務効果が高まる」（36.9%）をメリットと感じている割合が高い。他方で学齢未満のこどもを持つ女性の多く（64.8%）は「育児・子育ての時間を増やせる」ことがメリットだと感じている。「突発的に何か発生したとき（例えば災害発生時，子供の発熱，その他）に対応できる」も，子どものいる女性の選択率が高い（27.8%）項目であるが，「災害」は日常的に発生するわけではないので，主に「子どもの発熱」等の家事・育児にともなう突発事を想定して選択されている

図表6-13　終日在宅勤務の

		通勤や移動の肉体的・精神的負担を減らせる	自分のために使える時間を増やせる	仕事に集中でき、業務効果が高まる	仕事を計画的に進められるようになる	突発的に何か発生したとき（例えば災害発生時、子供の発熱、その他）に対応できる
男性	男性全体	447 (58.7%)	290 (38.1%)	281 (36.9%)	170 (22.3%)	117 (15.4%)
	就学前の子どもがいる	83 (58.9%)	47 (33.3%)	51 (36.2%)	28 (19.9%)	21 (14.9%)
女性	女性全体	199 (60.7%)	157 (47.9%)	97 (29.6%)	73 (22.3%)	76 (23.2%)
	就学前の子どもがいる	36 (66.7%)	23 (42.6%)	13 (24.1%)	10 (18.5%)	15 (27.8%)
回答者全体		646 (59.3%)	447 (41.0%)	378 (34.7%)	243 (22.3%)	193 (17.7%)

と推測できる。前項の場合と同じく，ここでも男性は仕事，女性は家事育児に関連した選択を行う傾向が強いといえる。

　在宅勤務のデメリットに関しては，図表6-14に示したように，性別による選択率の差は，ほとんどみられない。また表中には示していないが，雇用状態や子どもの有無の影響も小さい。最も多くの回答者がデメリットにあげるのは，「公私の切り分けが難しい」（45.1％）と「職場の周囲の人とのコミュニケーション不足・情報不足」（25.6％）である。それらに続いて「労働時間が長くなってしまう」（23.0％）も，選択率が高い。

　公私の切り分けやコミュニケーションの困難さは，在宅勤務という労働形態そのものから発生する問題といえる。自宅で働くなら，公（労働）が私（生活）を浸食する事態を完全に食い止めることは難しい。また職場から離れて働く限り，同僚や上司とのコミュニケーションに多少の不都合が生じることも避けがたい。むしろ周囲との連絡を絶つからこそ「仕事に集中でき，業務効果が

メリット（複数回答）

育児・子育ての時間を増やせる	（育児・子育て以外で）家族との時間を増やせる	介護の時間を増やせる	その他	特になし	母数
102 (13.4%)	71 (9.3%)	46 (6.0%)	6 (0.8%)	132 (17.3%)	762 (100.0%)
52 (36.9%)	26 (18.4%)	8 (5.7%)	0 (0.0%)	14 (9.9%)	141 (100.0%)
60 (18.3%)	47 (14.3%)	20 (6.1%)	5 (1.5%)	51 (15.5%)	328 (100.0%)
35 (64.8%)	12 (22.2%)	3 (5.6%)	0 (0.0%)	5 (9.3%)	54 (100.0%)
162 (14.9%)	118 (10.8%)	66 (6.1%)	11 (1.0%)	183 (16.8%)	1,090 (100.0%)

高まる」という在宅勤務のメリットと，それは表裏の関係にあるとも考えられる。

　しかしながら「労働時間が長くなってしまう」ことと，在宅勤務という労働形態の間に，必然的な関連はない。それにもかかわらず，2割以上の回答者が労働時間の延長を，デメリットとしてあげている。前述のように回答者たちの週間労働時間が全国平均を8時間以上も上回るっているし，4割の回答者が休日に在宅勤務を行っている。そのような事実を考慮に入れるなら，終日在宅勤務による労働の長時間化は，根拠のない不満ではなく，回答者にとっての実感と考えられる[11]。

　以上のように回答者たちは終日在宅勤務という働き方に，多くのメリットとデメリットを感じ取っている。その結果として，39.8％の回答者が在宅勤務の割合を増やしたいと希望する一方で，13.9％は逆に日数を減らすか，あるいは終日在宅勤務そのものをやめたいと考えている。しかし当該の調査では，その

図表6-14　終日在宅勤務の

	公私の切り分けが難しい	職場の周囲の人とのコミュニケーション不足・情報不足	労働時間が長くなってしまう	仕事が適切に評価されるか心配	自宅で仕事をする設備環境が整っておらず仕事がしにくい	職場の周囲の人に気兼ねしてしまう
男性	347 (45.5%)	202 (26.5%)	173 (22.7%)	115 (15.1%)	77 (10.1%)	66 (8.7%)
女性	145 (44.2%)	77 (23.5%)	78 (23.8%)	43 (13.1%)	30 (9.1%)	24 (7.3%)
回答者全体	492 (45.1%)	279 (25.6%)	251 (23.0%)	158 (14.5%)	107 (9.8%)	90 (8.3%)

ような在宅勤務日の増減希望の理由について，直接たずねていないので，先述のメリットとデメリットから要因を推測するほかない。

　図表6-15は，終日在宅勤務に感じているメリットと在宅就労日の増減希望の関係を示したものである。終日在宅日を「減らしたい，やめたい」と考えている回答者たちは，「増やしたい」と希望している回答者たちにくらべ，すべての項目について，メリットと感じている割合が低い。いいかえれば「減らしたい，やめたい」という回答者たちは，終日在宅勤務のメリット全般について，評価が低いのである。

　同様に図表6-16は，デメリットと在宅勤務日の増減希望の関係をみたものである。意外なことに「公私の切り分けが難しい」をはじめ，「職場の周囲の人とのコミュニケーション不足・情報不足」や「仕事が適切に評価されるか心配」などの項目については，「減らしたい，やめたい」と希望する回答者の方が，デメリットととらえている割合が少ない。「労働時間が長くなってしまう」と「自宅で仕事をする設備環境が整っておらず仕事がしにくい」については「減らしたい，やめたい」回答者たちの方が10ポイント前後，デメリットと感じている割合が高いが，それらの項目にしても他とくらべて突出して多く選択

第6章　在宅勤務型テレワークの現状と課題　　*133*

デメリット（複数回答）

会社の運営ルールが厳しい（そのような働き方の社内制度がない）	自分の仕事には向いていない（必要性がない）	自分で仕事をしてみたが、考えていたほどのメリットがない	その他	特になし	母数
69 (9.1%)	58 (7.6%)	33 (4.3%)	10 (1.3%)	170 (22.3%)	762 (100.0%)
16 (4.9%)	20 (6.1%)	16 (4.9%)	9 (2.7%)	78 (23.8%)	328 (100.0%)
85 (7.8%)	78 (7.2%)	49 (4.5%)	19 (1.7%)	248 (22.8%)	1,090 (100.0%)

されているわけではない。在宅勤務日を「減らしたい，やめたい」という回答者たちは，終日在宅という働き方に強いメリットやデメリットを感じるのではなく，むしろ醒めている状態にあることが推察される。

6. おわりに

　本章の冒頭で述べたように，政府が終日在宅勤務の普及を促進するのは，WLBの改善，地域の活性化，子育て期や介護に従事する人びとの就業率向上をめざしてのことである。

　テレワーク人口実態調査のデータに従えば，終日在宅勤務者の4割以上は趣味や娯楽に費やす時間が増え，3割は睡眠時間が延びたという。そして6割は通勤の負担が減ること，4割は可処分時間の増加を終日在宅勤務のメリットと考えている。さらに3分の1強の回答者たちは，「仕事に集中でき，業務効果が高まる」とも感じている。そのような面を評価するなら，終日在宅勤務型のテレワークは，WLBの改善に資するものであり，子育て支援策としても一定の効果をもつだけでなく，業務の効率化にも貢献するきわめて優れた労働形態

図表6-15　終日在宅勤務のメリ

	通勤や移動の肉体的・精神的負担を減らせる	自分のために使える時間を増やせる	仕事に集中でき、業務効果が高まる	仕事を計画的に進められるようになる	突発的に何か発生したとき（例えば災害発生時、子供の発熱、その他）に対応できる
増やしたい	319 （73.5%）	224 （51.6%）	208 （47.9%）	137 （31.6%）	102 （23.5%）
減らしたい，やめたい	66 （43.4%）	35 （23.0%）	35 （23.0%）	21 （13.8%）	11 （7.2%）
今のままでよい	261 （51.8%）	188 （37.3%）	135 （26.8%）	85 （16.9%）	80 （15.9%）
回答者全体	646 （59.3%）	447 （41.0%）	378 （34.7%）	243 （22.3%）	193 （17.7%）

図表6-16　終日在宅勤務の

	公私の切り分けが難しい	職場の周囲の人とのコミュニケーション不足・情報不足	労働時間が長くなってしまう	仕事が適切に評価されるか心配	自宅で仕事をする設備環境が整っておらず仕事がしにくい
増やしたい	210 （48.4%）	141 （32.5%）	98 （22.6%）	89 （20.5%）	34 （7.8%）
減らしたい，やめたい	68 （44.7%）	30 （19.7%）	52 （34.2%）	25 （16.4%）	30 （19.7%）
今のままでよい	214 （42.5%）	108 （21.4%）	101 （20.0%）	44 （8.7%）	43 （8.5%）
回答者全体	492 （45.1%）	279 （25.6%）	251 （23.0%）	158 （14.5%）	107 （9.8%）

ットと継続意思（複数回答）

育児・子育ての時間を増やせる	（育児・子育て、介護以外で）家族との時間を増やせる	介護の時間を増やせる	その他	特になし	母数
90 (20.7%)	63 (14.5%)	36 (8.3%)	7 (1.6%)	22 (5.1%)	434 (100.0%)
20 (13.2%)	10 (6.6%)	10 (6.6%)	0 (0.0%)	36 (23.7%)	152 (100.0%)
52 (10.3%)	45 (8.9%)	20 (4.0%)	4 (0.8%)	125 (24.8%)	504 (100.0%)
162 (14.9%)	118 (10.8%)	66 (6.1%)	11 (1.0%)	183 (16.8%)	1,090 (100.0%)

デメリットと継続意思（複数回答）

職場の周囲の人に気兼ねしてしまう	会社の運営ルールが厳しい（そのような働き方の社内制度がない）	自分の仕事には向いていない（必要性がない）	自分で仕事をしてみたが、考えていたほどのメリットがない	その他	特になし	母数
54 (12.4%)	51 (11.8%)	37 (8.5%)	16 (3.7%)	4 (0.9%)	70 (16.1%)	434 (100.0%)
7 (4.6%)	15 (9.9%)	14 (9.2%)	15 (9.9%)	6 (3.9%)	17 (11.2%)	152 (100.0%)
29 (5.8%)	19 (3.8%)	27 (5.4%)	18 (3.6%)	9 (1.8%)	161 (31.9%)	504 (100.0%)
90 (8.3%)	85 (7.8%)	78 (7.2%)	49 (4.5%)	19 (1.7%)	248 (22.8%)	1,090 (100.0%)

といえる。

しかしながら，その一方で回答者の4割以上が休日に自宅で働いており，しかもそのほとんどには手当が支払われておらず，代休も与えられていない。4割の回答者は在宅勤務の導入によって労働と私生活の切り分けが曖昧化すると考え，2割以上が労働時間が延びたと感じている。その面からいうなら，終日在宅勤務はサービス残業の温床であり，家庭を仕事の場とすることで，むしろWLBを悪化させている。

本章ではテレワーク人口実態調査の結果だけを分析してきたが，いくつかのテレワーカー調査からも，上記と類似の結果が得られている。たとえば労働政策研究・研修機構による調査でも，テレワークのメリットとして上位にあげられるのは「仕事の生産性・効率性が向上する」であり，デメリットの筆頭は「仕事と仕事以外の切り分けが難しい」と「長時間労働になりやすい」である（労働政策研究・研修機構 2015, p.139）。また厚生労働省のアンケート調査の場合も，最も多く感じられるメリットは「業務に集中できる」ことであり，デメリットは「公私の切り分けが難しい」や「深夜，休日，休暇も仕事をすることになってしまう」である（厚生労働省 2014, p.33）[12]。

すなわち現時点で得られるデータからみるかぎり，終日在宅勤務型のテレワークは功罪なかばするとしか判断のしようがない。運用のしかたによっては，WLBが改善される場合もあるし，長時間にわたって私生活が浸食されるケースも生じる。その意味で，終日在宅勤務は「諸刃の剣」としての性質をもつ労働形態なのである。

終日在宅勤務型テレワークの普及率は，いまだわずかな割合にとどまっており，功罪ともにその影響を受けるのは，ごく一部の労働者に限られている。しかしながら，このような働き方の普及を強力に推進しようとするのなら，それに先だって，終日在宅勤務の導入がおよぼす負の効果への対処法を，明らかにすべきであろう。休日の勤務や労働の長時間化を防ぎつつ，WLBの改善を実現するためにはどのような運用を行うべきか，あるいは自宅で働きながら家庭生活と仕事の境を確立するためには，どのようなルールが必要か等，その具

体的な方策を明らかにすることこそが，喫緊の課題といえよう。

（注）
1) 当該の「世界最先端IT国家創造宣言」は，2013年6月に閣議決定されたものの改訂版であるが，テレワークに関する記述に大きな変化はみられない。
2) 同宣言では育児・介護に従事する男女だけでなく，高齢者・障がい者についても言及している。しかし通勤が困難な高齢者・障がい者の就労率向上を目標とするなら，週に一，二日ではなく，ほぼ通勤を必要としないかたちのテレワークを導入しなければ，顕著な効果は見込めないであろう。
3) 本章に掲載した図表は，とくに付記したものを除いて「平成27年度テレワーク人口実態調査」の個票データから，執筆者が作出したものである。
4) 当該の調査における基準に従えば，自営業者の場合は就労場所に関係なく業務上でICT機器を使用することのみで，雇用労働者の場合は自社の支店や営業所内で就業してもテレワーカーとみなされる。また通勤途中の電車内や自宅で業務に関係する携帯メールを受信することすらがテレワークに含まれる。このような判定基準を用いることは，いたずらにテレワークの範疇を拡大しているとも考えられるが，テレワークの定義を論じることが本章の目的ではないので，この問題については稿を改めて考察することにしたい。
5) 一般の労働者から無作為に抽出された回答者中のテレワーカー率が，3割という高い数値に達する理由は，前述のとおり当該の調査におけるテレワーカーの範疇が非常に広くとられているからである。
6) 国交省の報告書で，「週1日以上終日在宅で就業する雇用型在宅型」テレワーカーと判定された回答者は1,113名である。しかし，それらの回答者のうち12名は，週当たりの労働時間が「168時間」と回答している。この数値は，当該の回答者が週7日24時間就業していることになり，現実的な労働の実態を現す数値とはいえない。また，そのような数値を採用した場合，全体の平均労働時間等の計算に及ぼす影響は無視できない大きさとなる。そのような観点から本章では，週間の総労働時間が140時間を越える回答者のケース23件を除外し，残った1,090名を対象に集計を行っている。週140時間というラインの設定ですら非現実的かつ恣意的との誹りを免れるものではないが，当該の調査データから修正の手がかりをえることができないための妥協的な措置であることを理解されたい。

7）（0）から（3）の番号は便宜上，執筆者が付加したものである。

8）ここでいう「休日」は，あくまで「業務規則等で定められた休日」であり，土曜・日曜・祝日などの休日一般を指すものではない。

9）社則等で認められていないにもかかわらず，多くの回答者が在宅で就業していることは意外に感じられるかもしれない。しかし当該の調査の回答者のうち，（終日在宅に限らず）少しでも在宅で就業したことのある回答者（3,325名）に範囲を広げた場合，在宅勤務を「認められていない」割合は43.8％にまで増加する。つまり在宅勤務の4割強は，社則に違反した行為なのである。

10）2014年に内閣府が実施した調査によれば，「夫は外で働き，妻は家庭を守るべきである」という考え方について，「賛成」または「どちらかといえば賛成」と答えた回答者は44.6％にのぼる（内閣府，2014，p.1）。

11）在宅勤務が長時間化する理由については，柳原佐智子のケーススタディなどに詳しく紹介されている（柳原，2007，pp.97-98）。また表6に示したように，回答者の半数近くはモバイルワーク的な働き方にも従事している。モバイルワークが労働時間を伸張する原因については，拙著でも言及している（佐藤，2008，pp.88-89）。

12）労働政策研究・研修機構の調査対象者には在宅勤務型（雇用型在宅型）だけでなく，モバイル型等が含まれる。また厚生労働省の調査の回答者は，終日在宅勤務者に限られていない。それらの点において，テレワーク人口実態調査の結果と単純に比較することに問題があることは否定できない。

【参考文献】

阿部まさ子（2006）「年間20日までの在宅勤務を認める『Flexibility SOHO Day制度』」『人事実務』第43巻第994号，pp.22-27.

厚生労働省（2014）『平成26年度 テレワークモデル実証事業：テレワーク活用の好事例集』厚生労働省雇用均等・児童家庭局職業両立課.

国税庁（2015）『民間給与実態統計調査 調査報告』国税庁長官官房企画課.

国土交通省（2015）『平成26年度テレワーク人口実態調査報告書』.

国土交通省（2016）『平成27年度テレワーク人口実態調査報告書』.

佐藤彰男（2008）『テレワーク「未来型労働」の現実』岩波書店.

総務省（2016）『労働力調査（詳細集計）平成27年（2015年）平均（速報）』総務省統計局.

内閣官房（2015）「世界最先端 IT 国家創造宣言」.

内閣府（2014）『「女性の活躍推進に関する世論調査」の概要』内閣府政府広報室.

柳原佐智子（2007）「富山でのワークライフバランスを重視した在宅勤務導入」下崎
　　千代子・小島敏宏［編］『少子化時代の多様で柔軟な働き方の創出―ワークライ
　　フバランス実現のテレワーク―』学文社，pp.91-104.

労働政策研究・研修機構（2015）『情報通信機器を利用した多様な働き方の実態に関
　　する調査結果（企業調査結果・従業員調査結果)』.

（佐藤彰男）

第7章
情報システム研究としてのテレワークの課題

　本章の目的は，情報システム研究の視点からテレワーク研究の課題を明らかにすることである。特定の情報機器の活用方法ではなく，「経営の情報化をどのように捉えるのか」という視点に注目し，テレワークがどのように語られているのかを説明する。

1. はじめに

　本章では，テレワークと情報通信技術（ICT）の関わりについて論じることにしたい。といっても，百科事典のようにICTを網羅的に解説するつもりはない。そうではなく「経営の情報化」という独自の現象に注目する「経営情報システム研究」の視点から，テレワークがどのように語られているのか，を説明することで，テレワーク研究という山岳地帯に立て札をつけ見取り図をつくる，そのような理論的視点の整理をすることが本章の目的である。

2. 学問としてのテレワーク研究

2.1. 学問として存在するための基本要件
　ある研究領域が「学問（discipline）」であると主張するためには，(1) 独自の対象と (2) 独自の方法論の2点を兼ね備えている必要がある[1]。たとえば，物理学の手法（孤立系の概念，機械論的手法，定量化）を持ち込んだ経済学が「社会科学の女王様」と呼ばれる理由も同じである[2]。

142

　それでは，本章の対象である経営情報システム研究は「学問」なのだろうか。この問いは，経営情報システム研究の黎明期から繰り返し議論されてきた難問である。1980年に問題を提起したキーン（Keen 1980）は，「経営情報システム研究は独自の方法論を持たないことから研究テーマに過ぎない」と結論づけた。

　しかし，キーンは，学問としての経営情報システムという道のりを諦めたわけではなかった。むしろ「研究テーマとして真摯な研究を蓄積していくことで将来的には学問として確立できる」との方途を示した。また彼は「方法論の不備は他の研究領域から概念を借りれば良い」とも語っている。後述する「参照領域（reference discipline）」の議論の淵源はここにある。

　そこで，研究を蓄積する場として「学術雑誌」が創刊された。「経営の情報化の課題」を見いだした研究者は，その主張を「論文」として発表する機会を得たことになる。こうして経営情報システム研究は「学問」になるための道のりを歩み始めたのだ。テレワーク研究に限定すれば，わが国でも1999年に日本テレワーク学会が設立され学術雑誌が発刊されている。

2.2. 良い理論は役に立つのか？

　学問の確立の道のりは長く厳しい。論文誌を創刊しただけではダメだ。掲載される論文の質を高めなければいけないのだ。そのために，査読という審査体制が構築された。ピアレビューつまり「研究者同士による相互点検」を通じて，論文の質が高められると考えたのだ。

　審査体制を構築する過程で，良い論文の条件が検討されるようになる。一般に論文の基準は大きく2つに大別できる。第1は，カチッとした論文あるいはキチッとした論文という意味で，「学問的厳密性（rigorous）」と呼ばれる性質である。論文とはキチンとした作法に則ることが重要なのだ。第2は，実際の役に立つかどうか，という点で，「実務的有用性（relevance）」と呼ばれている。これら2つの要件を兼ね備えることは難しい。むしろトレードオフ（二律背反）の関係にあるとさえ言える。そこで「トレードオフを乗り越えよう」と

いう立場から論争が巻き起こった。たとえば，MIS Quarterly誌23巻1号では「リガー vs. レリバンス」の議論を「Issue and Opinions」として取り上げている。また，IFIP（情報処理国際連合：International Federation for Information Processing）の下部組織TC8でも繰り返し「実務的有用性豊かな理論」が統一論題テーマとして掲げられている。

　ところで経営学の研究領域では，理論研究の意義を語る際に，クルト・レビン（Krut Levin）の「良い理論ほど役に立つ理論はない（There is nothing so practical as a good theory.）」という言葉が良く引用される。しかし斜に構えた言い方をすれば，敢えてこのような言明をしなければいけないほど「役に立つ理論」は少ないのかもしれない。そうであれば，やはり「学問的厳密性と実務的有用性はトレードオフである」と言わざるを得ない。

　実際，査読体制が運用され始めると，実務的有用性が検討される前に，論文としての体裁や言葉遣い，着眼点や問いの立て方などの作法などが厳しく点検されるようになる[3]。何事も形から入ることが優先されるのだ。結果的に，審査に合格する論文は一握りの少数となる。論文審査合格率のことを採択率というのだが，実際その数値は概ね低調になっている。極端な言い方をすれば，現場の情報化を説明するというよりも，正確に統計分析を行うことに研究者のエネルギーが費やされてしまうようになったのだ。実務の役に立つ内容であっても形式要件が整わなければ「門前払い」となることは「学問」の存在意義からみればマイナスでしかない。しかしそれでは，実務の世界から「理屈ではそうかもしれないけれど，実際にやってみたらどうなの」と叱責を受けるばかりか，実務界との交流もままならなくなってしまう。そうなれば，研究者は，現実から遊離した象牙の塔に引き籠もる「お花畑」の住民に堕してしまうだろう。この限りでは，学問の確立への道のりは袋小路に陥ってしまったと言えよう。

2.3. 方法論的多元性に活路を見いだす

　閉塞した状況を打ち破るためには，原点に立ち返ることが重要である。学問

の確立の道も同じだろう。実際に経営情報システム研究は，その対象と方法論を見直すことになった。とくに後者の方法論の見直しは，繰り返し議論されてきた。その結果，伝統的に科学的手法と崇められてきた「統計的手法を用いた実証主義的方法」にメスがいれられた。

　ここでいう「実証主義的研究」とは，経験的事実に基づいて理論や仮説を検証するという実証主義（positivism）に基づく研究方法論である（後述）。そこでは，理論や仮説は，2つ以上の概念の間の関係と見なされる。そして次のような一連の手続きに従って理論や仮説が検証される。すなわち，(1) 各概念の数量的表現を可能にする具体的な質問項目に落とし込む，(2) 各質問項目を実際に測定する，(3) 測定結果を用いて，概念間の関係性の有無を統計的に確認する，である。統計的手法を用いるために，原因は「独立変数」，結果は「従属変数」と呼ばれる。変数間の関係は「相関係数」や「寄与度」などの用語に置き換えられて考察される。そして偶然の影響が低い，すなわち変数以外の要因が結果に及ぼす可能性が低い場合を「統計的有意」と言う。その評価には確率が用いられる。これら一連の手順に則ることで客観的な研究が遂行されるとみなされるのである。

　経営情報システム研究では，実証主義的研究における「変数」を経済学や心理学あるいは社会学などの「参照領域」から借りてくるという点で，独立した「学問」とは言い難いと考えられてきた。むしろ，研究成果を蓄積するためには，積極的に参照領域から変数を援用すべきだという意見が多かった。事実「実務的有用性を豊かにするためには，どの参照領域から従属変数を借りてくるべきか」という議論が精力的になされてきたことは，経営情報システム研究の特徴と言えるかもしれない（古賀 2014）。

　ところが，参照領域の探求は，変数を借りるだけでなく，その中核となる方法論の転換をも要請することになった。簡単に言えば「実証主義的方法だけが研究方法ではない」という宣言が高らかに歌い上げられたのだ（Lee 1999）。

　それは，科学哲学や科学社会学など多様な学問における方法論争を踏まえた議論であった。そのために無節操な折衷主義という批判を受けることもあっ

図表7-1 テレワーク研究における方法論の関心のマトリックス

		焦点となる対象	
		解	過程
研究方法の立ち位置	実証主義	II	I
	解釈主義	III	IV

出所：筆者作成

た。しかし，このような方法論争は，経営情報システム研究が役に立つ学問としての方途を必死になって模索してきた証である。それゆえ，方法論的多様性あるいは方法論的多元主義は，経営情報システム研究の大きな特徴と言われている。ただし，方法論的に多様性があるがゆえに独自であるというのは少し逆説的であるし，ひねくれている印象は否めないかもしれない。

　さて次節では，経営情報システム研究における方法論的多様性に立て札を掲げたい。そのために，2つの二分法を採用することにした。具体的には，(1) 焦点となる対象（解 vs. 過程），(2) 研究方法論の立ち位置（実証主義 vs. 解釈主義）である（図表7-1）。

3. テレワーク研究の多様性：経営情報システム研究の視点から

3.1. 研究方法論の立ち位置：実証主義 vs. 解釈主義

　本節の目的は，テレワーク研究を経営情報システム研究の視点から類型化することで，蓄積された研究成果を読み解く手掛かりを提供することである。

　類型化の第1軸は，研究方法論の立ち位置の相違である。

　伝統的に研究方法は大きく3つの二分法で整理できる（図表7-2）。

　第1の二分法は，規範的研究（normative research）と実証的研究である。前者は「現実を改善すべき問題状況と認識し進むべき理想的な状態を提示する」ことを目的としている。後者は「現実を肯定し，現実を説明し未来を予測すること」を目的としている。

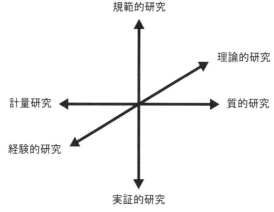

図表7-2 テレワーク研究における方法論的立ち位置の三次元

出所：筆者作成

　第2の二分法は、理論研究（theoretical research）と経験的研究（empirical research）である。前者は「論理思考の強い演繹的方法に依拠する研究方法」である。卑俗な言い方をすれば、現実との関係性が希薄な論理操作による理論構築を目指す方法である。後者は「経験的事実に基づいた説明を思考する帰納的方法に依拠する方法」である。ただし、社会科学の領域では、純粋な理論研究が成立することは難しく、理論構築を志向する経験的研究が中心的位置を占めてきたと言える。

　ただ面倒なことに、実証的研究と経験的研究は双方とも「実証研究」と訳されてきたために、研究者の間でも混乱が今なお残っている。もしかすると、理論的構築をめざす経験的研究を「実証的」と理解されたことから誤解が生じたかもしれない。本章では、これらの相違を明示させるために前者を「実証主義的研究」後者を「経験的研究」と表記することにした。

　第3の二分法は、計量調査と質的調査である。経験的証拠には、数量化が可能なものばかりではない。アンケート調査や統計データを用いた計量調査だけでなく、インタビューや参与観察などで得られた質的データを用いた質的調査の意義は少なくない。客観性を担保できる計量調査に対して、質的調査の魅力

は「対象となる組織や個人の主観を理解できる」ことにある。しかし，これらの手法を相互補完的な関係とし，質的研究で仮説をつくり，計量調査で仮説を検証するという役割分担を想定することは予定調和的であり実証主義的方法の範疇を超えるものではない点に留意する必要がある。

　以上の研究方法論の分類軸の中で，学問的厳密性を担保しやすいのは，「実証主義的で理論的な計量調査」である。ただし，前述のように社会科学の領域では理論志向の経験的研究が中心となるために，学問的厳密性を担保しやすいスタイルは「実証主義的で経験的な計量調査」となる。しかし，実証主義的理論指向の態度が行き過ぎると「現実から遊離した空理空論」との批判を受けてしまう。この限りにおいて，前述したトレードオフ問題（実務的有用性の欠如）が指摘されたことは当然の帰結と言わざるを得ない。

　ところが，参照領域の模索の中で，仮説を立て検証するというスタイルでは収まりきらない立場が注目されるようになる。具体的には，構築主義の流れを組む「解釈主義的研究」とフランクフルト学派を淵源とする「批判主義的研究」がある。

　経営情報システム研究における解釈主義的方法の理論的背景は「科学知識の社会学」や「技術社会学」である。そこでは，経営の情報化（たとえばテレワーク）という現象はあらかじめ存在するのではなく，社会の中で構築されていくものだと考えられている。たとえば，テレワークという概念が実在しているのではなく，テレワークという言葉が使わることにより，従来とは異なる働き方が社会の中でつくられていくと考えるのである。これは言語学でいう「語用論」に注目する考え方に他ならない。簡単に言えば，テレワークが語られ，それが遂行される現場に寄り添い，当事者の理解を研究者が解釈するという立場となろう。そのために，当事者の解釈を研究者が解釈するという「二重の解釈学」という問題も内包するという問題点を抱えることになる。

　解釈主義的研究の立場に立脚すれば，テレワークという言葉が用いられる中で，どのような実践が生み出されているのかを理論的ではなく経験的に探求していこうという研究態度が採用されることになる。その結果，実証主義的研究

の得意とするテレワークの影響や効果あるいはテレワーカーの意識調査などとは異なる新しい研究主題を切り拓くことに成功したと言える。

　他方，批判的研究は，規範的研究に対する批判に根ざしている。現状を問題と認識する主体は誰なのか，その主体は本当の当事者を見落としていないか，という批判的態度から問題解決の新たな糸口を見いだそうというアプローチである。そのために，誤解を恐れずに単純化すれば，3つの二分法で類型化できるはずの研究方法が次第に「実証主義的で理論指向な経験的計量調査」に集中したことから不具合が指摘されるようになり，結果的に，経験的研究から解釈主義的研究，実証的研究から批判的研究が生まれてきたと理解できる。新たな方法論は質的方法を採用する傾向が強かったが近年では計量調査を用いた解釈主義的研究や批判的研究が行われるようになっている。とはいえ，批判的研究は少数派であるために，研究を見通すための立て札としては「実証主義vs.解釈主義」という二分法が分かりやすいと思われるので，第1分類軸は「実証主義vs.解釈主義」としよう。

3.2. テレワークのどこに注目するのか：解 vs.過程

　テレワーク研究の類型化の第2分類軸は，テレワークのどこに注目するかという視点の相違である。すなわち，（1）結果つまり「解」としてのテレワーク，（2）それが構想され実現されていく過程としてのテレワークである。

　まず「解」としてのテレワークを研究する場合の目的は，文字通り「これが答えだ」というものを明示化したり提案したりすることにある。

　解としてのテレワーク研究は，現状を把握する実態調査や理想像を描く理論的モデルがある。実態調査は，計量調査と事例研究に大別できる。いずれにせよ，テレワークの何（What）を問う研究である。理想像を描く理論モデルとは，たとえば「テレワークに向けたICT活用の発展段階モデル」や「テレワーク実現に向けたチェックシート」のように，テレワーク実現に向けたガイドラインを目指すものである。そこでは，テレワークのなぜ（Why）が問われ，どのように（Know How）が示されている。

第7章　情報システム研究としてのテレワークの課題　*149*

　ところが，解としてのテレワーク研究では，次第に「実証主義的で理論指向な経験的計量調査」が中心をしめるようになる。しかし，テレワークを実現するためには，客観的で合理的な研究だけでは十分に説明しきれない社会的ないし文化的要因が深く関わっているはずだ。そのような視点から，「過程」としてのテレワーク研究が提唱されることになる。

　「過程」としてのテレワーク研究の目的は，どのようにテレワークが構想され導入されてきたのかという過程を明らかにすることである。

　ところで，解としてのテレワーク研究では，問題のある現状から理想の解に向けて一直線に進むべきだという認識に陥る傾向が強い。技術と組織が統合される理想の状態を追い求めるのだ。しかし現実には，理想のテレワークに向けて一直線に向上していくというよりも，右往左往ときには後退するような場合も少なくない。試行錯誤や失敗を通じなければ得られないような経験もある。そのために，過程としてのテレワーク研究の基本的視座は，一筋縄にいかない現実をきちんと見ていこうという姿勢にあると言える。

　また，過程に注目するためには，計量調査よりも事例研究などの質的方法が用いられることが多い。ただし前述したように，事例研究という方法と実証主義的研究は対立するものではない。実際，仮説を検証するために事例を用いる場合も少なくない。それゆえ「過程」に注目する研究には，実証主義的研究と解釈主義的研究さらには批判的研究が混在すると言うことになる。

3.3. テレワーク研究の見取り図

　先の図表7-1は，これまでの議論を整理したものでもある。図から明らかなように，これまで大勢を占めてきたのは第Ⅱ象限（解−実証主義的研究）であった。ところが近年では，第Ⅲ象限（過程−実証主義的研究）や第Ⅳ象限（過程−解釈主義的研究）が注目されるようになってきたのだ。今後は，豊かな蓄積をもつ第Ⅰ象限の研究に新しい研究潮流で得られた知見が還元できるか，あるいは未開の第Ⅳ象限を切り拓くことができるかが，今後のテレワーク研究の発展を握る鍵となるであろう。

以上のように，一口にテレワーク研究と言っても，経営情報システム研究の立場から見れば，2つの二分法の組み合わせである4通りの接近方法に整理できることを明らかにした。もちろん，方法論的には，（1）規範vs.実証，（2）理論vs.経験，（3）計量vs.質的という下位分類があるために，実際の研究を細かく分けることは可能であるが煩雑となる。

さらに学術研究ではなく，実務体験に基づく「持論」を含めると類型化は複雑になるばかりだ。ただし，持論や体験談については，学術的意義は少なくないけれども，それだけで「学術論文」とは言えないし，学問を構成することはできない。しかし，学問と持論を区別する立て札を持つことは，研究を読み解く第一歩である。その点を理解した上で，研究論文を類型化する立て札をもつことで，われわれはテレワークを巡る言説空間を迷うことなく歩みを進めることができると思われる。さらに，これらの相違を理解することで，異なる研究方法を採る論者の間で無意味な論争を回避することができると期待したい。

4. テレワーク研究の特異性と課題

4.1. 経営情報システム研究におけるテレワーク研究の特異性

前節では，テレワーク研究は経営情報システム研究の下位分野であるという認識から，研究アプローチの概略図を示した。とはいえ，テレワーク研究は経営情報システム研究とは異なる独自性を備えている点も事実である。そこで本節では，テレワーク研究の独自性とその課題について概観することにしたい。

4.1.1. 場所と時間にこだわる

テレワーク研究の独自性の第1点目は「時間と場所」へのこだわりである（古賀2015）。時空間の制約を超えて「いつでもどこでも」柔軟に働くことを目指すのがテレワークの特徴である。それゆえ逆説的であるが「時間と場所」に強くこだわりをもつ点が経営情報システム研究との大きな相違点である。

第7章 情報システム研究としてのテレワークの課題　*151*

　実際，わが国のテレワーク研究に目を向ければ，1980年代前半の未来予想図として喧伝された「在宅勤務」，1980年代後半に試行されたサテライトオフィス構想，1990年代後半の地価高騰の中で可能性が模索されたリゾートオフィス，1990年後半に1人1台のPCの代わりに机と椅子を共有する仕組みとして提案されたホットデスク，2000年代には，移動先で仕事を行うモバイルワークなど「いつ，どこで働くのか」に注目するキーワードが次々と生まれてきたことがわかる。

　さらに本書の各章を通底する「地域活性化」ないし「地方創生」というキーワードもまた「いつ，どこで働くか」にこだわる言葉に他ならない。テレワークの目指す「オフィスという勤務場所と勤務時間からの解放」とは「どこでいつ働くのか」にこだわる働き方の再設計を意味すると言える。このような「場や時間へのこだわり」は，テレワーク研究が他の多くの経営情報システム研究とは一線を画する大きな特徴に他ならない。

4.1.2. ICTを前提にする

　テレワーク研究の独自性の第2点目は「ICTを前提にしていること」にある。おかしなことを言うようだが，経営情報システム研究では「ICTを用いない情報システム」が存在すると考えてきた。つまり「コンピュータを用いなくても経営情報システムを構築することができる」と考えられてきたのだ（Gallagher 1961）。それは「人手による情報システム」である。ただし「パンチカードシステム」などの前コンピュータの情報機器をICTとみなすか否かは論者によって意見が異なる。とはいえ，1960年代の経営情報システム研究を繙けば，あえて「コンピュータベース情報システム」という言葉を用いることで「コンピュータ利用の有無」を明示する傾向があった点を指摘しておきたい。

　ところが，テレワークの実現と遂行は幾つものICTによって支えられている。むしろICTの支援なしにテレワークは実現できないと言う方が適切かもしれない。つまり，ICTとテレワークは切り離せない関係にあると言える。

　もちろん，近年ではグループウェアやERPなどのパッケージソフトなど特

定のICTないしコンピュータシステムを前提とする研究も少なくない。むしろ，精力的に行われているとさえ言える。しかし，テレワーク研究の場合は，特定のシステムやパッケージではなく広い意味でのICTを前提にしている。つまり，テレワークを研究することは，経営情報システム研究の中でも極めて特殊な位置づけに措かれているのだ。この点は学問的にはとても興味深い。

しかし，ICTを前提としているために，決定論的発想ひいては「銀の弾丸理論」に陥りやすいことも事実だ。この点について項を改めて議論しよう。

4.2. テレワーク研究の罠：技術決定論と銀の弾丸理論

さて，銀の弾丸理論とは「十字架の銀を溶かして鋳造した弾丸が不死身の怪物オオカミ男をたった一撃で退治できる」という逸話に由来する言葉で「ICTさえ導入すれば難解な経営問題を一気に解決できる手段」という意味である。もちろん後述するように現実にはICTは「銀の弾丸」ではないのだが，煽情的な商業主義の宣伝文句を一瞥すれば，それらしき表現を多数見いだすことはできるだろう。

つぎに，技術決定論とは「技術が社会を変える」という発想である。技術決定論は，（1）技術と組織は独立した存在である，（2）技術が組織に一方向的に影響を与えるという仮定に立脚した考え方である（古賀 2017）。そのために，原因と結果が明確に表明されるために直感的にイメージやしやすい。たとえば「ソーシャルメディアが浸透したので衆人による監視社会が実現された」というように分かりやすい命題（因果関係）をとる点が技術決定論の特徴である。

しかし，技術決定論は部分的には正しいが絶対的ではない。たとえば「技術の利用方法を決めるのは，技術それ自身ではなく，社会である」と仮定する考え方は技術決定論の真逆の主張である。そこでは，社会が技術の「戦略的選択」を行うという立場から「社会を原因，ICTを結果」とする因果関係で結びつけられる。たとえば，企業からスマートフォンをあてがわれたとしよう。それを「四六時中つながっている安心感」と理解するか「二十四時間監視されて

いる」と危惧するかは，状況に委ねられており，技術特性だけでは決まらないはずだ。このように技術の利用方法や意味は状況ないし組織に依存しているとする考え方がある。ここでは「組織拘束論」と呼ぶことにしたい（根来・遠藤1999）。

　ただし，直線的な因果関係を想定しているという点において，組織拘束論は技術決定論と同じ構造にあると言える。それゆえ，技術決定論と組織拘束論は，双子の決定論と理解できる。

4.3. 決定論と銀の弾丸理論を超えて：相互作用論・創発性・社会物質性

　テレワークにおける組織と技術の関係を検証するためには，むしろ，技術と組織の相互関係を考える方が現実的かもしれない。それが相互作用論である。これは「双方向の因果関係」を想定しており，双子の決定論の折衷案としては理解しやすい。しかし，一口に組織といっても，構造や文化など複数の要因が存在するために，技術と組織の相互作用という場合に，実際は異なる側面を十把一絡げに「組織」と呼んでしまっている危険性を否定できない。たとえば，技術が組織構造に影響を与え，組織文化が技術の使い方を決定するとき，双方向の相互作用と断言できるだろうか。筆者の見解は否だ。

　そこで，技術と組織が一体となることでテレワークなどの「経営の情報化」の現象が生じると仮定する分析視角が提唱された。そこでは「創発性」がキーワードとなる。創発性とは「あらかじめ存在していたわけではない性質が複数の要素の相互作用によって生み出される特性」のことだ。簡単に言えば，技術と組織が絡み合うことで新しく生まれる性質となろう。それは，化学反応において反応前には予測もできないような性質が生まれるように，組織とICTの掛け合わせによって予想されなかった変化（意図せざる結果）が生じることと理解して良い。創発性については第11章でも議論されるので参照してほしい。

　ところで，映画『踊る大捜査線』の有名な台詞の「事件は現場で起こっている」のように，創発性は「仕事の現場」で生じると考えられる。科学反応が実験の場で生じるように，ICTの利用現場で創発性が発現されている。創発性は

変化を伴うことから「創発的変化」と呼ばれる。それは，現場の創意工夫や臨機応変の対応を足がかりに，ICT導入計画時には予想もしなかったような活用方法が生み出されることを指す（Markus & Robey 1988）。

創発的変化という考え方は「計画を絶対視し，言われたとおりにやることが実行である」という「計画と実行の峻別」という発想とは相容れない。つまり，計画と実行という二分法を乗り越えて，実行を通じた変化に注目することが「相互作用論」の独自の着眼点に他ならない。それゆえ相互作用論の研究課題は「実践を通じた組織変容」や「利用を通じて生み出されるICTの新たな意味の形成過程」の解明に置かれることになる。

さらに近年では相互作用の視点を急進的に展開した「社会物質性」という見方が提唱されている（古賀 2017）。そこでは，技術と組織という二分法さえ否定されている。経営情報システムでは「組織なき技術」や「技術なき組織」を検討する意味はない。そうであるならば，そもそも技術と組織という二分法に立脚する必要はない。つまりは，ICTは，独立して「ある」のではなく，関係性の中で浮かび上がってくるように「ある」と考えるのだ。このようなラディカルな科学的実在論に立脚する考え方が「社会物質性」の本質である。ただし，本章では，今後の展開が期待されている考え方であることを指摘するに留めたい。

5. テレワーク研究の展望

5.1. 実行可能要因としてのICT

テレワークを実現し遂行するためには，ICTは必要不可欠である。しかし，ICTだけでは不十分だ。この点を前節では「相互作用論」や「創発性」として議論してきた。したがってICTは，テレワークを実現するための強力な推進力である一方で，単独ではテレワークを実現できないという性質をもつことになる。必要だが十分ではないのだ。経営情報システム研究では，このような

ICTの特性を「実行可能要因（enabler）」と呼んでいる。

　ただし，実行可能要因という考え方は，前述の決定論の議論でも有効である。つまり「他の条件が同じであれば」とすることで，組織的要因を統制すれば因果関係を論じることができるからだ。

　それでも「実行可能要因」という考え方が注目される理由は，なによりも前節で紹介した「相互作用論」あるいは前述の「過程としてのテレワーク」や「解釈主義的方法」の議論に乗りやすいからだ。

　ところが，ICTは「本当に必要なのか」という存在意義を問われることがあった。それが「生産性パラドクス論争」と呼ばれる熱い議論だ。

5.2. 生産性パラドクス論争が見いだしたもの

　論争の契機となったのは，ロバート・ソローの「どこでもICTを見るのだけれども生産性の統計にだけはICTは登場しない」という1987年の発言だった。その結果「情報化投資は企業の生産性に影響を与えるのか否か」が口角泡を飛ばす勢いで熱く議論された。この議論は一般に「生産性パラドクス論争」と呼ばれる。

　しかし，論争は意外な形で幕を引く。1990年代後半の米国の経済成長つまりITバブルの結果，統計データで情報化投資と生産性の関係が明確化されたからだ。そこから「インフラ投資は結果が出るまでに時間がかかる」という主張がなされた。あるいは「最初に情報化で得したのは企業ではなく顧客だ」という顧客余剰の議論が提案された。なかでも重要な指摘は「情報化だけでなく社員教育など補完的な投資をしなければ効果は生まれない」という考え方だ。情報化投資と生産性の関係を肯定的なストラスマン（Strassmann 1999）と否定的なブリニョルフソンたち（cf. Hitt & Brynjolfsson 1996）が同じ結論を導いたことで学術者のみならず実務家さえも，その動向に目をみはった。

　情報化投資の効果を発揮させるためには，社員教育や職務体系あるいは規程の変更など組織的要因が不可欠であるとする主張は，IT資源を補完する組織的諸資源の重要性を指摘するものだ。それゆえ「補完資源」と呼ばれることが

多い。補完資源の考え方は，経営戦略論の研究領域で精力的に研究されている「資源ベース論」と考え方を通底している（古賀 2005）。他領域の主張と軌を一にする。そのために，補完資源の概念は強い説得力をもつ考え方と言える。なお，筆者はかつて諺の「鬼に金棒」にちなんで，（1）金棒であるICTを使いこなすには鬼のような体力や気力が必要であること，（2）鬼になるためには肉体改造や精神修養が必要なように組織には制度改革や社員教育が不可欠であることを指摘した（古賀 前掲）。ICTが「鬼に金棒」となるか「猫に小判」となるかは組織次第なのだ。

5.3. ICTの逆襲：機械に仕事が奪われる未来

　情報化投資の効果を引き出すには，ICTよりも組織や人的資源が重要である。このような逆説的な指摘は，人々に希望を与えてくれる。人間が大事，組織が大事，という主体性を喚起させてくれるからだ。

　ところが2010年代に入ると，驚異的な人工知能（AI）の発展を背景に，「コンピュータに労働が代替される」という考え方が再燃してきた。

　今から半世紀以上前の1960年代，経営情報システム研究の黎明期には「コンピュータによる中間管理職の削減」などが失業の問題が指摘され，ラッダイトと呼ばれる産業革命の頃の機械排斥運動が再燃すると懸念されたことがあった。しかし，情報化は，プログラマなどの新しい職種を生み出すことで雇用を調整してきたと考えられている。ただし誰もが情報技術者になれるわけではない。あくまでも統計上の調整に過ぎないという方が適切かもしれない。

　ところが1990年代に入ると，「究極のコンピュータ統合生産（CIM）は無人工場の実現である」などの主張が盛んに議論されるようになる。哲学者や労働経済学者を巻き込んだ論争の中で，「ICTが進展しても判断など人間でしかできない仕事がある」と結論づけられた。たとえば「自動車の運転のような臨機応変の対応はコンピュータには無理だ」と指摘された（Levy & Murnane 2012）。

　しかしながら，その指摘から四半世紀ほどの間に，ある水準の自動運転が実

現されてしまった。その結果「近い将来にコンピュータに代替される可能性の高い職業ベスト50」のような議論がなされるようになった（Frey & Osborne 2017）。

補完資源の議論で言えば，人間や組織が担うべき補完資源の役割をICTが自ら取り込んでいるのだ。諺をもじれば「金棒が鬼を飲み込んだ」と言える。しかし，組織能力と呼ばれる総合力を支えるのはICTだけで良いといえるのだろうか。この問いを考えることは読者に委ねたい。

6. おわりに

経営情報システム研究では，ICTを用いた情報システムのことを「IT人工物」と呼ぶことが多い。経営情報システム研究の対象は，物理学を代表とする自然科学が対象とするような「ありとしあらゆるもの＝自然」ではない。あくまでも「人間の手で作られた物（人工物）」が対象である。そこで，自然科学とは異なる対象を扱うという点を強調するために，情報システムではなく，あえて「IT人工物」という表現が好んで用いられているのだろう。

そして，これまでの議論から，経営情報システム研究ひいてはテレワーク研究の中心的課題は「IT人工物と組織的要因の関係を考えること」と言うことができるだろう。そのことは，「解」から「過程」，実証主義的研究から解釈主義的研究への転回（展開）からも明らかであろう。

今後のテレワーク研究は，働く「場所と時間」にこだわり，その「場所と時間」を生かすためにIT人工物を手なずけていく過程を解明していく経験的研究として展開されることになるだろう。その際，IT人工物が組織的要因さえも飲み込み，IT人工物だけで完結するような未来が到来するのか，それとも，テレワーク研究が「働く場」に再び光を当てることで，働き方や地域の意義が問い直され，新しい地域の時代・新しい働き方の時代を切り拓くことができるのか。新たな歩みは始まったばかりである。

（注）

1）たとえば，デュルケム『社会学の方法基準』宮島喬訳，岩波文庫を参照されたい。

2）マクダウド（Henry D. Macleod）の言葉と言われる。

3）例えば，Applegate & King（1999）を参照されたい。

【参考文献】

Applegate, Linda M. & John L. King. (1999) "Rigor and Relevance: Careers on the Line," *MIS Quarterly*, 23(1), pp.17-18.

Frey, C.B. & Osborne, M.A. (2017) "The future of employment: how susceptible are jobs to computerisation?" *Technological Forecasting and Social Change*, 114, pp.254-280.

Gallagher, James, D. (1961) *Management Information Systems and the Computer*. The American Management Association. （岸本英八郎訳『MISマネジメント・インフォーメーション・システム』日本経営出版会, 1967年）

Hitt, L. & Brynjolfsson, E. (1996) "Productivity, Profit and Consumer Welfare: Three Different Measures of Information Technology's Value," *MIS Quarterly*, 20(2), pp.121-142.

Keen, Peter GW. (1980) "MIS research: reference disciplines and a cumulative tradition," *ICIS 1980 Proceedings*, 9, pp.9-18.

Lee, Allen, S. (1999) "Rigor and Relevance in MIS Research: Beyond the Approach of Positivism Alone," *MIS Quarterly* 23(1), pp.29-33.

Levy, F. & Murnane, R.J. (2012) *The new division of labor: How computers are creating the next job market*. Princeton University Press.

Markus, M.L. & Robey, D. (1988) "Information technology and organizational change: causal structure in theory and research," *Management Science*, Vol.34, No.5, pp.583-598.

Strassmann, P.A. (1999) *Information Productivity, Assessing the Information Management Costs of U.S. Industrial Corporations*, The Information Economics Press.

古賀広志（2005）「ITケイパビリティの組織的意義」『オフィス・オートメーション』第26巻第1号，pp.31-37.

根来龍之・遠藤剛（1999）「情報技術と組織特性の相互作用モデル：Lotus Notes導入事例による検討」『日本経営システム学会誌』第15巻第2号，pp.1-11.

古賀広志（2014）「リガーレリバンス論争の系譜：予備的考察」『日本情報経営学会誌』第34巻第4号，pp.31-46.

古賀広志（2015）「再訪：関西におけるテレワークの方向感」『日本テレワーク学会誌』第13巻第1号，pp.31-38.

古賀広志（2017）「人間を中心とする情報システムにおける社会物質性の視座」『情報システム学会誌』第12巻第2号，pp.50-61.

（古賀広志）

第8章
組織変革におけるテレワークの意義と効用

　本章の目的は，組織変革の視点からテレワークを理解するための手掛かりとして，組織変革を巡る経営組織論の代表的な研究を概観することにある。次いで，組織の環境適応の核心として組織変革を捉える先行研究を整理した上で，テレワークにおける組織変革の意義を探ることにしたい。

1. はじめに

　テレワークの導入と遂行は，たんにワーカーの勤務形態を変更すれば良いという単純なものではない。テレワークの成否を握る試金石は，テレワーカー個人的要因ではなく，むしろ組織的対応にあると考えられる。そのような対応は，従来とは異なる組織編成原理に基礎づけられる場合が少なくない。それゆえ，テレワーク研究において，組織変革が重要なキーワードと位置づけられるのだ。
　そこで本章では，組織変革を巡る研究動向を整理し，組織変革としてテレワークを位置づける場合に見いだされる課題について考察を加えることにしたい。

2. 組織の環境適応に関する議論

　組織変革の議論を始める前にまず，経営組織論において組織の環境適応について論じられている代表的な研究のうち，テレワークに特に関連の高いものを取り挙げて概観しておきたい。

2.1. 近代組織論

　最初に近代組織論を代表するバーナード（Barnard 1938）の理論を取り挙げる。彼は、組織変革の問題を直接的に取り挙げたわけではないが、組織の環境適応を考察するにあたって重要な論点となる2つの視点、すなわち、決定論と選択論の関係性（対立性、両立性）を提示し、それらを彼の議論全体の基礎としている。それゆえ、彼の所説に注目するのである。

　バーナードは、人間に物的・生物的・社会的制約があることを認めるが、その一方で一定の選択能力と自由意志があり、環境に働きかけて個人の目的を達成しようとするものであると考えている。しかし、その達成が個人では困難となる場合、他のメンバーとの協働が発生する。ここに協働目的が生まれ、その達成を通じて個人の目的も充足される。このような協働の行われる場が「協働システム」である。協働システムは、物的・生物的・社会的システムとしては個別具体的なものとして営利、非営利組織を問わず、あらゆる組織で観察されるが、バーナードは全ての協働システムに共通する側面を抽出し、「複数の人々によって意識的に調整された活動の体系」として、「公式組織」を定義づけた。

　さらに、この「意識的な調整」には、共通目的、貢献意欲、コミュニケーションが不可欠であることを指摘し、それらの3要素は組織が成立する重要要件としている。

　このような組織が長期に存続するために必要な条件は何か。この問いに対して、バーナードは「誘因」と「貢献」の均衡が重要であると指摘している。「誘因」とは、組織内外のメンバーからの当該組織への参加を促す要因を指す。例えば、金銭的報酬・地位・名誉・高品質の製品やサービスの提供、配当などが挙げられる。それに対して「貢献」とは、当該組織への組織内外のメンバーの参加行動を指す。例えば、労働力・忠誠心・製品やサービスの購入、資本出資などが挙げられる。組織の存続にとって十分な誘因が提供されるためには、組織内外のメンバーによる十分な貢献活動が必要不可欠である。ここに、誘因と貢献の均衡が重要な問題として浮かび上がる。すなわち、誘因が貢献と同等

かもしくは小さくなると，組織内外のメンバーは当該組織への参加を取り止めてしまう危険が大きくなり，誘因が貢献より大きくなると，参加が継続される可能性が高まる。

　組織変革の問題に関して重要な論点となるのは，バーナードの議論が「組織への参加は外部からの強制力によってのみ説明され尽くすものではなく，自由意志を持った個人の貢献意欲も強い影響力を有する」という点である。組織（特に経営者）は外部環境からの影響を受けつつも，自らの意思決定に環境への働きかけを行い得る存在として捉えられているわけである。

2.2. 構造的コンティンジェンシー・セオリー

　続いて，組織と環境の適合が高成果に繋がるとする構造的コンティンジェンシー・セオリー（Structural Contingency Theory：SCT）を取り挙げる。

　この理論の特徴として，環境決定論が強調されており，組織は環境変化に対して受動的な適応行動を取る存在としかみなされていない。初期の研究では，組織の特性のなかでも特に構造と環境条件との適合が強調されていた。SCTが登場するまで，組織論において長く組織構造のモデルとなっていたのは官僚制であった。その主な特徴として，（1）規則による職務の明確化，（2）階層に基づく権限の重視，（3）文書による情報伝達，（4）スキルの専門化が挙げられる。このような特徴のある官僚制組織は，環境を構成する要素が同質的で変化の程度が少ない状況であれば，安定した組織目標を効率的に達成できる強みがある。

　しかし，環境変化が激しく異質性の高い環境条件では，階層による調整は現場での臨機応変な対応を遅延させてしまう危険があるため，官僚制組織の特徴はかえって組織の環境不適応を招きやすくする。とすれば，官僚制組織にかわる新しい組織構造のモデルが必要とされる。それは，バーンズ＝ストーカー（Burns & Stalker 1961）が「有機的システム」と名づけたものである。彼らの研究は事例研究に基づいており，上記の有機的システムと対照的で，官僚制組織に近い「機械的システム」との2つの組織構造モデルを提示している。そ

れぞれの特徴についていえば，機械的システムは「分業の高度化」，「階層による命令」，「トップへの権限の集中」，「明確な役割責任」であり，有機的システムは，「分権的意思決定」，「ネットワーク型の情報伝達」，「役割や責任の共有」となる。機械的システムの事例としてレーヨン工場での分厚い規則集に従った組織運営が好業績を挙げていることが示され，有機的システムの事例では，新規にエレクトロニクス産業に参入する企業が成功事例に多く含まれていることが示されている。これらのことを通して，外部環境の性質の違いによって高成果を生み出す組織構造は異なることが指摘されている。

　組織変革の問題との関連で重要な論点となるのは以下の2点である。まず，SCTが，環境条件が異なれば採用される組織構造が異なると主張したとしても，ではどのようにして組織構造が変革されるのか，すなわち，組織変革のプロセスの動態について何も答えを用意していない点が1つ，もう1点は，組織の側からの環境への働きかけ，すなわち経営者による戦略選択を軽視している点である。組織が長期に環境適応していくには異なる組織構造が必要となるはずであるが，その変革プロセス，変革主体についての言及がない。これはSCTの静態論的，環境決定論的特質に起因する問題である。

2.3. 組織間関係論

　組織と環境との関係は，SCTの登場以降盛んに議論されるようになったが，「環境」という概念は，「安定性―変動性」，「単純性―複雑性」という抽象的な次元で議論されていた。環境は，具体的には当該組織にとって直接的に関係する「個別環境」（同業他社，取引相手，顧客，投資家，債権者），為替変動やGDP，カントリー・リスクなどマクロ・レベルの政治，経済，社会，文化的要因が関係する「一般環境」である。特に個別環境の構成要素は，当該組織の生存にとって大きな影響力を有し，ここに組織間関係論が発展する理由がある。

　組織間関係論は多様なパースペクティブがあるが，ここでは，そのなかでも組織変革の議論に関連するパースペクティブを2つ取り上げよう。資源依存

パースペクティブ（Resource Dependence Perspective：RDP）と取引コスト
パースペクティブ（Transaction Cost Perspective：TCP）である。

　まず第1に，RDPはトンプソン（Thompson 1967；2003）の「オープン・
システムとしての組織」の発想を理論的基盤とし，フェファー＝サランシク
（Pfeffer & Salancik 1978）により提唱された。オープン・システムとしての
組織とは，環境との相互作用を通して組織の存続を捉える考え方である。組織
は，その存続にとって重要な資源を他組織に依存しており，その依存性の管理
こそが組織間関係の管理だと考えられている。フェファー＝サランシクは組織
の他組織に対する依存性は，当該組織にとって，提供される資源が重要（稀
少）である程，また，その資源を提供できる組織が少数である程，高くなると
述べている。すなわち当該組織の自立性が弱まり，相手組織のパワーが高まる
ため，相手のあらゆる要求に応じなければならなくなる。換言すれば，組織は
環境から強い制約を受けることになる。しかし，RDPでは，そうした状況に
対し，組織が自立性を確保し，過度の依存を回避または低減する戦略を行使す
る側面も強調される。すなわち，環境からの制約に対する組織の選択余地が認
められているのである。例えば，多角化や垂直統合による自立化戦略，相手と
の妥協点を見出し，安定的関係を形成する協調戦略，公的機関など第3者機関
による正統性の承認を得る迂回戦略などの多様な手段が講じられるということ
である。

　次に，TCPはコース（Coase 1937）によって提起された「取引費用」を巡
る基本的問題，すなわち，「なぜ市場にかわって組織が発生するのか」という
問題をウィリアムソン（Williamson, O.E.）が垂直統合の問題に適用し，市場
原理と組織原理の選択にかかわる分析に広く応用された考え方である。経済学
をベースにしている点で理論的基盤は社会学を基盤とする一般的な組織論とは
異なるが，経済主体の行動前提に，「完全合理性」ではなく，バーナードととも
もに近代組織論を代表するサイモン（Simon, H.A.）の「制約された合理性」
が置かれ，もう1つの前提である「機会主義」とともに重視されている。機会
主義とは，他者を騙してでも人は自己利益を追求するとする考え方を表わす。

そのような行動前提の下では，市場での価格取引において，取引相手の情報収集，契約締結，契約履行の監視などに組織が支払う取引費用は高くつくかもしれない。特に環境の複雑性・不確実性が高まると，経済取引の情報が一方に偏在する傾向が生まれ，取引相手が機会主義的行動を取りやすくなるため，取引費用が高くなりやすい。また，特定の取引相手との間でしか使用されない設備投資などの関係特殊的な資産に基づく取引が存在する場合も，組織は相手のあらゆる要求に応えなければならず，やはり取引費用が高くついてしまう。このような状況の下では，市場取引は選択されず，組織は内部管理コストを支払い，取引の内部化を選択し，階層に基づく垂直統合が選択される。

　このように，取引の特殊性などによって生じる取引費用の大きさによって，市場取引か取引の内部化（垂直統合）か，どちらかの統治構造が決定される。SCTでは組織内部の構造が環境条件によって決定されるとしていたが，TCPは，取引費用が統治構造を決定する点で，よりマクロの組織間関係の視点からみた環境決定論的特質をもつSCTともいえる。

　以上より，組織変革の議論との関連での論点は，いかに他組織との依存性を管理するかという問題がパワー関係の変革として捉えられる点といえる。今日では，他組織との協力，提携関係の構築が重要な経営課題であり，あらゆる機能を自社内部に保有する垂直統合型経営からネットワーク型経営への変革が促されている背景にある，組織変革のロジックである。

3. 組織変革の議論

3.1. 戦略選択論と環境決定論

　前節では，経営組織論における組織の環境適応をめぐる議論を概観したが，ここに組織─環境関係における2つの視点，すなわち環境決定論と戦略選択論の関係性が見て取れる。特に，SCTには環境決定論の傾向が強く志向されている。外部環境が客観的に存在し，その環境条件に適合する組織構造を採用す

れば，組織は高成果を上げることができるという主張である。しかし，この主張は後に大きな批判を受けることになる。それは，環境と組織構造はそれ程直接的に結びついているわけではなく，両者に介在する要因を通じての間接的な結びつきでしかないという主張である。より正確には，環境と組織構造との間に「戦略」が媒介し，同じ環境条件であっても，組織が異なる問題に関心を持っていると，主観的に環境が創造（イナクト）されると考える。ここでいう戦略とは支配的連合体（有力経営者集団）の意思決定である。組織は他組織とは異なる主観的な環境を認識して，独自の戦略を立案し，その戦略に適合した構造・過程を設計し，実行に移す。しかし，組織はその意思決定において無限定にユニークな案が選択可能なわけではなく，過去の戦略，業績，現在の組織構造，組織内政治などによる「動態的制約」も同時に受けている。したがって，場合によっては既存の組織構造は変革されず，取引の平準化や提携関係の形成など，環境要因を操作する行動が選択されることもある。このような考え方は「戦略的選択」（strategic choice）の問題としてチャイルド（Child 1972）によって提起された。

　以上のようにSCT以降，経営組織論における組織と環境を巡る議論は，環境の組織に対する影響力を過大に強調する決定論の傾向が支配的であったが，経営戦略に対する関心の高まりと共に，組織は環境からの影響を受けながらも，主観的に環境を創造，管理する主体としての存在が強調されるようになり，組織変革の議論が活発化することになる。

3.2. 適合概念と組織変革

　ここで，組織変革の議論においてもう1つのキー概念である「適合」（fit）について触れておく。この概念はSCTの中核概念である。初期の適合概念は，環境条件に適合した組織構造を採用すれば高い成果が得られるという関係，すなわち「環境―構造―高成果」を想定していた。これは組織―環境間の「単元的適合」といえる。しかし，戦略選択論による批判を受けて，適合概念は戦略を含めた「環境―戦略―組織」という関係として理解されるようになった。ま

た，組織内部には組織構造に加え，組織文化，リーダーシップ，意思決定，コミュニケーション，コンフリクトといったメンバー間の相互作用にかかわる組織過程の側面も存在する。この2側面は相互に影響を与えつつ整合性を保ち，組織内部の効率向上に重要な役割を果たすため，構造—過程間の適合関係も考慮されなければならない。すなわち，環境—組織間に「環境—戦略—構造—過程」という多元的適合（コンフィギュレーション）が想定されることになる。このような適合関係の存在と，戦略的選択における動態的制約の議論を踏まえると，組織は高成果の達成という「最適適合」だけでなく，生き残りに必要なレベルでの業績水準が達成されていれば環境に適合していると考えることができる。これは組織—環境間の「生存適合」といえる。組織をこのようなコンフィギュレーションとして捉えた場合，環境に適合した戦略，戦略に適合した構造・過程が必要となる。組織変革とは，環境変化に対して既存のコンフィギュレーションを維持・強化するか，あるいは新しいコンフィギュレーションを再構築するプロセスだと捉えることができる。

3.3. 組織変革アプローチの変遷

　ここで，これまで経営学において取り上げられてきた組織変革アプローチについて触れておく。アプローチの理論的潮流を時系列に並べると，(1) 組織開発（Organizational Development：OD），(2) 構造変革（Organizational Change：OC），(3) 戦略変革（Strategic Change：SC）となるが，現在この3つのアプローチは併存している。

3.3.1. 組織開発（OD）

　ODは，1940年代に人種差別などの社会問題の解決を背景として登場した。変革の対象は，個人の価値観から組織の経営理念までを含む組織の過程（行動）面である。ODでは，外部コンサルタントなどの「変革援助者」による介入活動を通じた，組織メンバー自身の学習が促進される。こうした学習が促進されれば，従来の価値観・信念の変容によるメンバーの自発的行動が活性化さ

れる。すなわち，組織の健全性を高めることがODの目的である。ODが導入された当初は対人関係改善が重視されたが，その後，個人の自律性や組織構造との関連も議論の範疇とされるようになった。変革主体はミドル・ロワーといった現場が中心となり，方法としてはミクロからマクロ・レベルへ，個人⇒集団⇒組織全体へと長期的，漸進的な変革が志向されている。

　ODの批判点としては，意識改革を重視する一方で，組織構造，管理システムなどのハード面の改革が後手に回るため，環境変化に対する早急な変革には応えにくい点と，変革の実施効果は見えにくく，その保証もないという意味で実施コストが高くつく点である。これらの問題点は，実務上の問題として経営者がODに対する不満を募らせる結果を招きやすくしている。

3.3.2. 構造変革（OC）

　OCは，1960年代後半から注目された組織の構造面を対象とした変革である。OCは経営トップが主体となった環境変化への適応を目的とする。短期間で組織全体を一挙に変革し，現場に適応させる方法が取られる。利点として，①外的圧力の順機能（階層・パワーによる個人，集団レベルのトラブルや対立解決）としての活用，②危機への対応力の高さ（急激な業績低下が生じた場合に組織のハード面への迅速で直接的な働きかけ）がある。但し，その問題点は，変革規模の大きさ，スピードの速さにメンバーが適応できずに心理的抵抗が大きくなることである。

　ここで，組織全体レベルでの構造変革の例としては，多角化戦略の採用による機能別組織から事業部制組織への変革が挙げられる。また，現場組織レベルでの構造変革の例としては，過度の分業によるモチベーションの低下を職務拡大，職務充実といった分業の緩和によって解決する職務再設計が挙げられる。

　ところで，ODが志向する新行動の組織内部への普及・伝播は実は容易ではない。新しい価値観や態度を獲得するには従来の職場環境から隔離された場所，いわゆる「文化的孤島」での学習が適している。しかし，そこで得られた学習成果を元の職場に戻って発揮（移植）しようとしても，今度はその職場の

慣行や制度といった組織構造面が，新行動の普及を阻害する要因として働いてしまう。このように，新行動の開発には隔離状況が必要な一方で，その隔離状況は現実の制約を無視していることよって「移植のジレンマ」が発生する。この問題を解決するには，構造面の変革であるOCがODと併用実施される必要がある。ODとOCはそれぞれ独立した変革アプローチとしても機能するが，より重要な論点はODとOCは相互補完的に機能し，1セットの変革アプローチとして実行されることで成果に繋がるという点にある。

3.3.3. 戦略変革（SC）

　SCは経営戦略，なかでも，多角化，垂直統合，提携などの全社戦略を対象とする。その目的は長期にわたる環境適応であるが，変革主体については現場（ミドル・ロワー）が中心となる場合と，経営トップが中心となる場合がある。戦略論の潮流では，前者はプロセス型（創発戦略学派），後者は分析型（計画戦略学派）と呼ばれている。分析型では戦略の計画性が強調され，経済合理性の追求にその特徴がある。比較的長期にわたってこの考え方は支持されてきたが，1980年代のアメリカが経済不振の時期を迎え，既存事業の売却，撤退や他社との提携関係の構築によるリストラクチュアリング（事業の再構築）を通じた事業構造の再編が進む過程で，その効力が徐々に失われていった。現在は，多くの企業が，速度の経済，集中化・外部化の経済といった基本原理を基に事業機会の探索，利益獲得を目指している。他方，プロセス型は，環境変化が急激な状況において有効な戦略であり，計画立案の精緻化よりも，むしろ試行錯誤による現場の行動実践を通じて戦略が新しく創発される側面を重視し，組織にイノベーションが発生するメカニズムに有力な根拠を与えている。

　この2つの潮流は性質を異にするが，既にSCTの部分で述べたように，組織の長期的な環境適応には双方ともに必要とされる戦略である。環境が安定していれば，分析型戦略が有効であろうし，環境が変動しやすい状況では，現場重視のプロセス型戦略が有効となろう。ここでは，このように組織が環境変化に対して計画重視型の戦略から現場重視型の戦略へと方向転換を図り，逆に，

現場重視型の戦略を計画重視型の戦略に方向転換を図るような，事業範囲の拡大・縮小にかかわる全社戦略レベルでの変革を「戦略変革」と考える。

　最後に，上記の3つの変革アプローチに共通する重要な論点を1つ挙げておく。それは「組織慣性」の存在である。組織慣性とは，組織を現状に止まらせる諸要因を指し，環境決定論的志向が強い概念である。組織は環境変化に対して，必要な情報処理量の減少，保有している情報処理能力の増大によって環境の不確実性を削減し高成果を達成しようとする。その達成は，組織が環境と適合している状態にあることを意味し，組織にその適合状態を長く維持させる組織慣性が働くようになる。しかし，組織が新たな環境変化に適応しようとすると，今度は組織慣性が変化の阻害要因として機能してしまう。例えば，行動面では，「既存の組織文化」や「組織内部の既得権益」，構造面では「専門化され，効率化された既存の分業体制」や「代替用途がない特殊な設備」，戦略面では，進出した市場からの撤退を困難にする「退出障壁」等が挙げられる。組織変革は，こうした組織慣性という環境からの制約の中で，組織が環境変化に適合する戦略・構造・行動をいかに主体的に選択するか，さらに制約を超えた革新を起こせるかという問題である。組織変革の本質は「制約の中の選択」，「制約を超えた選択」にあるといえるだろう。

4. テレワークと組織変革

4.1. 組織変革の観点からのテレワークの定義・分類

　組織変革の議論とテレワークの分類を関連させるとすれば，OD，OCが組織内部の変革を対象としていることから，主として「雇用型テレワーク」と対応し，SCが組織間関係を対象としていることから主として「自営型テレワーク」と対応する。例えば，在宅勤務制度が導入され，それまでオフィス勤務だった社員が在宅勤務に切り替わると，仕事の分担関係が変化することはもちろん，それまで同じ職場で顔を合わせていた同僚，上司，部下とのコミュニ

ケーションがオフィスでの対面からインターネットを通じたバーチャルなものに大きく変化する。また，テレワーカーはOD，OCの実行を通じて仕事のあり方，同僚間，階層間コミュニケーションのあり方を改めて見直す可能性もある。

一方，集中化・外部化の経済を基にした事業や業務のアウトソーシング化の決定は，委託側の企業にとって戦略変革の問題となる。そこにはどのような受注者を選択すべきか，どのような業務をどのような条件で委託すべきか，受注者とどのような取引関係を構築していくか，といった組織間関係の問題，すなわちTCPにおける統治構造の選択問題がある。この受注者に多くの自営型テレワーカーが含まれていると考えれば，組織間関係の文脈で，戦略変革とテレワークの関係性が議論可能となる。

ところで，前節で組織変革の本質を「制約の中の選択」と述べたが，テレワークの定義には「場所や時間の制約を受けない」という表現がみられる。組織変革の議論では「制約」と「選択」を独立した関係とは捉えず，選択は制約があってこそ可能であると考える。一方，テレワークの議論では場所と時間の「制約」はICTの活用によって克服されるものであって，むしろ働き方の「選択」幅が拡大されることを強調している。しかし，変革を阻害する要因として組織慣性が機能すると，選択によって得られる成果が期待通りに達成されないかもしれない。その点を考慮すると，テレワークを組織変革の観点から考察するうえでは，「制約の中の選択」という考え方がやはり重要だと思われる。次項ではこの点を踏まえ，組織変革のキー概念である適合の観点から，テレワークに適合する組織の行動・構造・戦略の変革について考察を進めることとする。

4.2. テレワークに適合する組織変革（OD・OC・SC）

4.2.1. ODへの適合
まず，ODとテレワークの関係についてみていく。ODとは，行動・態度・

価値観の変革（変容）である。第1に重要な論点は，テレワーク導入時における経営トップの変革主体としての役割であろう。テレワークの導入は，社会背景としての「働き方の多様化」を基に，仕事に対する新しい価値観を組織に持ち込む。既に組織に共有されている既存の価値観は，変革の阻害要因として機能する可能性があるため，経営トップが率先して実施関連部門との情報共有を進め，新しい価値観としてのテレワークのビジョンを示し，理念として位置づけて組織全体に浸透させるリーダーシップとしてのODが必要である。この経営トップによる行動が不十分な場合，制度の運用そのものが目的化し，制度を正当化する理念が大きく後退する。結果，「なぜわが社でテレワークが導入されているのか」についての価値観が組織メンバーに共有されなくなってしまう危険がある。テレワークの持続的運用には，ODによる理念としてのテレワークの明確化が必要不可欠である。

第2に，組織慣性としての構造への対処が挙げられる。「移植のジレンマ」は組織慣性としての既存の分業体制が原因となり，新しい行動の普及が困難となっていた。テレワーク導入においても，移植のジレンマを防ぐためには後述するOCによる補完が必要である。

第3に，職場空間の隔離・移動と行動変容の関係性が挙げられる。ODによる新行動の開発が既存の職場にある社会関係の制約から緩和された「文化的孤島」で実施されてきたことを踏まえると，新たな職場空間はテレワーカーにそれまでとは異なる行動・態度の開発を促進させる可能性がある。こうした側面の効果が期待できるのはシェアオフィスのような空間であろう。この場合，異業種の多種多様な参加者の価値観との接触によって，メンバーに新しい行動を促す側面があるといえる。その空間では様々な業種の人たちが交流し，新たなビジネスニーズの機会が生まれる可能性がある。例えば，東急電鉄シェアオフィス「NewWork」は，このような空間のニーズ拡大を見込んで，法人契約による顧客獲得を目指して2016年5月に横浜など3か所に施設をオープンした。また，東急電鉄は既存のシェアオフィス事業者と提携して施設数を増やし，利用者間の交流を拡大しようとしている。これらの動きには，早急な成果

が求められるOCの変革方法というより，現場レベルから長期的，漸進的に行動を積み上げていくODの変革方法が反映されているといえる。

4.2.2. OCへの適合

次に，OCとテレワークの関係についてみていく。テレワークの導入に適合するためのOCは，既存の組織構造に新たな空間（組織構造）を追加することである。その追加される組織構造は，ICTを活用したバーチャルな空間，あるいはオフィス外にシェアオフィスのような物理的空間として設計される。例えば，在宅勤務制度は，ICTによるバーチャルな組織構造の設計というOCによって，仕事が「オフィス」という特定のコンテクストから切り離され，誰でもテレワーカーとして「自宅」で実行可能となる新たな分業体制である。しかし，『平成26年度版情報通信白書』によれば，テレワークを導入していない企業の7割が「テレワークに適した職種がない」ことを第一の理由に挙げており，この分業体制には「在宅勤務で可能な業務は限定されている」という固定観念が組織慣性として働いている可能性がある。この固定観念を，経営トップを中心とするODにより払拭させることが重要な課題の1つであろう。

このOCで着目すべき点は，仕事そのものは通常業務として変更せず，ICTを活用してテレワーカーでも実行可能な新しい分業体制の方を設計するという発想である。テレワーク導入という新しい環境変化に適合する新しい組織構造の設計という議論は，経営史家チャンドラー（Chandler 1962）が「構造は戦略に従う」という命題で示した多角化戦略と事業部制組織の適合の議論と軌を一にしている部分がある。一例を挙げると，火薬の専業企業であったデュポン社は第一次大戦後，拡大した経営資源を有効利用するために複数事業に進出（多角化）したが，業績不振に陥った。その後，業績不振の原因が既存の組織構造（機能別組織）を変更しなかった点にある事が判明し，デュポン社は多角化戦略に適合する組織構造として新しく事業部制組織を設計（発明）することで業績を回復した。テレワークに適合する新しい組織構造の設計（OC）にも，ある程度の試行錯誤の過程が必要となるだろう。

第8章　組織変革におけるテレワークの意義と効用　*175*

　OCは目に見える形で進められ，かつスピーディーに実行できるメリットがあり，テレワークの効果としての業務の効率性，生産性向上が最も直接的に表れる変革である。しかし，OCには行動面での組織慣性が制約要因として働く可能性がある。例えば，優秀な人材の確保を目標として在宅勤務制度を導入しても，その人材が制度を積極的に利用するとは限らない。新しい制度は，成果を伴わない段階では既存の職場の社会関係に配慮して利用申請が控えられるケースが考えられる。また，在宅勤務により，対面によるコミュニケーションがなくなることで，「自分に対する上司の評価が下がるかもしれない」という不安感が当該組織内に広まっていると，やはり制度の利用が躊躇されるケースも考えられる。ここで注意すべき点は，こうした行動面の制約にマネジメントにおける「信頼（trust）」の問題が潜んでいることであろう。

　信頼概念を整理している山岸（1998）の議論を参照すると，職場での対面による日常的なコミュニケーションでは，相手の意図に対する情報が十分な状態，つまり，社会的不確実性が少ない状態が成立している。しかし，テレワークによって対面によるコミュニケーションが減少することは相手の意図に対する情報が必要とされているのに不足している状態，すなわち，社会的不確実性が高くなっている状態となり，職場のメンバー間に不安感が広がりやすい。しかし，「信頼」とは社会的不確実性が高くなる状況において必要とされるものであり，相手が自分を裏切る意図を持っていないという期待の中で，相手の人格，高潔さに基づく評価の部分を指す。このことは，テレワークの導入を管理者の，部下に対する信頼を高める一つの契機として捉えなおす重要性を示唆している。

　ところで，OCは構造面の変革を対象とすることからSCTの議論と親和性が高い。テレワークを環境決定論的視点から見れば，テレワーカーの主体性は過小評価されることになる。しかし，戦略選択論的視点から見ると，テレワーカーは自身の仕事をただ単に受動的に処理する存在としてではなく，自身の仕事に主体的に取り組み，その実践を通して仕事の持つ新たな意味を再発見していく存在として捉えられる。行為主体としてのテレワーカーがテレワークの実

行プロセスからどのような意味を見出し，行動するのかという問題にも注目する必要がある。

この点に関して，大塚製薬の営業チームにおけるテレワーク導入についての研究は示唆に富む（松嶋 2015）。同社におけるテレワーク導入の目的は，営業チーム（MR）のメンバーが担当エリアに住み込み，営業活動を効率化させることであったが，その目的は期待通りには達成されなかった。しかし，そこで起こっていた変化はチームのあり方や営業活動そのものであった。この変化はテレワーク導入時には不安視されていた問題が導入後，逆の結果を示すかたちとなって現れた。例えば，対面という最もメディアリッチネスの高いコミュニケーションの減少による情報共有の困難さという不安は，ICTを介して，本当に必要な情報共有が何なのかについてのMR間の意識的な再点検を通じて，逆に有効な情報共有が行われた。また，オフィスで顔を合わせなくなることによるチーム意識の希薄化という不安は，ICTを介しての情報共有がMR間での営業戦略についての深い思考を促し，現場の一人ひとりに積極的な発言がみられ，逆にチーム意識が向上するという結果となって現れた。これらの結果は，テレワークの導入によって，MRがそれまでの組織慣行を反省的に捉え，新たに営業のあり方，働き方を再構築しているものと理解される。このように，変革の実行過程で変革主体の反省的態度がどのように形成されるか，それがどのような行動として現れるのか，という点には注意を払う必要があるだろう。

4.2.3. SCへの適合

最後にSCとテレワークの関係についてみていく。この場合，テレワークは発注者・受注者間での取引関係において成立する。自営型テレワークはTCPでいうところの「市場による統治」と適合し，発注者がアウトソーシングした業務を受注する形で遂行される。アウトソーシングは，企業の内部資源（人材）不足を補うか，人材は確保されているが，より業務の効率性を高める目的で実施される。発注者による受注者の選択は，自ら情報収集するか，知人・同業者による紹介によるものであり，企業がアクセスできるのはホームページ製

作者，デザイナーなどの専門業者に選択肢が限られていることが多かった。ここには確かに発注者と受注者の関係が価格取引を通じて成立しているが，発注者の希望する価格でのサービスの提供が必ずしも実現されていない点が問題とされていた。しかし，近年，専門業者以外の主婦や学生など，今まで発注企業がほとんどアクセスできなかった個人にも業務を外部委託できるクラウドソーシングが活用されるようになってきた。ここでいうクラウドとはcrowd（群衆）すなわち不特定多数の個人，企業という意味である。このクラウドソーシングというSCにより，発注者・受注者双方共に取引相手の選択幅が大きく広がったが，そこで中心的役割を果たしているのは，発注者と受注者双方のニーズをスムーズに調整する場（プラットフォーム）を提供しているクラウドソーシングサイトである。

　一般的に，クラウドソーシングサイトは登録制であり，発注者・受注者が登録することでプラットフォームへ参加する。その後，発注者が委託したい業務を応募し，それが受注されれば，受注者は期限内に成果物を提出する。その後，報酬の支払・受取があり，最後に，発注者⇒受注者，受注者⇒発注者間で評価が行われる。ここで高い評価を受けた者は，信頼できる取引相手として継続的な仕事の応募，受注が期待できる。なお，クラウドソーシングで発注される仕事は幅広く，受注者の決定方法，仕事の進め方によって，（1）ウェブ開発やホームページ作成などの製作期間や成果物が決まっているプロジェクト単位で行われる「プロジェクト型」，（2）ロゴ作成やチラシ作成などのある決まった成果物を複数の提案者が提出する「コンペティション型」，（3）簡単なデータ入力作業による成果物を提出する「マイクロタスク型」に分類される。1件当たりの報酬については，プロジェクト型が数千円〜数百万超，コンペティション型が数千円〜数十万超，マイクロタスク型が数円〜数百円とされている。

　『中小企業白書』（2014）によれば，クラウドソーシングの日本国内市場規模推移について，2011年度は44億円，翌年には100億円を超え，2017年度には約1,400億円と予測されている。また，登録会員数の推移も2009年の5万

9,000人から2013年には91万6,000人と15倍に急拡大しており，今後も更なる増加が予想される。このように，クラウドソーシングサイトは受注者・発注者の双方にとって，プラットフォーム提供者として重要な資源であり，組織期間関係においてパワー優位にあるといえるだろう。

一方，同白書において，受注者（自営型テレワーカー）はクラウドソーシングの普及により，「仕事受注のしやすさ」，「専門スキルを活かした仕事の獲得」，「取引先の増加」，「売上増加」などのメリットを得られるが，課題として，「仕事単価の低さ」，「受注の不安定さ」，「競合による採択率の低さ」（コンペティション型の場合），「利用手数料の高さ」などが挙げられる。また，クラウドソーシングを利用する発注者側からみた重要課題として，「仕事の質の不安定さ」，「受注者との意思疎通の難しさ」が挙げられている点を考慮すると，発注者と受注者の間に継続的な取引が成立するには，短期的な市場取引だけではなく，対面的なコミュニケーションを通じた組織としての信頼関係の構築が補完される必要があると思われる。

ここまで3つの組織変革アプローチと2つのテレワークとの関係を考察してきたが，さらにもう1つ，ユニークな組織によってテレワークが実践されているSCの事例を取り挙げよう。それは「ネットオフィス」をコンセプトとする㈱ワイズスタッフである[1]。業務形態としては，先ほど述べたクラウドソーシングサイトと同様，発注者と受注者の仲介機能を果たしているのであるが，受注者である自営型（在宅）テレワーカーを，自社組織のメンバーとして内部化している点が大きな違いである。TCPの観点からすれば，これまで市場による統治が選択されていた（発注―仲介―受注）の組織間関係において，（仲介―受注）部分に階層的統治が選択され，「組織」が形成されたことを意味する。

この内部化という点において，ワイズスタッフ社は人材募集を書類選考，試験，面接というプロセスで実施し，新人研修による社員教育を実施していることから，単純な登録制より優秀な人材が集まりやすい。一方で，独自開発したソフトウェアツールによる業務のICT化を徹底し，受注案件をインターネット上でのプロジェクト・チーム編成を通じて処理していく。そして，個々のプ

ロジェクトには責任者としてプロジェクト・マネジャー，そのプロジェクト・マネジャーを統括するゼネラル・マネジャー，ゼネラル・マネジャーを統括する最高経営責任者が配置される階層組織によって集権的に組織がコントロールされている。この会社の組織構造は，インターネット上のオフィス「ネットオフィス」として機能する，バーチャルのプロジェクト型組織である。

ワイズスタッフ社の独自性は，「ネットオフィス」という理念としてのテレワークを明確化し，自営型であれ雇用型であれ，テレワークを個人単独での業務遂行と捉えるのではなく，インターネット上での「組織」としてのテレワーカー間の試行錯誤的な協働を通じて，クラウドソーシングの課題とされていた成果物の品質向上，発注者からの信頼性向上を可能としている点にあるといえよう。

5. おわりに

本稿では，テレワークを実践する組織に焦点を当て，組織変革の観点からテレワークを考察してきた。まず，組織の環境適応を扱う代表的な研究の概観から，環境決定論的視点と戦略選択論的視点を取り上げ，その関係性を「制約の中での選択」，「制約を超える選択」と捉え，組織変革の議論に位置づけた。そして組織変革のキー概念である「適合」を基に，雇用型テレワークに適合する，組織内部の構造・行動を対象とするODとOC，自営型テレワークに適合する，組織間関係を対象とするSCを考察した。

テレワークの導入は，コンフィギュレーションとしての組織に行動・構造・戦略面での変革を促す。コンフィギュレーションは複数構成要素間の整合性を重視する概念であり，1つの側面の変革は他の側面の変革を伴うと考える。その前提にしたがえば，新しい組織構造には新しい行動が求められる。ここで起こる構造と行動の試行錯誤的な擦り合わせのプロセスがOD，OCであり，その結果として両者間に適合関係が形成される。雇用型テレワークはこうしたコンフィギュレーション内部の変革を促進しているが，そこには2つの異なる方

向性がある。1つは既存の適合を強化することによる効率性の追求であり，もう1つは既存の適合を弛緩させることによる革新性の追求である。前者はテレワーク導入企業が効果を最も実感しているもので，今後もさらなる効率性の改善が期待される。後者は職場空間の改革を新しい発想，事業へとつなげようとする動きを指している。いわゆる「オフィス改革」の名のもとに進められるフリーアドレス制の採用などの一連の動きがあるが，その中には，オフィスという空間を単なる物理的存在と捉えるのではなく，「学習」の場，「イノベーション」の発生場としてのオフィスに注目する研究もある。テレワークと，こうしたオフィス空間の創造に関する議論との関連について今後の研究が望まれる。

　また，自営型テレワーカーの「参加」の場がプラットフォームとして提供されているという点で，クラウドソーシングの意義は高い。確かにそこには受発注者間で厳しい市場原理が働くが，個人のビジネスへの参加機会が拡大したことによって，社会に新しい価値が創造されるという側面は評価できるだろう。例えば，多くの企業が商品開発のアイデアの源泉を社内資源だけに依存せず，クラウドソーシングサイトを利用して，広く社外の登録会員から募っており，中には発案者，発注企業の開発担当者も参加して，アイデア改善についての活発なコミュニケーションが起こっているケースもある。

　最後に，組織変革の観点からテレワークを考察することの意味は，実践主体を個人ではなく組織と捉えるところにある。組織としてのテレワークの目指す方向性が個人の働き方の多様性と組織としての協働確保の両立にあるならば，雇用型テレワークと自営型テレワークの混合形態という特徴を持つ「ネットオフィス」のコンセプトは注目に値する。テレワークが社会に普及していくには組織としてのテレワークが必要不可欠であり，テレワークは効率性と革新性を双方共に追求できる可能性を持っている。また，近年の組織変革の議論においても両者を同時に追求する「両義的組織（ambidextrous organization）」が注目されている。今後の課題として，「多様性（分化）と統合」，「効率と革新」といったトレードオフ関係にある問題の解決，換言すれば「制約を超える選択」という視点でテレワークと組織変革の関係を考察する必要があるだろう。

（注）

1）本書第1章の著者である田澤由利が1998年に設立した会社である。

【参考文献】

Barnard, C.I. (1938) *The Functions of The Executive*, Harvard University Press.（山本安次郎・田杉競・飯野春樹訳『新訳　経営者の役割』ダイヤモンド社，1968年）

Burns, T. and G.M. Stalker (1961) *The Management of Innovation*, Oxford University Press.

Chandler, A.D. (1962) *Strategy and Structure: Chapters in the History of the Industrial Enterprise*, The MIT press.（三菱経済研究所訳『経営戦略と組織』実業之日本社，1967年）

Child, J. (1972) "Organizational Structure, Environment and Performance," *Sociology*, Vol.6, No.1, pp.1-17.

Coase, R.H. (1937=1981) *The Nature of the Firm. In The Firm, the Market, and the Law*. Chicago and London: University of Chicago Press, pp.33-55.（宮沢健一・後藤晃・藤垣芳文訳『企業・市場・法』東洋経済新報社，1992年，pp.39-64）

O'Reilly III, C.A. and Tushman, M.L. (2013) "Organizational Ambidexterity: Past, Present, and Future," *The Academy of Management Perspectives*, Vol.27, No.4, pp.324-338.

Pfeffer, J. and G.R. Salancik (1978) *The External Control of Organizations*, Harper & Row.

Thompson, James D. (1967：2003) *Organizations in Action: Social Science Bases of Administrative Theory*, McGraw-Hill; New Brunswick; Transaction Publishers.（2003版の訳：大月博司・廣田俊郎訳『行為する組織』同文舘出版，2012年）

加藤俊彦（2011）『技術システムの構造と革新：方法論的視座に基づく経営学の探究』白桃書房.

亀田速穂（1987）「組織開発と組織変革」『経営研究』第37巻第5・6号，pp.89-105.

下崎千代子・小島敏宏［編］（2007）『少子化時代の多様で柔軟な働き方の創出：ワークライフバランス実現のテレワーク』学文社.

総務省（2014）『平成26年度版　情報通信白書』.

総務省（2015）『平成27年度版　情報通信白書』.

高橋伸夫［編］（2000）『超企業・組織論：企業を超える組織のダイナミズム』有斐

閣.

田澤由利（2014）『在宅勤務が会社を救う』東洋経済新報社.

中小企業庁（2014）『2014年度版中小企業白書』日経印刷.

本多毅（2009）「コンフィギュレーション・アプローチと組織転換」『経営研究』第59巻第4号, pp.121-138.

松嶋登（2015）『現場の情報化：IT利用実践の組織論的研究』有斐閣.

山岸俊男（1998）『信頼の構造：こころと社会の進化ゲーム』東京大学出版会.

（本多　毅）

第9章
ゴーイングコンサーンの新たな方途
―危機管理を意識したテレワーク―

　本章の目的は，自然災害などの危機的状況に対応する業務継続の視点から，テレワークの意義を考察する。まず事業継続計画または業務継続計画（Business Continuity Plan：BCP）について概観し，次にBCPにおけるテレワークの位置づけを検討する。そして，災害時のみならずワークライフバランスを射程に入れた「事業（業務）継続管理（Business Continuity Management：BCM）」としてのテレワークの意義を明らかにする。なお，本章は主に中小企業の視点から議論を展開していきたい。

1. はじめに

　ライフスタイルの多様化によりワークライフバランス向上の対策としての制度導入が推進されているテレワークは，様々な危機管理対策の側面も持っている。現代の企業組織では単なる利益追求にとどまらず，社会貢献や環境問題および従業員のライフスタイルへの対応が求められている。想定内外の何らかのリスクに組織が直面した場合には，社会や社員・従業員の状況にあわせて，組織は柔軟な対応が必要になる。本章では，組織が直面する，自然災害に代表される様々な危機的状況が発生した際の問題点を確認しながら，業務継続（Business Continuity：BC）[1)]の視点でテレワークの必要性と意義を考察する。まず，BCの対応としての業務継続計画（Business Continuity Plan：BCP）の考え方について概観する。次に，BCPに盛り込む方策の1つとして，テレワークの位置づけと導入方法を述べる。最後に，企業が社会的な使命を果たすための環境対策とワークライフバランスの観点を踏まえた業務継続管理（Business

Continuity Management：BCM)[2] におけるテレワークのあり方について，企業規模の側面を考慮して主に中小企業の視点で考察する。

2. BCPの考え方

2.1. わが国でのBCPに対する意識の醸成

　BCPの存在と意義は，2001年の米国同時多発テロにより世界的に注目されるようになった（佐柳 2011）。その後，2003年に死亡率の高いSARS（重症急性呼吸器症候群）が中国で流行した際には既にBCPを策定していたいくつかの企業を含めた多くの企業で，テレワークなどの様々な対策を実行して業務を継続している（眞崎 2010）。日本では，この時点ではまだBCPが注目されることはほとんどなかったが，2009年に当時「新型インフルエンザ」と呼ばれたA型の亜種にあたるH1N1型の流行に伴い，一部地域で学校の学級閉鎖やそれに対応する家族の通勤禁止措置が出されたことによって注目されはじめた。このとき，策定済みのBCPを実行し，その中で実際にテレワークを用いて生産性の低下を防いだ事例もある（吉澤 2010）。この後，我が国でもようやくBCP策定の機運が若干高まり，本人は健康でも感染者や感染の疑いがある家族が濃厚接触者として通勤出来ない事態に対応するためのテレワーク（この場合は主に在宅勤務）がBCPの1項目として模索されるようになったのが翌年の2010年である。その年度末である2011年3月には東日本大震災が発生し，日常生活は破壊されて，働く場としての各企業も甚大な被害をうけた。企業が受けた被害は被災地のみならず全国で発生し，その内容も多岐にわたった。「オフィスが使えない」「従業員を確保できない」「仕入れ先の被災により原料や部品を確保できない」「経理業務が出来ない」「情報が入ってこない」といった経営資源全般に問題が発生し，災害による経営への影響が浮き彫りになった。さらには東京電力福島第一原子力発電所の事故により電力確保が困難になったこと[3] で東京電力管内では計画停電が行われて通勤とオフィスの営業

に大きな影響を与えた。

　地震を代表とする自然災害が多いと認識されている我が国では，内閣府の防災情報ポータルサイト（内閣府 2012）の他，多数の省庁がBCP策定を促している。大企業に比して中小企業での策定が遅れていることもあり，具体的な整備促進のための詳細な情報を中小企業庁が中心となって提供している。中小企業庁はBCPを「企業が自然災害，大火災，テロ攻撃などの緊急事態に遭遇した場合において，事業資産の損害を最小限にとどめつつ，中核となる事業の継続あるいは早期復旧を可能とするために，平常時に行うべき活動や緊急時における業務継続のための方法，手段などを取り決めておく計画のこと。」と定義しており（中小企業庁 2014），これをみても，BCPは単純な自然災害だけではなく，テロをはじめとする人間が引き起こす緊急事態も想定すべきであることがわかる。東日本大震災以前は，電力不足で政府が使用電力量を制限することで業務に影響を及ぼすことを，一般企業等はほとんど想定していなかった[4]。しかし，電力も含め，様々な人工物に囲まれた生活を送っている現代社会では，今後も予測しないような危機に直面する可能性があり，危機管理とその対策は今後さらに重要になる。

2.2. BCPの策定状況と推進策の現状

　BCPは策定に時間と作業工数がかかることもあり，策定状況は大企業の方が高い。2015年の政府の調査結果では大企業の60.4％が策定済みで，策定中の15.0％を加えると約8割が何らかの形でBCPを持っている。また，BCPの策定状況にかかわらず，災害等のリスクを具体的に想定して経営を行っているのは大企業で85.4％，計画中や検討中の12.3％を含むとほとんどすべての大企業は対策を行っている。一方で，中小企業ではBCPの策定状況は策定中を加えても4割であり，リスクを想定した経営においても中堅以下の企業では約6割しか行っていない。行う予定すらない企業も中堅以下では6〜10％存在する（内閣府 2016）。このような意識の差から，政府は各省庁がBCP策定に対して働きかけをしており，なかでも中小企業庁では，BCPの策定についてき

め細やかに指導・対応がなされている（中小企業庁 2013）。

　本来は中小企業に助言・指導・監督等をすべき立場である地方自治体自体が十分ではないという状況もある。消防庁（2016）の調査結果では，2015年12月時点で都道府県レベルでは47都道府県中約9割にあたる42の自治体が策定済みで，残る5つの自治体も2015年度内で策定を完了している（調査時点においては「予定」）。しかし市町村レベルでは，2013年8月前回調査の13.1％から36.5％に増加したものの，2015年度内完了予定を加えても44.9％で，都道府県レベルの約半分しか策定できていない。民間企業のみならず行政においても規模の大きさによる策定率の格差が見られるのである。当然各々に対策を行っているようではあるが，この調査結果報告書では「市町村のための業務継続計画作成ガイドを参考に，早期に業務継続計画を策定すること」という記載があるのみで，ガイドは準備してあるが実際にそれに着手するかどうかは自治体の判断に委ねられている点は，中小企業庁の対応とほぼ同様である。

　大規模災害等による危機的状況では市町村レベルの自治体がイニシアティブをとって回復や復興に努めなければならない状態となるにもかかわらず，肝心の地方自治体のBCPが不十分では，上位組織の都道府県で策定されていても対策を実行することが困難であることは容易に想像が付くであろう。

2.3. BCPの類型

　一口に「BCPの策定」といっても，前述のとおり，業務継続が危うくなる状況には様々なものがある。組織が想定する危機的な状況は，どのような訓練を行っているかに現れている。例えば，組織に所属するメンバーが災害の被害に遭わないように逃げることを想定した避難訓練は，企業や学校で一斉に行われる火災を想定したものが従来は多かった。しかし東海地方のように以前から大地震のリスクが叫ばれていた地域では地震の訓練も行われていた。学校など子供が集まる施設では，2001年の大阪教育大附属池田小学校事件以来，不審者の侵入を想定した訓練が全国的に行われるようになった。また，2011年の東日本大震災以降は，地震を想定した場合に津波の襲来まで想定した訓練を行

うことが多くなった。これらの「避難訓練」に対して，危機的状況においてその対応を行うことを訓練するのが「防災訓練」である（防災訓練の中に避難訓練が含まれている場合もある）。たとえば行政の防災訓練であれば，災害が発生してから関係職員が登庁し，必要な対応を行うための，指揮命令の段取りの周知徹底がなされているかを確認し，その命令や指示作業がスムーズに行われるか，どこに問題点があるかを見つける役割を担っている。この訓練を行うために必要なものがBCPである。人員の安全確保も危機的状況では重要で，そのための避難マニュアルや訓練も必要ではあるが，様々な状況を想定して，その想定される被害状況とそれにあわせた操業の回復をすることにより業務継続をはかる計画すなわちBCPをあらかじめ策定しておくことが肝要である。

　前述の通り，現代社会は，以前はあまり想定していなかったような様々な脅威にさらされている。これら多くの脅威とそのためのBCPを丸谷（2007）は（1）災害型，（2）感染症型に大別している。簡単に言えば，（1）災害型は，瞬時に大きな被害が出てそこから復旧する必要がある場合，（2）感染症型は，少しずつ被害が拡大していって結果的に大きな被害になる前に対策を行う場合を指す。BCPを策定する場合，各々の脅威がどのように操業に影響をあたえるかを考えていく必要がある。

　さて，第1の災害復旧型BCPは，自然災害や火災等の災害によって大きなダメージを一度に受けた場合に，通常操業にいち早く戻す方法を考えて策定するものである。災害直後の人員の安全確保はもちろんのこと，その後，いかにして復旧にあたる人員を確保し，災害により被害を受けた物的資源を再調達し，さらにそれらに必要な財務的資源の確保を行うかを考える必要がある。その際，どのような優先順位でこれらに着手して業務体制をいかに迅速に回復させていくかという，その回復のスピードを早めるための手順が重要となる。

　それに対して感染症型BCPでは，前述したSARSや新型インフルエンザ蔓延時のように，驚異となる感染症を拡散させないために，必要に応じて操業をおさえて被害拡大を防ぐことが重要である。感染症蔓延時は，物的資源や財務的資源に直接影響が出るのではなく，主に人的資源に対して大きな影響が出る

（柳原・吉澤 2013）。人が動けなくなることによって業務遂行担当者が不在となり，その被害が拡大するにつれて業務継続が出来なくなるのである。そのため，感染症型BCPでは人的資源に対する被害が拡大しないように，あらかじめあえて人が接触する場を作る操業を部分的におさえる対策が必要である。これは，実際に業務に大きな支障が出てから対策を行うわけではないため，いわば予防的措置であり，経営者としては非常に困難を伴う決断である。条件によっては想定したよりも感染が拡大せず，操業をおさえる必要がなかったと考えられる場合も出てくるであろう。しかし，感染症型BCPでは，備えとしての行動が重要になる。例えば通常の災害で必要とされる備蓄品は，消費期限が過ぎれば使用できなくなるため，災害が起こらなければそれらにかかった費用はそのまま無駄になってしまう。これらは掛け捨ての保険のようなものであり，いざという時のためには必要な費用である。感染症型BCPでも同様に，操業をおさえるという人的費用をかけることで通勤や職場での感染を防ぎ，リスクを最小限に押さえ込んで後の影響を少なくしようとすることが狙いなのである。その出社して働くことが出来ない社員・従業員の稼働率を何らかの形で上げることで，実質の操業低下を出来るだけおさえようとする方策の1つがテレワークの利用である。

3. BCPの視点でみたテレワークの意義と効果

3.1. BCPにテレワークを盛り込む意義

　BCPの策定とは，ここまで見て来たように，なんらかの危機的状況により業務の継続が既に困難になるか，近い将来に困難になることが容易に想像できる場合に備えて，あらかじめその困難になった時や困難になると判断した時に行うべき対応を文書化することである。つまり，避難訓練マニュアルと近い性質を持つもので，いざという時に粛々とBCPに沿って対応していくことで，業務の継続を管理（BCM）していくのである。もちろん，BCPには様々な事

柄が盛り込まれる。緊急対策本部設置とその責任範囲や担当業務，復旧の優先順位や代替手段の考え方など多岐にわたる。その中で，テレワークを用いることがいくつかの解決手段となる場合がある。

テレワークが業務継続に必要な対応策の1つとして我が国で注目されたのは前述したとおり2009年の新型インフルエンザ流行時である。しかし，BCPの一部として有効であることの事例研究は米国ではそれ以前からある。例えばAT&TがBCPにテレワークを追加したことの優位性を紹介している事例（Reitz & Jackson 2006）の他，ハリケーンや環境対策の事例もある（Coan & Barnes 2012；Sapateiro etal. 2011；金子・伊坪 2011）。最近では我が国のBCPのためのテレワークに対する企業の姿勢を指摘するもの（Bourna & Mitomo 2012）や情報システム構築において業務継続を意識することを指摘したもの（Niemimaa 2015）もある。

SARSでBCPにより危機を切り抜けた企業があった2003年から既に10余年が経過した現在では，当時と比較して社会のICT環境が大きく変化している。世代等の差はあるものの，今や誰もが簡単にインターネット環境を手に入れ，それを持ち歩いて利用できる社会となっている。調べ物をするときにはインターネット検索することが前提の社会であり，ビデオ通話やインスタントメッセンジャーのようなツールは大多数で使われている。フィーチャーフォンのキャリアメール利用者を含めれば，連絡手段としてのICT利用は一般に浸透している。喫茶店でノートPCを開いて仕事をしている光景はもはや特別なものではなく，むしろ電源コンセントが設置された席はノートPCだけでなくスマートフォン等のモバイルデバイスの充電をしながら何らかの作業を行う様子が普通になっている。また，東日本大震災後はBYOD（Bring Your Own Device：使用者自身のデバイスの業務利用）も社内に制度があるかどうかにかかわらず実質的に拡がっており（伊藤・原田 2015），BYODを行うことによって業務でのモバイルデバイス利用の意識に変化が起こり，利用に対する精神的障壁が下がっている状況も見られる（柳原 2014）。

このように社会全体へのICTの浸透，言い換えれば，人々の生活に染み込

むようにITが普及して自然に利用している現在では，労働時間や制度の問題およびセキュリティの問題を除けば，本来の自分の机が準備されているオフィス以外で働くことは，特別難しいことではなくなっている。いざという時には，環境と（働く人の意識も含めた）準備さえ整っていれば，災害時に離れたところで働くことが可能な状況に十分なっており，テレワークをBCPに盛り込むことは難しくない。また，それによりビジネスチャンスや業務や事業の断念に至らないように維持することも可能である。そのため，危機的状況が発生した際に一部およびすべてをテレワークに切り替えることをBCPに盛り込んで，すみやかな操業復旧や大きな影響が出る前の操業コントロールのために，普段から避難訓練のようにテレワークを行っておくことは，重要である。

3.2. 操業の視点によるBCPの類型

　丸谷（2010）は，テレワークの有効性と問題点を，「大規模感染症」「地震・津波，風水害，テロ，大事故」の2つの危機事象の種類にわけて整理している。これはそのまま，前節で示した丸谷（2007）のBCPの類型（災害型・感染症型）にほぼ対応している。その上で，業務継続マネジメント（BCM）における留意点の1つとして，普段からテレワークを行うことで非常時のための訓練とし，問題点をフィードバックして環境を改善することが重要である，と述べている。これら2種類の危機事象に直面したときのBCP・BCMは，同じ「業務継続」を目的としていても，その継続のための動きは違う。以下，一部前節の重複になるが，操業の視点で確認する。

　自然災害やテロおよび大事故が発生した場合は，発生した場所とその周辺が瞬間的に大きなダメージを負う。阪神淡路大震災や東日本大震災などの地震に起因するものや大雨洪水による浸水土砂被害は，その規模によって，勤務場所のみならず住居までもが長期にわたって被害をうけることが多い。自然災害は地震のように予測が事実上不可能なものや，大雨洪水のようにある程度予測可能であっても阻止することが出来ないものであり，被害が広範囲で甚大である。そのため，経営資源のうち形あるものであるヒト・モノ・カネに大きな損

害が出る。その後，まずは操業再開までの道のりがあり，さらに操業復旧までの道のりがある。テロや事故の場合は，自然災害とは違って被害を受ける場所がそれほど広範囲でない場合もある。例えば職場が火事で使えなくなるなど，建物の問題で業務が行えない場合である。その際，従業員の住居は被害に遭っていない可能性が高いが，それでも企業としては一度に大きなダメージを受けてハードウエアとしての経営資源を失い，例えハードウエアを元に戻しても職場の安全性を確保するまでの時間を要するため，操業の再開や復旧には時間がかかる。そこで，災害型のBCPでは，いかにして早く操業を再開し，その操業を平常時のレベルまで引き上げるか，その期間短縮が重要な問題となる。

それに対して，大規模感染症では災害時とは大きく違う動きとなる。感染症を想定した感染症型BCPでは，操業再開ではなく，これから襲ってくる脅威にそなえてヒトが接触する操業をあえておさえることが重要になる。感染症では，影響を受ける経営資源は主にヒトである。モノもカネも情報も感染症で使えなくなるわけではない。ヒトそのものが感染症で業務に従事できなくなるか，従業員の家族が感染症にかかったために看病や濃厚接触者隔離のために出勤できない事態となるのである。特に後者では，従業員本人はその時点で健康であっても，出勤して業務に従事することが出来ない。企業の社会的責任や物流の観点から考えると，企業内や地域で感染症が蔓延することを防ぐ手立てを行うことは重要であるだけでなく，自社の人的資源への影響を最小限におさえるといった点で，長期的な業務継続にもつながる。ただし，強力な感染症の急速な拡散によって社内の人的資源である従業員の大多数が感染して死亡もしくは長期にわたって業務から離脱せざるを得ないような状況になる場合は，災害時と同様に短期間で大きなダメージを受けて操業自体が困難になるため，もはや操業をコントロールするのではなく操業復旧をイメージしたものにしなければならない。その点で，感染症型BCPでは，操業コントロールのみならず操業復旧も視野にいれなければならない。つまり，危機的状況による分類と操業による分類は1対1の対応の同じものではない。

このように，災害型BCPと感染症型BCPは，操業という側面から見ること

図表9-1 操業度に着目したBCPのタイプとそのイメージ

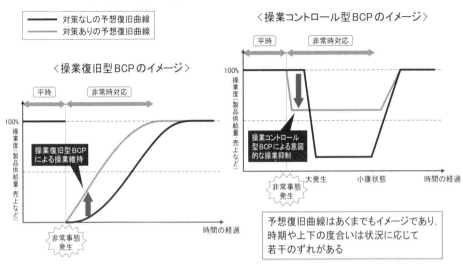

出所：柳原・吉澤（2013）

で業務継続のための対策が違うことがわかる。このことを背景にあらためてBCPを操業の側面から分類すると，操業復旧型BCPと操業コントロール型BCPの2つにわけることができる（図表9-1）。「操業復旧型BCP」は，災害によって操業が一部ないし全部不可能になった状態からいち早く復旧を開始して元の状態に戻すまでの期間を短縮するためのものである。それに対して，「操業コントロール型BCP」は，少しずつ迫り来る危機とそれによる影響を考慮して，あらかじめなんらかの形で操業率をおさえて事業への影響を抑えようとするものである。

3.3. 操業復旧の視点に対応したテレワークの類型

BCPにおいてテレワークを導入する場合，この操業の視点で見る必要がある。操業復旧型BCPと操業コントロール型BCPに各々対応したテレワークについて，さらに類型化すると，図表9-2にように，災害復旧型テレワーク，感染症型テレワーク，節電型テレワークの3つに分類できる（柳原・吉澤

図表9-2 操業度に着目したBCPの類型とBCP型テレワークの関係

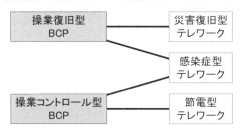

出所：柳原・吉澤（2013）

2013）。

　操業復旧型BCPに対応する災害復旧型と感染症型は，物的・人的経営資源が大きな被害を受けている時に，テレワークによって代替して業務を継続することで操業復旧を目指すものである。感染症型では，その感染症の強さや拡大状況により，被害が拡大しないようにあえてオフィスでの操業をおさえてテレワークでのりきる操業コントロール型にも対応する。節電型テレワークは，東日本大震災時の電力不足対応時に行われたものであり，オフィスの使用電力削減のために出勤させずあえてオフィスの操業率を下げてテレワークで対応するものである[5]。都市部の大雪や台風で都市機能の混乱や被害発生前に在宅勤務を命じるものもこれにあたる。

　また，BCPとして盛り込むかどうかにかかわらずテレワークの導入は行われているが，その目的は様々である。少子高齢化がいよいよ国家が立ちゆかなくなる状況に向けてひた走っている現在，企業も業務を継続するために人材不足や人材確保の観点からワークライフバランスの向上をテレワークの旗印としはじめている（総務省 2016；日本経済団体連合会 2016）。

　一口にワークライフバランスといっても様々で，通勤時間の短縮や育児・介護との両立，地域社会との関わりなどがある。政府が掲げる『地方創生』についても，地域活性化は，人口が集中する都市部ではなく，少し離れた地方（この「地方」の定義は甚だ曖昧であるが）で雇用を創出することで，そこで働く人を増やし，地域活動に参加することで地方活性化につなげることを目論んで

いる。これらの様々な目的は，つきつめれば，いかにして人的資源を確保して業務を継続ないし拡大していくかという命題につきあたる。ワークライフバランスも地方での雇用拡大も，「優秀な人材を確保する」ためである。つまり，ある1つの組織の中で見れば，それは業務継続のためのマネジメントであり，大規模な災害や感染症でなくても，小規模な業務継続のための人材不足という危機は発生しているのである。その点でワークライフバランスのためのテレワークも業務継続の側面を持つ（ワークライフバランスとテレワークについては10章を参照されたい）。

3.4. BCP型テレワークが企業活動全体に与える影響

　震災時には節電という特殊な状況が必要とされたが，視点を経営側から従業員側へ移すと違う名目が見えてくる。すなわち，政府から指示命令された使用電力抑制による経営判断としてのテレワークではなく，育児介護対応型のワークライフバランス向上と，従業員という人的資源確保のためのテレワークである。節電型と育児介護対応型との共通点は，「外的要因としての経営資源枯渇への対応」と見ることができる。節電も育児介護も，災害や感染症同様に外的要因としてある意味「危機的な状況」を企業にもたらすものである。少子高齢化が進み，ワークライフバランスを重視して労働人口不足解消につなげようとする現代社会では，育児介護への対応策は，従業員の生活の質を高めるだけの問題ではなく，それを理由に離脱する人材の不足によって業務継続が困難になるリスクに対応するための重要な方策である。

　人材確保が比較的容易な大企業や有名企業は状況に応じた人的資源の補充も可能である。また，情報システム投資に回す予算もつけやすいため，セキュリティ対策を施したテレワーク環境を構築して制度導入につなげることができる。一方で中小企業では，情報システム投資を行う余裕のない財務状況である場合も少なくない。実際，既にサポート期限の切れたOSやアプリケーションソフトウエアを使い続ける企業も多く，そこではセキュリティ問題を考えたテレワークを導入して育児介護に対応するよりは，出勤できる従業員を確保する

ことに目がいきがちである。しかし，中小企業，特に小規模・零細企業では，例えば経理業務を担当者が一人でまわしている場合や複数の営業担当者の補助事務担当者が一人だけという場合もある。このような人的資源が潤沢ではない企業で，この従業員が感染症や育児・介護，時には本人の怪我や災害による交通網の遮断などで長期にわたる通勤困難や通常勤務が困難になる場合には，業務全体への影響は大企業よりも大きい。つまり中小企業こそが人的資源の確保という観点から，オフィスでの操業コントロールの手段としてテレワークを利用することが重要になる。もちろん，本人が働けない状況にあればテレワークで解決せず，操業復旧型に対応することは言うまでもない。

4. 中小規模の企業におけるBCP型テレワークの位置づけ

4.1. 中小企業で導入する意義

　内閣府の調査（2016）では，「貴社が業務を行う上で重要な要素や経営資源ととらえており，リスクを特に回避したいと考えられるものをご回答ください。」という項目がある。この結果では，企業規模にかかわらず9割以上が社員・従業員等人的資源を重要な要素としてリスクを回避したいと考えていることがわかる。一方で，同じ人的資源であっても，特殊技能を有する従業員（キーパーソン）については差があり，大企業では23.2％が重視しているのに対して，中堅で17.8％，その他でも18.5％である。大企業はその規模から，キーパーソンはある一定の人数が確保されていると予想される。それに対して中小企業では，場合によってはたった一人の熟練工や社長の人脈による営業活動が企業全体を支えていることもある。想定するリスクへの対応として「従業員や店舗内の顧客の安全を守る必要性」を，平均して81.4％（大企業84.2％，その他企業75.0％）が重視しているにもかかわらず，キーパーソンの欠損による業務継続困難な状況は中小企業では十分想定されていないのである。言い換えれば，少ない限られた人材で経営している中小企業こそが，どのような状

況にあっても人材確保をしなければならず，また，そのたった一人がなんらかの形で出勤できない状況が発生した場合や発生する恐れがある場合に，BCMを行うことが重要なのである。例えば熟練工が工場で作業が出来ない場合であっても，状況によっては操業コントロールで乗り切ることが出来るかもしれない。また，デザイン等の，PCで出来る作業であれば，テレワークで乗り切ることを考慮する必要がある。

4.2. 事業承継とBCP

BCPでまず想定される有事は，前述の通り，自然災害と人的災害である。そのほかに，影響が極めて限定的になるが，事業承継問題がある。

一般的に，事業承継問題はBCPとは別のものとしてとらえられがちである。特に中小企業では，誰に承継するか，いつから経営者としての教育を始めるか，同族で保有する株式の譲渡をどうするかといったことが事業承継の問題となることが多い。しかし，視点を経営そのものに移すと，創業家のみや代表者のみに受け継がれる機密事項などの承継，さらには経営者の人脈が企業の資産に直結する場合は，経営者交代によって業務の継続そのものが危機にさらされるのである。これらは業種・業態・規模等にかかわらずどのような企業でも必ずいつか直面する問題だが，取締役会として経営判断を組織的に行っている一定の規模の企業に比べて，中小零細企業では経営者しか判断できない問題もあり，また，相続問題なども絡むことで，事業承継が円滑にいかず，その間の経営判断と業務継続が難しくなることがある。BCPは未だ策定率が十分ではなく，特に企業規模と策定率には相関がみられるが，中小零細企業こそが，事業承継も視野にいれてBCPを策定すべきである。通常は副社長や専務取締役を置いて社長の代わりとなる規程を作成していることが多いため，業務が円滑に進み，業務継続は簡単であるように思える。しかし，中小・零細企業では，普段から人的資源に余裕がないことが多い上，経営者の不測の事態への対応と経営判断および新たな体制の整備が一度にやってくることで，本来の事業に大きな影響を与えることもある。そのような観点で考えると，事業承継問題は

BCP策定時に無視することはできない極めて重要な問題である。

　では，事業承継問題を想定したBCPは前節で述べたBCPのタイプとは別かというと，そうではない。事業承継問題は，経営者という人的資源の急な欠落である。ある一点で急に発生して徐々に拡大する性質のものではないため，事業承継問題が発生した場合は，災害復旧型BCPに準じると考えてよいだろう。ただし，BCPを策定する場合，その多くがひな形を元に策定するため，従業員が働けない状況になることは想定していても，経営判断を行う人材や部署が機能不全を起こす状況はあまり想定しない。また，士業による専門業務の場合は，その資格を持つ経営者や従業員が働けなくなる状態になると，そのまま業務停止となることがある。経営判断や専門的業務を組織やチームで行えるような規模ではない中小企業では，なんらかの理由による急な経営者の交代や専門業務担当者の代替についてある程度指針を明確にしておく必要があり，例えばある程度の経営判断は病床等の遠隔地でもメールや情報システムを利用してテレワークで行えるような訓練を日頃から積んでおくことが肝要である。

5. おわりに

　人間がすべてをコントロール出来ない環境の中で我々が社会生活を営んでいる限り，それが想定の範囲内であってもなくても，なんらかのリスクに直面することは避けられない。大切なことは，そのリスクを避けられなかったとき，もしくは避けられないとわかったときに，迅速に復旧やコントロールをする行動を行うことである。言い換えれば，災害等のリスクに直面した際に，いかにしてヒト・モノ・カネ・情報の経営資源を回復させ維持させるかということである。BCPは直面したときのためにあらかじめ文書化したものであり，それをもとに組織はBCMを行っていく。4つの経営資源のうち，どの規模の組織も人的資源の安全確保を第一に考えていることは前述したとおりである。その上で，業務継続のためには，物的資源の復旧や必要に応じた金融資源のやりとり，そしてそのための情報資源の送受信が必要になるが，いずれも人的資源で

あるヒトが介在しなければ復旧とコントロールは出来ない。これは、今後科学のさらなる発展によっていくつかの業務が人工知能によって行われるようになったとしても、すべての意思決定が人工知能に委ねられない限り、すなわち人間不要ということにならない限り、同様であろう。

　本章では、災害等のリスクに直面した場合に人的資源を確保する手段として、テレワークの利用を論じた。リスクの種類によってテレワークの用い方に違いはあるが、大切なことは、操業復旧や操業コントロールは各々の生活と両立させなければならないということである。一瞬で壊滅的な被害を受ける自然災害であっても、ある程度の期間をリスクにさらされる感染症であっても、業務継続のためには社員や従業員の個人の生活の建て直しや維持がまずあり、そのことと両立させられるような業務継続方法でなければ最終的には大切な人的資源を失うことになる可能性もある。BCPやBCMという言葉は一見すると経営側目線の言葉に聞こえるかもしれない。しかし、適切なBCPを策定して人的資源の安全確保と業務体制確保を行うことは、社員・従業員各々の立場から見ても、ワークライフバランスの向上や多くを失ってしまうような大災害後の各自の生活の支えにつながる大切な備えであることを忘れてはならない。

謝辞

　本研究はJSPS科研費 JP22530358, JP26380458および富山大学「ダイバーシティ研究環境実現イニシアティブ（特色型)」の助成を受けました。

（注）

1) BC（Business Continuity）は「事業継続」と訳すことが多く、本稿で引用している多くの文献でも「事業継続」という言葉を使っている。しかし本稿では、企業組織全体の事業の継続だけでなく経営者や従業員各々の業務を組織として継続していく観点で述べること、さらには中小企業の事業規模を考慮すると社員・従業員の個々の業務を継続することが自社の事業を行うという経営の継続につながることから、「業務継続」という言葉を用いる。なお、文献の傾向を見

ると，営利企業については「事業継続」，自治体等の公務については「業務継続」という言葉を使うことが多いようである。

2）本来，BCPは文書化されたものを指しており，BCMはBCのためのマネジメントを行う行為そのものを指している。しかしこれらは区別して使われていないことも多く，BCPの策定にはBCMも包含されていて混乱を避けるためにBCPの表記のみを使うこともある。しかし本稿ではあえてこれらを使い分け，計画を文書として閲覧出来る状態にしたもの，すなわち文書化してそれを読んだ者が共有出来る状態になっている情報そのものをBCPと表記し，それに沿った行動をマネジメントすることをBCMと表記している。

3）本稿では福島第一原子力発電所に関する被害と対応について，被害の現場ではなくある意味間接的な影響をうけた東京電力管内における電力の問題のみをあくまでも扱っているが，当然，避難区域や現地はオフィスが使えない状況でありテレワークが活用されるべき状態でもあるが，これに関しては特殊かつ長期的な展望を持ちにくい問題であるため，本稿ではあくまでも停電という危機とそれに対応する節電の側面のみを対象にしている。

4）電気事業法第二十七条（業務改善命令）では，「経済産業大臣は，事故により電気の供給に支障を生じている場合に一般送配電事業者がその支障を除去するために必要な修理その他の措置を速やかに行わないとき，その他一般送配電事業の運営が適切でないため，電気の使用者の利益の保護又は電気事業の健全な発達に支障が生じ，又は生ずるおそれがあると認めるときは，一般送配電事業者に対し，電気の使用者の利益又は公共の利益を確保するために必要な限度において，その一般送配電事業の運営の改善に必要な措置をとることを命ずることができる。」と規定されている。2011年夏の電力抑制指示はこれを根拠としたものであり，法的にはなんらかの事故について想定されていた。しかし発動は1974年のオイルショック時の制定以来2度目であるものの1度目は発動のために本条を制定したので実質初めてであり，1度目とは社会全体の電力への依存率は大きくことなる。なお，通常の日中の電力使用率は約7割〜8割である（経済産業省，2013）。冷房利用時期には9割となることもあることから，発動はやむを得なかったものと思われる。

5）「節電型テレワーク」は東日本大震災による東北電力・東京電力での送電能力が落ちたことに端を発する政府からの要請である。発電量の回復が不十分な状況のまま冷房による使用電力量増加が見込まれることから，政府は電気事業法第27条に基づいて「電力使用制限」を要請した（経済産業省資源エネルギー庁，

2011)。この要請が効力を持ったのは7月1日から9月まで（東北電力管内は9日まで，東京電力管内は22日まで）の平日であるが，大口需要家である企業では様々な対策を行わざるを得なかった。政府の要請文内では労働時間シフトと休日分散が案としてあげられていたが，在宅勤務を利用して稼働フロアやエレベータ利用の制限を行った企業もある。このときの節電型テレワークの詳細については柳原・吉澤（2013）を参照されたい。また，節電型テレワークの効果については様々な試算があるが（佐堀他 2013；中西 2015），少なくともテレワークの全社的試行や導入のきっかけになった企業もあることは間違いなく，本稿では柳原・吉澤（2013）での主張と同様にその点を評価して，BCP型テレワークの1つの形態として紹介した。

【参考文献】

Bourna, M. and Mitomo, H. (2012) Attitudes towards telework for continuity planning in Japan, 19th ITS Biennial Conference 2012, Bangkok, Thailand, 18-21 November 2012.
http://hdl.handle.net/10419/72533（2017.10.31確認）

Coan, J.D. and Barnes, J. (2012) A Marketing Campaign to Reduce Vehicle Fuel Use, the james a. baker III Institute for Public Policy of Rice University.
https://bakerinstitute.org/files/443/（2017.10.31確認）

Niemimaa, M. (2015) "Interdisciplinary Review of Business Continuity from an Information Systems Perspective: Toward an Integrative Framework," *Communications of the Association for Information Systems*: 37, Article 4.
http://aisel.aisnet.org/cais/vol37/iss1/4（2017.10.31確認）

Reitz, J. and Jackson, E. (2006) "AT & T Adds Business Continuity to the Long List of Telework's Advantages," *Journal of Organizational Excellence*, Willey Periodicals, Inc., pp.3-12.

Sapateiro, C., Baloian, N, Antunes, P. and Zurita, G. (2011) "Developing a Mobile Collaborative Tool for Business Continuity Management," *Journal of Universal Computer Science*, 17(2), pp.164-182.

伊藤国浩・原田要之助（2015）「BCPとしてのテレワークの現状についての一考察〜東日本大震災から4年間の変化をふまえて〜」『信学技報』第115巻第57号，pp.57-65.

金子貴代・伊坪徳宏（2011）「テレワークの環境負荷軽減策としての可能性」『日本テレワーク学会誌』第9巻第2号，pp.56-65.

経済産業省（2013）「政府の節電ポータルサイト　節電.go.jp」．
http://setsuden.go.jp（2017.1.16確認）

経済産業省資源エネルギー庁（2011）「電気事業法第27条に基づく使用制限について」．
http://www.meti.go.jp/earthquake/shiyoseigen/pdf/gaiyo110601-02.pdf（2017.10.31確認）

佐柳恭威（2011）「電力節減とテレワークの課題を考える」『日本テレワーク学会誌』第9巻第2号，pp.40-49.

佐堀大輔・眞崎昭彦・大竹貢他（2013）「オフィス閉鎖型テレワークの電力削減効果に関する研究」『日本テレワーク学会誌』第11巻第2号，pp.4-18.

総務省（2016）「テレワーク導入環境の整備」．
http://www.soumu.go.jp/main_sosiki/joho_tsusin/telework/18028_03.html（2017.1.16確認）

総務省消防庁（2016）「地方公共団体における「業務継続計画策定状況」及び「避難勧告等の具体的な発令基準策定状況」に係る調査結果」．
http://www.fdma.go.jp/neuter/topics/houdou/h28/01/280119_houdou_1.pdf（2016.10.17確認）

中小企業庁（2013）「中小企業BCP策定運用指針」．
http://www.chusho.meti.go.jp/bcp/index.html（2016.10.11確認）

中小企業庁（2014）『平成24年度版　中小企業BCPの策定促進に向けて～中小企業が緊急事態を生き抜くために～』．
http://www.chusho.meti.go.jp/bcp/2012/download/24fyBCP.pdf（2016.10.11確認）

内閣府（2012）「防災情報のページ　事業継続」．
http://www.bousai.go.jp/kyoiku/kigyou/keizoku/index.html（2017.1.16確認）

内閣府（2016）『平成27年度企業の事業継続及び防災の取組に関する実態調査』．
http://www.bousai.go.jp/kyoiku/kigyou/pdf/h27_bcp_report.pdf（2016.10.11確認）

中西穂高（2015）「テレワークの節電効果に関する考察」日本テレワーク学会研究発表大会予稿集，17，pp.3-8.

日本経済団体連合会「「経営トップによる働き方改革宣言」の公表について」．

http://www.keidanren.or.jp/policy/2016/056.html（2017.1.16確認）

眞崎昭彦（2010）「パンデミック時におけるテレワークの研究：2003年SARS発生時のテレワーク事例の検討」『日本テレワーク学会誌』第8巻第2号，pp.4-10.

丸谷浩明（2007）「事業継続計画(BCP) の意義と普及策」『労働の科学』第62巻第9号，pp.517-520.

丸谷浩明（2010）「テレワークと事業継続計画(BCP)」『日本テレワーク学会誌』第8巻2号，pp.4-10.

柳原佐智子（2014）「モバイルデバイスの試験的導入がBYODに与える影響」『情報経営：日本情報経営学会第69回全国大会予稿集（秋号）』pp.55-58.

柳原佐智子・吉澤康代（2013）「BCP型テレワーク導入方策とその意義：節電を目的とするテレワークの事例分析」『日本テレワーク学会誌』第11巻第1号，pp.80-91.

吉澤康代（2010）「BCP（Business Continuity Plan：事業継続計画）としてのテレワーク：新型インフルエンザ対策のテレワーク事例」『日本テレワーク学会誌』第8巻第2号，pp.17-23.

（柳原佐智子）

第10章
少子高齢化時代の働き方における自律性

　本章では，少子高齢化時代における働き方として期待されるテレワークを普及浸透させるための手掛かりを明らかにする。そのために，テレワーク導入の阻害要因，テレワークの逆効果について議論した後，テレワークを遂行する鍵要因としての自律性の意義について考察を加える。

1. はじめに

　序で指摘されたように，テレワークは「働きながらでも，子育てできる環境」として期待されている。しかし一方で，「育児や介護を抱える人々は，在宅勤務や短時間勤務などの制度を利用しない傾向が強い」という指摘もある（Hockschild & Machung 1989）。また，育児や介護を抱える女性は，仕事と家事という「時間の板挟み（Time Bind）」の中で長時間労働に傾く傾向があるとの指摘もある（Hockschild 1997）。果たして，テレワークは育児や介護を抱える人々に就業機会という福音を与えることができるのだろうか。この問いを考えることが本章の目的である。

2. テレワークが浸透しない理由：阻害要因の探求[1]

2.1. 先行研究におけるテレワークの阻害要因

　議論を始める前に，テレワークとりわけ育児や介護を抱えた人々の在宅勤務を疎外する要因について確認しておこう。このとき，テレワークの阻害要因に

関する調査結果（スピンクス2003；古川2007；国土交通省・総務省・厚生労働省・経済産業省2009；安達2010）には共通するキーワードが見え隠れしている（脇2013）。言葉を換えれば、「テレワーク導入を阻害する要因は大きくは変化していない」と理解できるのだ（脇2013）。

　先行する調査・研究に共通するテレワークの阻害要因は以下の5つである。第1の阻害要因は、「テレワークに適した仕事がない」や「導入メリットが不明瞭である」などの「必要性の欠如」に関わる要因である。この点を指摘するテレワーク未導入企業は少なくない（安達2010, p.54）。このような理由は、イノベーション受容の態度に似ており、Moore（1991）の指摘する「キャズム」に相当すると思われる（後述）。

　第2の阻害要因は、「現状のインフラ機能が不十分である」や「情報漏洩などのセキュリティ技術などの現有の設備・技術の不十分さ」に関わる「技術・設備・法整備上の問題」である。ただし、調査の回答の中には、技術の進展によって解消されるような純粋な技術上の制約だけでなく、新規技術の利用に対する不安という意味も含まれると理解する方が妥当であろう。技術革新は、技術的制約を解消できても、不安という心理的要因を払拭することはできない。

　第3は、「コミュニケーション不足」などの遠隔という物理的環境に依拠する要因である。テレワークでは、距離という隔たりが「従来の働き方」との相違を生じてしまう点は否めない（萩原1998；鹿嶋1993）。すなわち、従来のオフィスでなされるべき交流が困難になり、本来はオフィスにあるべき書類が手元にない（現在なら「フォルダにアクセスできない」ということになろう）などの問題である。いわば、テレワークの場を「従来のオフィスと同等の場」つまり「従来のオフィスの複製」として期待することから生まれる要因（古賀・柳原1999）と言える。

　第4に、「業務の進行や労働管理が難しい」や「顧客などの外部対応に支障がある」あるいは「社内のコミュニケーションに支障がある」などの「テレワーカー側の業務遂行上の問題」である。このような要因を克服する鍵は、後述するように「テレワーカーの自律性」に他ならない（脇2015）。

第5は，「社員の管理や評価が難しい」というマネジメント側の要因である。おそらく，このような指摘の背景には，「社員が管理者の目の前にいることで初めて管理や評価が可能になる」という考え方が見え隠れしている。しかし，目の前にいない社員を管理できないのであれば，直行直帰といわず日中に現場に出向いている営業担当者の評価が困難になってしまう。この限りにおいては，「社員の管理や評価における難しさ」という要因は，時空間の乖離に基づく心理的不安に起因するものと考えることができる。

2.2.「食わず嫌いというキャズム」と「やってみたけどダメだった」

上述したテレワークの阻害要因の類型には通底する2つのキーワードを見いだすことができる。第1は，「食わず嫌い」と呼ぶべきものだ。それは，テレワークの実際の実践を通じて見いだされた問題ではなく，新しい働き方というイノベーションの受容を拒否する心理的抵抗の視座から見いだされた阻害要因と言うことができる。第2は，実践を通じて明らかになった課題である。計画当初には予想されていなかったような「意図せざる結果」がテレワークの浸透を疎外する場合が，これに当たる。

まず，「食わず嫌い」と呼ぶべき阻害要因の特徴について説明しておきたい。イノベーションの普及過程では，（1）新奇性を好むイノベーター，（2）革新性を伝道するアーリーアダプター，（3）実利性を重視するアーリーマジョリティ，（4）大方の動向に鑑みてイノベーションを受容するレイトマジョリティ，（5）イノベーションを拒否するラガードに類型される（Rogers 1962）。このとき，イノベーション受容の人数を縦軸に，受容に要する時間を横軸におけば，受容過程は正規分布になると言う。また，アーリーアダプターとアーリーマジョリティの分岐点は，概ね普及率16％前後に当たり，正規分布の変曲点に相当する。Moore（1991）は，「その変曲点を乗り越えることができるかどうか」がイノベーション普及の分岐点だと指摘し，そこには大きな隔たりがあると指摘し，それを「キャズム（Chasm：溝）」と呼んでいる。

キャズムの本質は，受容対象技術の実践上の意味を見いだせず，結果的に受

容を拒否するユーザーの心理的障壁を「超えられない溝」にたとえた点にある。それゆえ，卑俗な表現を用いれば，「食わず嫌い」ということになろう。

事実，わが国のテレワーク研究を牽引してきたスピンクス（2003）は，「オフィスワークであれば，どの職種にも思考する，まとめる，企画する，書くなど，テレワークとうまく適合する業務が含まれている（p.4）」と指摘しており，「適した仕事がない」という理由の背後に「テレワークの実施は難しいもの」「自社には合わない」などの強い思い込みが存在することを示唆している。そのような「思い込みの壁」は「キャズム」に他ならない。

ところで，テレワーク導入事例が紹介される場合，ともすれば，導入される情報機器の先進性が強調される傾向が否めない。それゆえ，かつては「利用する情報機器の種類」を軸にテレワークの類型が試みられたこともある。しかし，経営情報システム論の最近の動向に立脚すればテレワークの本質は，導入される情報機器の先進性ではなく，働き方や評価などの組織的ないし実践的側面におかれるべきである[2]。それにもかかわらず，テレワークが語られる文脈において，情報機器の先進的活用のニュアンスが強いために，「そこまでして導入するメリットがあるのか」という疑問が出てくるのではなかろうか。従業員が個人で所有する情報機器を業務で活用するという意味のBYOD（Bring Your Own Device）でさえ，「なにもそこまでしても」という反応がみられる[3]。ましてや，音響カプラやモデムを利用した時期であれば，心理的抵抗は少なくなかっただろう。とはいえ，心理的抵抗の背後に見え隠れする「組織慣性」すなわち「変化に対する抵抗」に留意する必要がある。

強い組織慣性があれば，変化に抗う傾向が強くなり，視野狭窄になるきらいが否めない。高速道路のトンネルにおいて視野が狭くなるように，目先の問題しか見えなくなる[4]。それゆえ，視野を広げ，新しい働き方としてテレワークの意義について具体例を通じて浸透させる必要があろう[5]。このような組織慣性もまた「食わず嫌い」の性質を帯びていると言えよう。

2.3. 疎外感とコミュニケーションの困難性というヤヌス

第2は，実践を通じて明らかになる「リアリティショック」ないし「意図せざる結果」と呼ぶべき要因である[6]。具体的には，「従業員の疎外感」や「コミュニケーションの難しさ」を指摘できよう（鹿島 1993；萩原 1998；古川 2007）。

もちろん，現在では，疎外感やコミュニケーション改善に対する技術的解決策が多数提案されている。たとえば，常時接続されたテレビ会議などで「臨場感」を演出する方法が試行されている。しかし，このことは，いささか逆説的である。なぜなら，テレワークによる生産性向上の要因として，「電話や話しかけによる試行や業務の寸断がなくなること」が指摘されているにもかかわらず[7]，いつでも話しかけることが可能な環境の構築が試行されているからだ。仕事の中断は困るが，「いつでも連絡ができ，相互に状況を把握できる」という安心感は欲しい，という贅沢な要求を実現するような職場環境づくりが求められているのである。

コミュニケーションの困難性については，Gajendran & Harrison（2007）の指摘が興味深い。彼らは，在宅勤務において，上司―部下関係には悪影響を及ぼさない一方で，同僚間関係にはネガティブな関係をもたらすと分析している。上司―部下関係では，在宅勤務者が日々の報告や電話での会話を通して監督者に彼らの努力を伝え続け，監督者も在宅勤務者の主張を聞く機会が少ないがゆえに大きな注意を払い報告に積極的に耳を傾けるために，コミュニケーション不全を回避していると主張する。つまり，テレワークは，従業員―監督者間のコミュニケーションを疎外するどころか，かえって質を高めているというのだ（p.1535）。そして，彼らの主張で気になる点は，同僚間関係への悪影響の方だ。たしかに，同僚（とくに在宅勤務をしていない人）にとって，上司との連絡を頻繁に取るテレワーカーの仕事ぶりは，いわゆる「ヒラメ症候群」つまり両目が上を向いているヒラメのように上司の顔色を伺うだけで横を見ない（同僚との関係を過小評価する）人物に見えるかもしれない。それゆえ，同僚間のコミュニケーション問題を解消することがテレワークの普及の鍵を握る

と言えるだろう（脇 2013, p.81）。

　ただし，上司にとって部下からのメール対応が何らかの圧力に感じるという報告もなされている（Mazmanian, Orlikowski & Yates 2013）。そこでは，上司の一部は，部下からのメールを受信した際に，返信までに要する時間の長さで部下から評価されているのではないか，と疑心暗鬼になっていた点が指摘されている。さらに，いわゆる「既読スルー」や「音信不通」などにより，部下から信用を落とすのではないか，と心配する上司が少なくなかったとも報告されている。

　このように良好と考えられた上司―部下関係においても不安が生じるのであれば，同僚間の不安は言うまでもない。しかも，そのような不安は，在宅勤務の頻度とはあまり関係がないと思われる。週に1回程度の頻度であったとしても，いったん不安が募れば，連絡や報告は苦痛を伴うものになるであろう。そのような不安は，上記の「疎外感」を強化する可能性が高く，この限りにおいては，「疎外感」と「コミュニケーションの困難性」は表裏一体の関係にあり，2つの異なる顔を持つ「ヤヌス」と言うことができよう。

　以上のことから，「食わず嫌い」の考え方を脱却し，「疎外感」や「コミュニケーション不全」を回避させるようなテレワーク環境を整備することが重要となると思われる。

3. もうひとつのテレワークの影

3.1. テレワークの逆説的効果[8]

　前節では，テレワークの阻害要因を「食わず嫌い」と「コミュニケーションを巡るヤヌス」として指摘した。本節では，阻害要因として指摘されるものではなく，テレワークの実施を通じて明らかになった逆説的現象について指摘しておきたい。それは，テレワークの実施が逆に勤務時間を増やしてしまい，ワーカーやマネジャーが疲弊してしまうという現象である。たとえば，在宅勤

務は「一週間の標準労働時間を超えて働く傾向があり，労働時間拡大につながる（Noonan & Glass 2012, pp.40-45）」や「四六時中メールの受信確認などの対応に追われてしまう（Mazmanian, Orlikowski & Yates 2013, pp.13-14）」という指摘がなされている。また，國井（2012）は，在宅勤務のみの仕事であれば在宅勤務はワークライフバランス（WLB）の充実をもたらすが，在宅勤務とオフィスの双方で仕事をする（オフィスで仕事をした後，自宅に戻り自宅でも仕事を行う）場合は，移動（通勤）時間の増加から結果的に睡眠休養や趣味娯楽の時間が減り，ワークライフコンフリクトが生じやすい点を示唆している。つまり，柔軟で自律的な働き方として期待されたテレワークが，いざ実施されると柔軟性と自律性を制約してしまうという逆説的現象が生じているのだ。

このとき，結論を急げば，おそらくテレワーク自体が，労働時間超過やWLBに直接的に影響を及ぼしているのではなく，テレワーカーの行動や心理特性，管理者の行動や心理特性，企業の評価制度，仕事のやり方等の個人的・組織的・社会的要因が複雑に絡み合うことで「仕事中毒という様相」が紡ぎ出されると理解すべきであろう。これまでは多数派ではなかった解釈主義や批判的実在論の立場からの研究が望まれる理由はここにある[9]。

3.2. 職場と家庭の逆転

ところで，「仕事中毒」は，従業員だけでなく，その配偶者の考え方や社会的動向などの多様な要因の組み合わせに依存しており，言うなれば，社会的コンテクストに委ねられている点に留意することが必要であろう。

ここで，冒頭で紹介したHookshieldら（1989）の研究を紹介したい。彼女らは，短時間制勤務・ジョブシェアリング・在宅勤務制度の充実した大企業としてアメルコ社（仮名）での実際の制度利用者数があまりにも低いことに驚愕し，その理由を探るために同社の多様な従業員にインタビューを行っている。その結果，すべての人々が「家庭第一」を口に出していること，仕事にやりがいを感じることから長時間労働を行いがちなこと，家事や育児に疲れていること，子ども達に罪悪感を抱いていることなどを明らかにしている。

つまり，今や家庭は「くつろげる場所」ではなく，「やるべき仕事が満載の
職場」と位置づけられるようになったのだ。彼女は，そのような家庭を「第2
シフト」と呼ぶ。シフトとは，アルバイトのシフトを組むと言うときのような
「交代勤務制」のことだ。つまり，働く女性は，1日に2つのシフトをこなさな
ければいけない，職場という「第1シフト」の後に，家事という「第2シフト」
が待ち受けているのという。今や，家庭は「もう一つの職場」なのだ（Hook-
shield & Machung 1989）。

逆説的なことに，職場環境が改善されるにつれて，職場が「自我を満たして
くれる安心の場所」の機能を果たすようになった。その結果，職場と家庭の役
割が逆転したのだ。それゆえ，上層経営者や専門職は「仕事が楽しいから」，
組立ラインの工具などは「お金のために」と理由が異なるにせよ，長時間労働
に邁進する傾向が強いのだと言う。

3.3. 女性の就業機会を取り巻く困難さ

最後に，社会的動向という視点から，わが国の女性労働者の状況を概観して
おく。平成24年就業構造基本調査（総務省 2013）によると，出産・育児のた
めに求職活動をできずにいる女性は113万3000人に上り，実に非求職者にお
ける32.9％を占めている。また，有業女性においても，未就学児の育児をし
ている女性は2875万5000人で有業女性の半数以上である52.4％を占める。学
童保育の一般的な対象年齢である小学校3年生までの育児をする女性も含める
と，さらに大きな数字となる。

このとき，特に手がかかるとされる3才未満児と違い，ある程度育児が楽に
なると言われている3才以上の未就学児や就学児でも，実際には様々な病気や
予防接種の対応が必要となることが看過される傾向が強い。これらの対応は基
本的に有給休暇や看護休暇が用いられる。しかし，職場での女性比率が高ま
り，管理職への登用などが進めば，休暇を自由に取ることは困難になることが
予想される。また，学校の夏期休暇などに対する学童保育施設の対応能力が乏
しいことに鑑みれば，就学児を抱える女性の就業には多様な制限がかかること

が容易に理解できよう。さらに，一般に「小1プロブレム」と呼ばれる問題など育児と仕事の両立を断念せざるを得ない要因は少なくない。

3.4. 立ち往生した革命を巡って

　以上のように，育児や介護など家庭と仕事の両立への挑戦は，結果的に長時間労働に身を投じるか，就業を断念するという二極化の例を指摘した。いずれの結果にせよ，両立が困難となる背景には，女性の就業化が今なお「立ち往生した革命」であることが深く関わっているとHookshield & Machung（1989）は指摘する。たしかに，女性の就業機会の拡大は「革命的変化」である。しかし，男性と職場の「変化のなさ」が「革命的変化」を「立ち往生」させていると指摘するのだ。その結果，共働き世帯では，女性の方が男性よりも勤務時間が長くなる傾向が強い一方，男性の方が女性よりも余暇時間が長くなりがちだと指摘している。ただし，その理由は百人百様である。同書では，配偶者から買い物を依頼されても「必要性そのものを減少させる」ことで買い物をせずに，結果的に長時間労働を行う男性の話，配偶者より稼ぎが少ないという自我の負い目を「家事をやらないこと」で回復しようとする男性の話などが紹介されている。たしかに，「第2シフト」の総量そのものを削減すれば，ワークライフコンフリクトは解消しやすくなるだろう。しかし，表面的かつ対症療法的なやり方では，結果的に，夫婦の子どもに大きな負担を強いるだけである（Hookshield 1997）。少子化対策の働き方であるテレワークが，子どもに負担を強いるようでは本末転倒である。それゆえ，Hookshield（1997）が指摘するように，育児や介護のために男性が「家庭の低下した仕事（育児や介護や家事など：引用者註）を分担し，その再評価を手助けする」ことであり，その限りにおいて，育児や介護のためのテレワークを男性が遂行できるかどうかにかかっていると言える。

4. テレワークを普及する鍵要因としての自律性

　上で述べてきた「食わず嫌い」や「疎外とコミュニケーション不全」さらには「長時間労働の罠」を克服するためには，テレワークの成功事例を理解するとともに，テレワーカーが能力を十分に発揮できるような職場環境づくりが重要となる。それに加えて，テレワーカーの能力開発も不可欠となる。本稿では，とくに，仕事と家庭の両立という視点から不可欠となる「自律性」に注目し，自律性を涵養するための手掛かりを探ることにしたい。

4.1. テレワークにおける自律性の先行研究 [10)]

　最初に，テレワークにおける自律性に関する先行研究を概観することにしたい。まず，古川（2014）はテレワーク導入企業で働くオフィスワーカーと彼らを動機付けるための施策の関係に焦点を当て，テレワークの導入状況によってワーカーのモラールの違いが生じるのか，そしてテレワーク導入企業で働くワーカーと未導入企業で働くワーカーにおいて，有効な動機付け施策に差はあるのかについて論じている。その中で，「テレワークは，上司や同僚と一定時間離れて仕事をするため，高い自律性がより求められ，またテレワークによってそれがさらに醸成される」と述べる。では，古川（2014）が考えている自律性とはなんだろうか。彼は，アンケート調査によって自律性の項目を測定している。そこでは，自律性の項目を「あなたの職場のメンバーは，自分自身の判断や考え方で主体的に仕事を進めている部分が多いと思いますか」という質問を行っている。ここから，自律性とは自分自身の判断や考え方で主体的に仕事を進めることであると考えられる（古川 2014）。

　Standen（2000）は，テレワークは仕事（と家庭）での自律性が増すことも減らすこともできると述べている（減らすには，上司の監視や統制を増やす）。その際に語られる自律性は，裁量権のことをいい，具体的には仕事のやり方や順番などの選択のことである（p.88）。

　Clear & Dicson（2005）の自律性は，種々の先行研究を取り入れた上で「労

働者の自己決定，仕事の裁量権や自由度，いくつかのタスクの要素を決定付けられるもの」と捉えている。タスクの要素は，仕事の方法や仕事の時間配分，手順，スケジューリング，作業の基準，作業の目標，作業場所，作業の評価，労働時間，仕事の種類や仕事の量である。そこで，彼らは，労働者の自律性のレベルを測定する際，低いレベルの自律性（厳しく監督する）と高いレベルの自律性（個々人の目標設定や個々人がまとめた目標設定の明確化）を設定し，大きな決定権を与えることで自律性が高まると主張した（p.220：p.223）。

　Galvez et al.（2012）は，インタビュー調査を通じて，テレワークでWLBを充実できたと考える人たちは時間や仕事の進め方・場所をテレワーカー自身が決定しているという有能感を得ていることを明らかにした（pp.283-284）。つまり，公式的・非公式的な上司や同僚からのサポート（組織サポート）があり，テレワーカーが受け取っている統制力が高い場合，「テレワークはWLBの充実と関係がない」と考えるテレワーカーよりもポジティブな発言を行う傾向が強いことを明らかにしたのだ（pp.282-291）。

　また，Jos van Ommeren（2010）は，テレワーク遂行時に必要なスキルを4つに類型化しており，そのひとつは「自律的になること」である。ここでのテレワーカーは，雇用型というよりも自営型を念頭においており，そこで示されている自律性[11]は，家族との時間の過ごし方を含めた自身の時間管理の仕方を学ぶことである（Jos van Ommeren 2010, p.163）。

　以上より，テレワークで必要とされている自律性とは，自分自身の判断で仕事が進められること，仕事のやり方や順番を自身で考えられること，時間管理といった自身の裁量権の範囲が広いことを意味している。すなわちこれは仕事の自律性が求められているということである。そして，自身が決めたことで自分を統制する能力が拡大する，さらに，テレワークには高い自律性が求められ，テレワークをすることで高い自律性が醸成されると考えられている。

4.2. テレワークにおける自律性の意義[12]

　次に，テレワーカーに求められる自律性の効果について概観しよう。

Galvez et al.（2012）は，WLBの側面からテレワークはどのように実施されているのかをインタビューより示している。そこでは，組織成員に自律性が与えられて初めてテレワークが有効となることが明らかにされた[13]。

また，Gajendran & Harrison（2007）は，テレコミューティングは，従業員の仕事の場所，スケジュール，手段の選択をおこなうので，仕事の自律性が拡大すると述べる（p.1525）。換言すれば，仕事の自律性は，自身で仕事のスケジュールや手段を考える（選択）することで高まるといえよう。また，仕事の自律性は，仕事を遂行し完遂させることでも高まるとも，彼らは指摘している（p.1526）。

さらにDambrin（2004）は，テレワークがマネジャーと従業員の関係に影響を与える側面[14]の一つとして，分業を指摘し，その下位次元として自律性を位置づけている。そこでは自律性をウィリアム・オオウチの定義に従って「仕事において部下自身のアイデアを試すようにマネジャーから部下に与えられた機会」ととらえられている（p.362）。

Wielenga-Meijer et al.（2012）は，仕事の自律性の様々なレベルで，学習結果の違いが生じるとも指摘する。自律性が高いないし適度であれば，自律性がない場合よりも学習結果によいベネフィットをもたらす。しかし，新しいタスクを行う場合，高い自律性を与えると（タスクの仕方やガイダンスを与えず，自由に自身のやり方ができる），適度の自律性を与えた（タスクの実施の仕方や自由に異なる方法を探索する機会とガイダンスの両方を持つ）ものより，学習結果は低くなる。それは，高い自律性はタスクを行う上で，非効率な行動を引き起こす（効果的な探索方法ができない）からである（pp.6-7，pp.17-18）。

Langfred & Moye（2004）は，特定タスクにおいて個人に自律性を付与するか否かを決めるためには，そのタスクだけでなく一般的タスクを含めた自律性によって従業員がどのように動機づけられるのかについての完璧な情報を入手すべきだと主張する（p.942）。すなわち，従業員の保有するタスク固有の知識の程度，タスクの複雑性，タスクの独立性，タスクの変わりやすさ，タスク

第10章 少子高齢化時代の働き方における自律性 *215*

を統御するルールや手続きの公式化の程度である。

　建築積算士を対象にした研究で，自律性の向上は，転職意図の減少やリテンションにつながる（Hee & Ling 2011, p.1059）という研究もある。

　このように，仕事の自律性の向上は従業員のワークライフバランスの推進，スケジュール管理や手段を考え仕事を完成させる力，モチベーションの向上，転職意図の減少，リテンションに良い結果をもたらすため，従業員に対してだけでなく，企業に対しても自律性の向上はメリットがある。

4.3. 少子高齢化時代のテレワーカーに求められる自律性

　上で見てきたように，第2シフトを抱え，家事と育児と仕事という「板挟み」に置かれているテレワーカーが求められる自律性とは，単に「スケジュールや仕事の手順を自身で管理できる」というような表層的なものではない。なによりも，ここでの自律性は，個人で完結するものではない。むしろ，他のワーカーとの関係性の中で，自らがなすべきことを見いだしていくという当意即妙ないし即興演奏的な自律性である。このような自律性は「戦略的限定化」や差違を受容した上での自律を意味する「相補的自律性」と深く関わっている（三井 2004）。それゆえ，一口に「自律性」と言っても，少子高齢化事態のテレワークにおける自律性は，組織というタペストリーに埋め込まれたワーカーが相互参照的に見いだすという性質を帯びている点に留意する必要がある。

5. おわりに

　少子高齢時代の労働人口増強策として期待されるテレワークを普及させ浸透させるためには，イノベーションの普及過程と同様に，「食わず嫌い」の克服と「疎外感」を緩和させる制度設計が重要となることを明らかにした。さらに，「自律性」という実践上のキーワードについて先行研究を繙きながら，自律性がどのようにテレワークで語られてきたのかを整理した。なお，男女雇用機会均等法や障害者雇用促進法などの労働力人口の増強策については後続の

11章で紹介するので，そちらを参照されたい。

（注）
1）本節は，脇（2013）pp.78-81をもとに，加筆・修正を行った。
2）第8章を参照されたい。
3）BYOD利用を巡る当初の当惑，実践を通じた気づき，気づきに基づく実践の再構成などのプロセスについては，柳原（2014）を参照されたい。
4）Brown & Duguid（2000）は，このような視野狭窄を「トンネルビジョン」と呼んでいる。
5）ボーリングで1番ピンを倒せば，2番，3番と連鎖的にピンが倒れていくように，実用主義者に対するきめ細やかな対応が上述のキャズムを超克する唯一の戦略だとムーアは指摘する（Moore, 1991, Chap. 4）。
6）当初には予想できないような変化を「意図せざる結果」と呼ぶ。ただし，ここでは，顕在機能ではなく潜在機能の影響として「意図せざる結果」を理解するのではなく，「創発的に生み出されるために予想ができない」という意味で用いている。
7）第10章を参照されたい。
8）本項は，脇（2013）pp.79-83をもとに加筆修正を行った。
9）第7章を参照されたい。
10）脇（2015）pp.6-7を転載した。
11）4つのスキルとは，1つ目がエキスパートになれである。これは21世紀の労働市場は，"know-how" から"learn-how" にシフトする。雇用保障もエンプロイヤビリティに置き換わるだろう。テレワーカーは，学習や自己開発に従事する必要がある。2つ目が良いネットワーカーになれである。これは，どのマネジャーや専門家も多くの専門分野にわたる人々とコラボレーションをしたり，広く多様なエキスパートたちと効率的なコミュニケーションをとる能力が必要となる。テレワーカーは，職務を超えた経験を吸収する必要がある。3つ目が自律的であれで，4つ目が回復力を持てである。要するに失敗してもすぐに立ち直ることである（Jos van Ommeren, 2010, pp.162-164）。
12）脇（2015）pp.7-8を加筆・修正した。
13）他にも従業員に対する組織サポートを受けている組織でもテレワークは効果的な手段である（Galvez et al., 2012, p. 272）。

14) Dambrin（2004）は，組織階層にかんする文献レヴューを通して，マネジャーと従業員の関係を特徴づける側面として，（1）調整（cordination），（2）分業，（3）評価，（4）適応（ajustment）を析出している（p.361）。

謝辞

本研究はJSPS科研費JP24730323，JP26380458，JP26380550，JP16H03663，JP17K03909の助成を受けた。

【参考文献】

Brown, J. Seely & Duguid, Paul (2000) *The Social Life of Information.* Harvard Business School Press.

Clear, Fintan & Dickson, Keith (2005) "Teleworking Practice in Small and Medium-size Firms: Management Style and Worker Autonomy," *New Technology, Work and Employment*, 20(3), pp.218-233.

Dambrin, Claire. (2004) "How does Telework Influence the Manager-employee Relationship?" *International Journal of Human Resources Development and Management*, 4(4), pp.358-374.

Gajendran, Ravi S. & Harrison, David A. (2007) "The Good, the Bad, and the Unknown About Telecommuting: Meta-Analysis of Psychological Mediators and Individual Consequences." *Journal of Applied Psychology*, 92(6), pp.1524-1541.

Galvez, Ana, Martínez, María Jesús & Pérez, Carmen. (2011-2012) "Telework and Work-Life Balance:Some Dimensions for Organizational Change," *Journal of Workplace Rights*, 16(3-4), pp.273-297.

Hee, Cordelia H.S. & Ling, Florence Yean Yng. (2011) "Strategies for Reducing Employee Turnover and Increasing Retention Rates of Quantity Surveyors," *Construction Management and Economics*, Vol.29, Issue10, pp.1059-1072.

Hochschild, Arlie (1997) *The Time Bind: When Work Becomes Home and Home Becomes Work.* Metropolitan Books.（坂口緑ほか訳『タイム・バインド』明石書店，2012年）

Hochschild, Arlie & Machung, Anne. (1989) *The Second Shift.* Viking Penguin Book.

（田中和子訳『セカンド・シフト』朝日出版社，1990年）

Jos van Ommeren (2000) "Preparing People and Organizations for Telework," *Managing Telework*, pp.152-172.

Langfred, Claus W. & Moye, Neta A. (2004) "Effects of Task Autonomy on Performance: An Extended Model Considering Motivational, Information, and Structural Mechanisms," *Journal of Applied Psychology*, 89(6), pp.934-945.

Mazmanian, M., Orlikowski, W.J. & Yates, J. (2013) "The autonomy paradox: The implications of mobile email devices for knowledge professionals," *Organization Science*, 24(5), 1337-1357.

Moore, G.A. (1991) Crossing the Chasm: *Marketing and Selling High-Tech Products to Mainstream Customers*, Harper Business.（川又政治訳『キャズム』翔泳社，2002年）

Noonan, Mary C. & Glass, Jennifer L. (2012) "The hard truth about telecommuting," *Monthly Labor Review*, July, pp.38-45.

Rogers, E.M. (1962) *Diffusion of innovations*, NY: Free Press.（三藤利雄訳『イノベーションの普及』翔泳社，2007年）

Standen, Peter (2000) "The home/work interface," *Managing Telework*, pp.83-92.

Wielenga-Meijer, Etty G.A., Taris, Toon W., Wigboldus, Daniël H.J. & Kompier, Michiel A.J. (2012) "Don't Bother Me: Learning as a Function of Task Autonomy and Cognitive Demands," *Human Resource Development International*, 15(1), pp.5-23.

安達房子（2010）「テレワークの現状と課題：在宅事務および在宅ワークの考察」『京都学園大学経営学部論集』第20巻第1号，pp.49-70.

國井昭男（2012）「テレワークによるワークライフバランスへの影響に関する考察」『InfoComreview』第58号，pp.73-85.

国土交通省・総務省・厚生労働省・経済産業省（2009）『THE Telework GUIDEBOOK 企業のためのテレワーク導入・運用ガイドブック』.

社団法人テレワーク協会（2010）『テレワーク勤務規程作成の手引き（改訂版)』.

鹿嶋敬（1993）『男の座標軸 企業から家庭・社会へ』岩波新書.

古賀広志・柳原佐智子（1999）「テレワークの神話」『経営情報学会1999年秋期全国発表大会予稿集』pp.21-24.

スピンクス，W.A.（2003）「テレワークをめぐる阻害要因パーセプション：自由記入にみる根強い誤解とHRMの役割」『日本テレワーク学会誌』第2巻第1号，

pp.1-26.

総務省（2013）「平成24年就業構造基本調査」.

http://www.e-stat.go.jp/SG1/estat/GL08020103.do?_toGL08020103_ & tclassID=000001048178 & cycleCode=0 & requestSender=search/20130904.

萩原直朗（1998）「『ゆとり創出』と『知的競争力向上』をめざして」（専修大学経営学部公開講座運営委員会編『ネットワーク社会とニュービジネス』アグネス承風社所収）.

古川靖洋（2007）「テレワーカーの生産性と信頼」『三田商学研究』第50巻第3号，pp.105-120.

古川靖洋（2014）「テレワークとオフィスワーカーの動機づけ」『日本テレワーク学会誌』第12巻第1号，pp.14-27.

三井さよ（2004）『ケアの社会学：臨床現場との対話』勁草書房.

柳原佐智子（2014）「モバイルデバイスの試験的導入がBYODに与える影響」『情報経営：日本情報経営学会第69回全国大会予稿集（秋号）』pp.55-58.

柳原佐智子・古賀広志（2015）「再訪：テレワークの神話」『経営情報学会全国研究発表大会要旨集2015年秋季全国研究発表大会』pp.275-278.

脇夕希子（2013）「在宅勤務の現状と課題」『商経論叢（九州産業大学）』第54巻第1号，pp.65-85.

脇夕希子（2015）「在宅勤務の自律性に関する研究」『商経論叢（九州産業大学）』第56巻第1号，pp.1-10.

（脇夕希子・古賀広志）

第11章
生産性と創造性
―ダイバーシティ・マネジメントとしてのテレワークの意義―

　本章の目的は，テレワークの効果とうたわれる生産性と創造性について，ダイバーシティ・マネジメントの視点から考察を加えることにある。言葉を換えれば，女性や高齢者あるいは障がい者など通勤弱者の就業を従来の工業社会型の生産性や創造性の尺度で語ることができるのか，という問いを立てることが本章の目的である。

1. はじめに

　本章では，テレワークの組織的影響に対する理論編の掉尾として，テレワークにおける生産性と創造性の問題をダイバーシティ・マネジメントの視点から考察することにしたい。
　新しい働き方としてテレワークは，今やICTを活用したオフィス業務の効率化の議論だけでなく，ワークライフバランス（WLB）の充実による創造性の発揮や多様な勤務形態がもたらす相乗効果としての組織パフォーマンス向上の手段として期待されている。そのために，ダイバーシティ・マネジメントは，テレワーク導入の基軸の1つと位置づけられるようになってきている。そこで，本章では，ダイバーシティ・マネジメントの視点から，テレワークの生産性と創造性について考察を加えることにしたい。
　最初に準備作業として，ダイバーシティ・マネジメントの概念を整理することから議論を始めよう。

2. ダイバーシティ・マネジメントの背景

近年とみに注目を浴びている「ダイバーシティ・マネジメント」の概念は，経営の組織編成における多様性を生かすことで競争優位獲得（有村 2007）や組織パフォーマンス向上（谷口 2005, 脇 2010）に関わるものと考えられている。しかし，その淵源には，人種差別という問題が見え隠れしている。そこで，ダイバーシティ概念の変遷について，その鼻祖というべき R. Thomas（2004）の所説に依拠しながら概説していきたい。

2.1. アファーマティブ・アクション

ダイバーシティ概念の萌芽は，ローザ・パークス女史によるバス・ボイコット運動が契機に高まった公民権運動に遡ることができる。その結果，マイノリティや女性に対する雇用機会均等を目指すアファーマティブ・アクション（AA）などが展開されたからだ。

AAとは「不利な状況に置かれている少数者や女性を雇用するための取組」である。法令的遵守の色彩の濃いAAは，必然的に採用や昇進などの数値目標が設定された。そのために，ともすれば数値目標が目的化し，形式化に陥るきらいがあった。加えて「就業する以上は，女性やマイノリティも組織人として同化してもらうことが前提」とする考え方が支配的であったため，彼女らは職場内で「不利な状況」に追いやられる傾向にあった。卑俗な表現を用いれば，「男と同じように振る舞え」という圧力である（柳原・古賀 2015）。そのために，上手く同化できない場合は，「だから女性はダメだ」という言説が用いられ，マイノリティに対する「新しい差別」を生み出してしまうのだ（Hockshield 1989）。それゆえ，AAは，彼女らに門戸を開く一方で，大きな負荷を強いる「諸刃の剣」と言えた。

2.2. 多様性の重視

AAは「仕方なく採用する」そして「男と同じように働いてもらう」という

強制感が色濃い。これに対して，女性やマイノリティを理解し，きちんと評価していこうという考え方が登場する。それは「多様性の尊重（Valuing Diversity）」である。1980年代に生まれた考え方であり，1990年代以降に広く受け容れられるようになる。互いを尊重し合う教育プログラムの実施など「人間的」な取組であることから「あまりにも対人関係レベルの活動に偏りすぎているという課題を抱えている」と批判もある（有村 2014）。

2.3. ダイバーシティ・マネジメント

　以上のように，米国では「機会均等」の実現に向けた努力として，外的制約（法的制度の確立）や内的制約（社会的責任や道徳性）が議論されてきた。そこに，Thomas（1991）は，後ろ向きの法令遵守の立場ではなく，前向きに「企業利益の優先（p.17）」を駆動力に機会均等を目指すべきだとして，ダイバーシティ・マネジメントの概念を提唱した。すなわち，「すべての従業員に有効に機能する環境を構築するための包括的な経営プロセス」として，ダイバーシティ・マネジメントを定義したのだ（p.10）。従来は，機会均等と企業業績は二者択一すべき課題と考えられる傾向が強かった。彼は，そこに異議申し立てを行い，「従業員の機会均等と企業の成功をともに推進する」という「看過されていたアプローチに注意を促す試み」を提唱したのだった（p.17）。なお，有村（2014）は，この定義を「すべての従業員の潜在能力を生かす職場環境作り」と分かりやすく言い換えている。それゆえ，以下では，有村の定義に従うことにしたい。

2.4. 日本型ダイバーシティ・マネジメントの誤謬

　ところで，わが国の実務界において，ダイバーシティの本格的議論の嚆矢は，日経連（当時）の「ダイバーシティ・ワークルール研究会」の設立である（谷口 2008；有村 2014）。そこでは，ダイバーシティを「性別，人種，国籍，宗教など」として捉え，その多様性の確保が検討された（荻野 2003）。しかし，結果的に「自社型雇用ポートフォリオ」と連動する形で，長期雇用と有期

（非正規）雇用という「雇用形態の多様化」と同義になった（有村 2008）。そのために，米国の機会均等という動向を換骨しただけで奪胎できず，誤解の淵源となったと言わざるを得ない。日本型ダイバーシティ・マネジメントに従えば，非正規に対する業務委託手段としてクラウドソーシングを利用することも，多様性を確保でき効率化を進めるテレワークとして理解できる。しかし，そのような考え方は，本来のテレワークと大きな懸隔があるように思われる。それゆえ，日本型ダイバーシティの誤謬を乗り越えることが必要である。そこで次節では，ダイバーシティ・マネジメントの意義について，Thomas（1991）の定義に立ち返った上で検討を加えていくことにする。

3. ダイバーシティ・マネジメントの意義

3.1. ダイバーシティ・マネジメントの特徴

3.1.1. 多様性の拡張

ダイバーシティ・マネジメントの特徴は，（1）多様性の射程の拡張，（2）企業の長期的視点との関係性，という従来は二者択一の関係にあったキーワードを同時に追求する点にある。そこで，これら2つのキーワードについて概観することから議論を進めたい。

まず，多様性の射程の拡張とは，従来の「性別・年齢・人種・宗教などの個人属性」だけでなく，「勤務形態や勤務場所などの働く条件」を射程に入れたことを意味する。いうなれば，あらゆる個人的属性がダイバーシティとして理解されるのだ（谷口 2005）。このとき，上述の属性のように，外見から識別可能なものは「表層的ダイバーシティ」，パーソナリティや趣味，職歴などの目に見えない内面的特性は「深層的ダイバーシティ」と呼ばれる（Harrison, Price and Bell 1998）。そして，表層と深層の双方を含めた広義の属性をダイバーシティの定義として捉えるのである。

3.1.2. 企業パフォーマンスの向上

次に，企業パフォーマンス向上とは，多様な人材や働き方を実現することが企業業績に好影響を及ぼすという考え方である。好業績の決め手を解明しようという研究は，これまで多くの経営学徒を魅了してきた。そして，市場占有率，市場ポジショニング，企業文化，組織能力，従業員満足など多様な要因が指摘されてきた。つまり，多様な人材や多様な労働条件が企業業績を左右する試金石だとする考え方が提唱されてきたのだ。このような，多様な人材の確保や労働条件の見直しは，組織改革の手段としてのダイバーシティ・マネジメントという考えにつながっていくことは容易に理解できるだろう。

3.2. 多様性の拡張：機会均等を求めて

次に，多様性の拡張に関して，わが国における女性と障がい者の雇用促進に関する法的制度の概要について概観しておく[1]。

3.2.1. 男女雇用機会均等法

労働基準法第4条では男女同一賃金の原則が規定されている。しかし，女性は採用や昇進において何らかの差別を受けてきたことは事実である。わが国では，1985年に女子差別撤廃条約が批准されたことを契機に，法的整合性確立の要請から「勤労婦人福祉法」が改正され，いわゆる「男女雇用機会均等法（雇用の分野における男女の均等な機会及び処遇の確保等に関する法律）」が1986年に制定された。同法の狙いは「労働者が性別により差別されることなく，また，働く女性が母性を尊重されつつ，その能力を十分に発揮できる雇用環境を整備すること」である。その後，1997年改正（1999年施行）では，努力義務であった差別が禁止規定になった他，セクシャル・ハラスメント防止に向けた配慮義務，差別に対する積極的な改善措置（ポジティブ・アクション）の項目が付与された。さらに，2006年改正（2007年施行）では，男女労働者を対象とするセクシャル・ハラスメントに対する措置を義務化や間接差別など男女双方に対する性差別禁止の範囲が拡大された。また，妊娠・出産などに関

226

するハラスメント防止措置義務も新設されている。なお，これらの改正に伴い，労働基準法や雇用保険法などの関連法案の改正も行われている。

3.2.2. 障害者雇用促進法

　わが国では，障がい者の「就労意欲の高まり」に対応するため，「職業を通じ，誇りをもって自立した生活を送ること」を目指し雇用対策を進めている[2]。ここでは，障がい者は，（1）身体障がい者，（2）知的障がい者，（3）精神障がい者に大別される。そして，今後の障がい者雇用の中心は，精神障がい者と発達障がい者になると指摘されている[3]。このことは，1960年に制定された「身体障害者雇用促進法」が，1987年に「雇用機会促進法（障害者の雇用の促進等に関する法律）」に改正されたことからも明らかだろう。同改正では，知的障がい者に対象が拡張されている。さらに，2006年の改正障害者雇用促進法では，障がい者の短時間労働に対応することで，精神障がい者も対象となった（同時に，雇用給付金制度の対象事業主が拡大された）。さらに，2013年には，障がい者の権利に関する条約の批准に際して，（1）雇用分野における差別の禁止，（2）合理的配慮の提供義務，（3）苦情処理・紛争解決援助を盛り込んだ改正がなされている（同時に，法定雇用率の算定基礎の見直しなども行われた：2016年施行）。

　また，2013年には，法定雇用率が1.8％から2.0％に引き上げられ，前年の制定された「障害者総合支援法」と「障害者虐待防止法」の制定とともに，障がい者雇用は，条約批准を契機に新しい局面を迎えた。とりわけ，障がい者雇用の課題として，企業に対する職場定着支援の取組の重要性が指摘されるようになったことは重要であろう[3]。それは，まさに「すべての従業員の潜在能力を生かす職場環境作り」としてのダイバーシティ・マネジメントの目指す方向性と軌を一にしている。

3.2.3. 個人と組織の同時的発展を目指して

　バーナード（Barnard 1938）は，組織的協働を通じて，個人と組織の同時的

発展ないし個と全体の統合を図る方途を探求した[4]。それは、両方をしっかり
やれば相乗効果が現出するという単純な議論ではない。昨今のワークライフバ
ランスの議論において、「仕事以外の場を大切にすることで、仕事も短時間で
成果を上げることができる（小室 2007, p.16)」というような楽観的な好循環
の論理が主流になってきた。このような動向は、ダイバーシティ・マネジメン
トの議論においても同様である。そこでは、「女性や障がい者などを含めたす
べての従業員の潜在能力が発揮されるならば、組織のパフォーマンスが高めら
れる」という発想が主流になっている。

　このことは、テレワークに期待される効果として、個人の効果と企業の効果
を並列的に列挙されることからも明らかである。たとえば、国土交通省・総務
省・厚生労働省・経済産業省（2007）は、テレワークに期待される効果を、
(1) 企業経営、(2) 従業員、(3) 社会の点から整理している（pp.15-21)。

　しかし、このような指摘は、ガイドラインという性質上ないし一般の理解を
促すという狙いから、雇用拡大（ダイバーシティ・マネジメント）とWLBな
どの相互作用の視点が乏しいように思われる[5]。指摘される各効果の相互の関
係を「相乗効果」あるいは「一挙両得」の一言で説明してしまうのであれば、
思考停止と言わざるを得ない。

　また、テレワークの諸効果の関連性に注目したとしても、単純な先行関係が
指摘されただけである。たとえば、通勤時間の削減が結果的に、睡眠休養や趣
味娯楽の時間増加に繋がることから、WLB向上の助けとなるという主張（國
井 2012, pp.1-82）は、その典型であろう。

　しかし、ダイバーシティ・マネジメントとしてテレワークの意義を把握する
場合は、コストや労働時間の量的変化から創造性などの質的変化が誘発される
過程に注目することにおかれるべきではなかろうか。このような問題意識か
ら、次項では、生産性と創造性について考察を加えてきたい。

4. テレワークにおける生産性と創造性

4.1. もう一つの生産性論争

　テレワークにおける生産性向上の鍵は，マクロ的に見れば，第7章でみた「情報化投資による生産性パラドクス論争」の結論のように，組織構成員に対する教育訓練や諸制度の整備など人的資本や組織的資本あるいは知的資本の整備におかれる。他方，ミクロ的に見れば，（1）業務中断の回避による集中力の向上，（2）移動や待機などの時間的ロスの削減が生産性を増大させるという論理が用いられることが多い。マクロ的視点は第7章で述べたので，本稿では，ミクロ的視点に限定して考察を加えることにしよう。

4.1.1. 業務中断の回避による生産性向上の論理

　テレワーク下における個人の職務遂行レベルで生産性向上の論理として最も一般的な論理は「遂行中の業務を中断させられる場合が少ないこと」である。具体的に言えば，上司からの指示や同僚からの照会等によって仕事を遮られたり，電話や突然の来客の応対をしたりする必要性が少ないと言うことである（古賀 1999）。そのため，業務を行いながら短時間に仕事の優先順位の見直しをする必要がなく，思考や業務が分断されずに比較的集中して仕事を進めることができることで，個人の職務遂行レベルでの生産性が向上すると考えられる（古賀 1999）。

　電話応対が不要になるとか，急に会議が割り込まないので仕事の優先順位の組み替えが不要になるという事象は，個人にとっては大きなメリットであることは間違いない。しかしそれは，テレワークのメリットというよりも従来の組織慣行の問題点と考えれば，テレワークの本質の特徴と理解すべきでないという指摘もみられる。

4.1.2. 通勤時間不要による生産性向上の論理

　テレワークによる生産性向上の論理の第2は，移動による疲労の蓄積や心理的・時間的負担の減少に注目するものである。たとえば，Friedman（2014）は，國井（2012）より広い視点からテレワークの利点を次のように指摘している。すなわち，通勤時間が不要になること，同僚に邪魔をされない静穏な私的空間の設定，電話で話をしながらメールを打つなどのマルチタスクの重圧がないなどは貴重な経営資源であり，企業がどのように努力しても作り出すことのできないものだと主張するのである。ここに，マクロ的視点の経営資源論とミクロ的視点の架橋を見いだすことができる。

4.1.3. オフィスデザイン：労働環境のカスタマイズ

　さらに，Friedman（2014）は，テレワークによる生産性向上の論理として，オフィスデザインの観点から，職場を自分好みに調整できることの重要性を指摘している。すなわち，自宅であれば自分の好みに合わせて家具や照明，さらには個人差の大きい室温を快適にコントロールすることができ，仕事の集中度を高めることができるというのである。さらに，環境を左右しているという自己効力感が強化されれば，組織ストレスが減少し，職務満足感も高まるであろう。このように，オフィスのカスタマイズの重要性は高く，これが許されることによって，より快適な環境が作れるだけでなく，より幸せを感じることができるようになるのである。

　もちろん，このような指摘は，住環境に恵まれた場合に限定されるであろう。筆者の1人が，ベトナムのソフトウェア会社で聞き取り調査をした際，プログラマーやデザイナーなどの職種に関係なくインタビュイーは「在宅勤務など不可能だ」と口をそろえていた。曰く，「そもそも電力供給が不安定な住宅地では仕事にならないし，自宅には空調もなく，仕事専用の空間もない」と言うのだ。そのためか「在宅勤務可能な環境が整ったとしても，希望しないだろう」と回答されたことが印象的であった。

4.2. 生産性と創造性

4.2.1. 生産性の測定困難性

　ところで，これまで何の定義もなく「生産性」という言葉を用いてきた。ここで，その定義を確認しておきたい。たとえば，Parsons（1993）では「活動によって得られる，ある組織の目標に対する作業効率」と定義されている（p.199）。しかし，これを数式で表現することは単純ではない。まず「産出物÷投入物」という式が思い浮かぶだろうが，投入物をどのように計測するのかは意外と難問である。また，「業務遂行の成果÷最高水準の成果」という別の式が用いられることもある。この場合は，最高水準の成果をどのように決定するのかという点が問題となる。加えて，生産性を測定すべき対象の相違も考慮する必要がある。たとえば，吉田（1997）は，生産性の測定対象に基づき，（1）個人生産性，（2）チーム生産性，（3）階層生産性，（4）部門間生産性，（5）組織生産性に類型化している。このように，一口に「生産性」と言っても，その内容を一義的に定義することは難しい。そのために，テレワークによる生産性向上が強調されて久しいにもかかわらず，広く受け容れられた生産性指標はなく，多くの実証的研究を単純に比較することはできないのが現状である。

4.2.2. 創造性の測定困難性

　創造性は「組織成員が思い込んでいる制約を打破する能力」と定義される（Ackoff 1978）。経営情報システム論の研究領域では，ICTの活用を通じた「創発特性」に関心が寄せられてきた（Markus & Robey 1988）。そこでは，業務活動を計測し数値化することが新しい行動を誘発する過程に焦点が置かれる。Zuboff（1988）が「情報化（informate）」と呼ぶ過程である。それは，業務担当者が，計測結果の意味を検討し，そこから創意工夫が生まれ，試行錯誤を通じて組織に定着していく過程に他ならない（古賀・松嶋 1999）。

　しかし，このような創造性もまた測定困難性をもつ。それゆえ，第7章で述

べたように，経営情報システム研究論では方法論的多元主義が求められるのだ。

4.2.3. 生産性と創造性の代替物としての評価制度

　現代の日本企業の管理職は，どの仕事をどの部下に割り当てるか，何をやらせるのかではなく，何をやらなくてよいか，どこからはやらなくてよい部分なのかを指示する時代になっている。それほど皆が時間に追われているのであり，仕事量や仕事の進め方を見直さないまま，長時間労働の是正だけを行うことには無理がある。特に大企業ほどその傾向が強いように思われる。そういう意味では，組織全体の業務フローや業務プロセスの見直しによる生産性向上こそが，目指すべき方向であるといえよう。言葉を換えれば，前述の生産性の計算式の分母を極小化するコスト削減を図るのではなく，仕事の進め方や組織コミュニケーションのあり方を再考するという方法を通じて分子の増大を狙うのだ。つまり，組織行動論の主要命題を持ち出すまでもなく「評価される方向へ人は動く」のである。

　このとき，改めて言うまでもなく，評価や報酬のシステムの再設計は，人的資源管理論（Human Resources Management：HRM）全体との整合性を構築する必要があることに留意するべきであろう。

4.3. 生産性と創造性：Orlikowskiの古典的事例の紹介

　次に，創発特性という視点からテレワークにおける生産性と創造性を考察するための手掛かりとして，Orlikowski（1996）の研究を簡単に要約して紹介したい[6]。

　彼女は，ゼータ社（仮名）の顧客サービス部門における情報システム（グループウェア）活用のフィールドワークを通じて，創発的変化の過程を次のように示している。同社では，主力製品であるソフトウェアパッケージに関する問い合わせ部門の活動を支援するために「案件追跡支援システム」の再構築を計画する。検討の結果，問い合わせ案件の履歴データの参照性から，当時隆盛

を極めたロータス社のグループウェアソフト（Lotus Notes）を導入すること
になる。

　しかし，問い合わせ部門のシステム化は順風満帆には進まなかった。問い合
わせ内容により異なるインタフェースを採用したこと，システムの頻繁なダウ
ン，担当者の不得手などの理由から，案件対応をいったん紙に書いた上で改め
てシステム入力を行うという手順が一般的に用いられた。そのために，問い合
わせの電話が殺到すると入力作業が追いつかなくなるという事態が発生した。

　その後，数度のシステム改正を経て，問い合わせ履歴データの参照が可能に
なると，作業は著しく効率化した（個人的生産性の向上）。すると，評価方法
に変化が生じる。まず担当者による履歴情報の信頼性評価が開始された。次
に，データベースのモニタリングを通じて記録された「問い合わせ過程の電子
ファイル内容」に対する管理者による評価も追加された。さらに，システムの
コメント記入機能を用いた新たなコミュニケーション経路が，担当者―管理者
間に生まれた。この経路は後に階層間生産性の糸口となった。Orlikowskiは，
このような「システムの計画段階では予想されなかった変化」を「創発的変化
（emergent changes）」と呼んだ。

　さらに，創発的変化を前提とする組織変化が展開された。それは「サービス
担当者の階層化」である。データベース活用により，ある程度の対応が初心者
でも可能となったことから，システムをOJTの手段として活用し，ベテラン
の担当者はヘルプ要因として「困難な事案」に専念するようになった。このよ
うな変化をOrlikowskiは，「機会主義的変化（opportunity-based changes）」と
呼ぶ。機会主義的変化は，当初の計画にはない変化であるものの計画的側面を
もつことから創発的変化や計画的変化と区別可能であると彼女は主張する。

　ところが，案件追跡支援システムを前提にした職務体系の再編成は上手く機
能しなかった。初心者はベテランに案件を引き継ぐことに躊躇した。ベテラン
は，手強い案件を抱え込んでしまい，初心者に目配りできなかった。OJTとヘ
ルプという「意図」は画餅に終わる。そして，初心者とベテランの間に調整役
をおくことで，業務が安定的に遂行されるようなる。窓口担当者の階層は結果

的に3つに落ち着いた。

　さらに，担当者のシステム活用能力が向上するにつれて，さらなる創発的変化が生じた。それは，電子メール機能を通じて「同僚や後輩を支援しよう」とする組織文化が醸成されたことだ。自主的な支援体制が生まれたことで，問い合わせ部門のチーム生産性さらには部門生産性が向上した。このような変化を受けて，評価制度も変化した。電子ファイル内容だけでなく，自主的な支援活動が評価対象として取り入れられたのだ。その結果，担当者は益々自主的に支援行動を取るようになったことは言うまでもない。

4.4. テレワークにおける生産性と創造性

　上の事例において，「1日当たりの案件処理数」は紆余曲折を経たもののシステム導入前後では大きく向上したという。このとき，この事例において，どのような生産性指標を想定すれば良いだろうか。部門の組織編成は，1階層から「新人とヘルプの2階層」さらには「間に調整役をおく3階層」になった。投入資源をどのように把握するのか。あるいは最高水準の問い合わせ対応とは，件数なのか，顧客満足度なのか。このような数値化の問題は依然として残る。しかし「同じ案件であれば以前よりも迅速に処理できた」というような一般的な感覚での生産性は確実に向上したと言える。このような意味であれば，テレワークの効果として生産性向上がうたわれる理由は納得できる。そして，生産性向上を後押ししたのが，評価システムの柔軟な対応であった点に注目したい。この事例では，評価項目を「処理案件数」だけでなく「入力内容」や「対応履歴」さらには「自主的支援活動数や内容」と変化させることで，「組織に何が求められているのか」を明確に示すことに成功している。

　さらに，生産性向上や評価システム変更のトリガーとなったのは，組織成員の創意工夫に基づく「創造性」としても過言ではない。テレワークは生産性向上だけでなく創造性を発揮しやすい，と言われる。しかし，生産性と創造性は両立するのか，といった議論も少なくない。ところが，自主的な支援活動の展開やOJTシステムとしての不具合を調整する組織変革などを組織的創造性と

234

理解するならば，創造性と生産性は対立するものではなく，むしろ「魚の鱗」のように「交互に折り重なり合っている」ことが分かる。生産性から創造性そして生産性と連なる循環を構築することができれば，テレワークは，生産性と創造性をともに向上させることができる。

　そして，改めて言うまでもなく，生産性や創造性を誘発したのは，業務の電子化である。これまで当然のこととして意識されることのなかった暗黙の前提やちょっとした工夫を，電子化が「可視化」したのだ。われわれは，仕事の前提や意味を「意識する」という変化は「意識化の論理」と呼ぶ（古賀・松嶋1999）。そのようなICTの実践を通じて生み出される意識化こそが，創造性と生産性という両輪を駆動させる推進力と言えるだろう。

5. おわりに

　労働力人口不足を背景に，女性や障がい者の雇用が注目されている。テレワークは，これら通勤弱者を勤労者にかえる強力な手段と期待されている。事実，テレワークによる就業機会の創出を目指す団体は少なくない。関西地域に限定すれば，「チャレンジド（障がい者は神様から挑戦課題を与えられた者という意味）を納税者に」と旗印を掲げ躍進する社会福祉法人プロップステーション，ひきこもりやニートなどの若者に仕事の機会提供事業を展開する特定非営利活動法人わかもの国際支援協会などの団体が精力的に活動を展開している。しかし，このような団体が「競争優位の獲得」や「組織パフォーマンスの向上」を目指しているのだろうか。あるいは，会議録の文書化や各種データ入力などの作業を障がい者にクラウドソーシングによって業務委託する場合に，コスト削減やそれに伴う生産性向上の効果を訴求できるだろうか。このような問題意識を背景に，本章では，テレワークにおける生産性と創造性について，ダイバーシティ・マネジメントの視点から考察を加えてきた。

　その結論として，（1）生産性と創造性の向上は，ICTの意識化と呼ぶべき機能によって誘発された現場の創意工夫をマネジメントが受け止め，それを足掛

かりに更なる変化を計画する過程を通じて，交互に折り重なり合うようにして生まれてくること，（2）そのような好循環を生産性指標のような形では評価が難しいこと，（3）生産性と創造性の好循環を推進する駆動力は，組織の業務編成原理や評価システムの構築の成否に委ねられていること，を指摘した。

このとき，繰り返し強調したように，ダイバーシティ・マネジメントを「すべての従業員の潜在能力を活かす職場環境作り」と理解するならば，上記の活動はすべてダイバーシティ・マネジメントの発想と軌を一にしている。この限りにおいて，ダイバーシティ・マネジメント，生産性，創造性を言う三題噺は相互に連関する概念となることが分かる。

ところで，筆者の1人が，これまでに関わったテレワーク関連のセミナー等において，聴衆である企業の実務担当者からさまざまな質問を投げかけられたが，「生産性が上がるのか」と尋ねられることはあっても「生産性は下がらないのか」と尋ねられたことは一度もない。これ以上の生産性向上は困難と思われたが，テレワークで更なる生産性向上を図りたいという企業であれば，「生産性が下がらないのか」という問いはあり得ると思われる。もしかしたら，テレワークを検討する企業の多くは，現状の職務遂行の生産性に満足していないからだろうか。それゆえ，「生産性が上がるのか」という片方向のみの質問に対して違和感を覚えた経験がある。

上で述べてきたように，テレワークそのものが生産性や創造性を向上させるのではない。ただし，そのトリガーとなる創意工夫は，ICTを活用する現場で生まれる。現場で生まれた創意工夫を見いだし拾い上げ育てていくというマネジメントの役割が十分に機能しなければ，生産性と創造性の芽を摘んでしまうことになる。また，職務分担や業務遂行プロセスあるいは仕事のやり方の見直しを推進しなければ，やはり生産性と創造性の芽は潰されてしまう。大事なことはマネジメントなのだ。とくに，われわれは，上述のダイバーシティ・マネジメントの姿勢が重要だと主張したい。

このような主張は，極端な言い方をすれば，「生産性にかかわる問題はテレワークという働き方そのものが本質的に持っている課題ではない」とするもの

だ。サイボウズの山田理副社長の言を拝借するならば「テレワークを実践している社員は生産性の意識が比較的高い。もっと平易な言い方をすれば，上司や同僚からサボっていると思われたくないため，わりと一生懸命頑張って仕事をする。むしろ問題は，極端な言い方をすれば，目の前にいるが何をしているのか分からない社員のほうである」ということになる。繰り返しをいとわず強調すれば，生産性と創造性の両輪を駆動させる役割は，マネジメントの役割なのだ。

（注）

1) 雇用における差別の禁止は，労働基準法の第三条（均等待遇）と第四条（男女同一賃金の原則）によって規定されている。第三条では，国籍・信条・社会的身分による差別を禁止されているが，年齢・障がい・雇用形態の差違による差別を禁じているものではない（櫻庭，2008）。

2) 厚生労働省ウェブサイト（ホーム＞政策について＞分野別の政策一覧＞雇用・労働＞雇用＞障害者雇用対策）
http://www.mhlw.go.jp/stf/seisakunitsuite/bunya/koyou_roudou/koyou/shougaishakoyou/index.html

3) 厚生労働省資料
http://www.mhlw.go.jp/file/06-Seisakujouhou-11600000-Shokugyouanteikyoku/0000121122.pdf

4) バーナードの考え方については，第8章を参照されたい。

5) たとえば，国土交通省・総務省・厚生労働省・経済産業省（2007）は，テレワークに期待される効果を，（1）企業経営，（2）従業員，（3）社会の点から整理している（pp.15-21）。その内容については，脇（2013）で詳しく検討している。

6) Orlikowski（1996）の事例紹介は，古賀（1999）に記載した内容を加筆修正した。

【参考文献】

Ackoff, R.L. (1978) *The Art of Problem Solving*, John & Willy.

Barnard, C.I. (1938) *The Function of the Executive*, Harvard University Press.（山本安次郎ほか訳『新訳 経営者の役割』ダイヤモンド社，1968年）

Friedman, R. (2014) *The Best Place to Work*, Tarcher Perigee.（月沢李歌子訳『最高の仕事ができる幸せな職場』日経BP社，2015年）

Harrison, D., Price, K.H. & Bell, M.P. (1988) "Beyond Relational Demography: Time and the Effects of surface-and Deep-level Diversity on Work Group Cohesion," *Academy of Management Journal*, 41(1), pp.96-107.

Hockschild, A.R. (1997) *The Time Bind: When Work Becomes Home and Home Becomes Work*, Metropolitan Books.（坂口緑ほか訳『タイム・バインド』明石書店，2012年）

Markus, M.L. & Robey, D. (1988) "Information technology and organizational change: causal structure in theory and research," *Management Science*, 34(5), 583-598.

Orlikowski, W.J. (1996) "Improvising organizational transformation over time: A situated change perspective," *Information Systems Research*, 7(1), pp.63-92.

Parsons, K. (1993) *Human Thermal Environment*, Taylor & Francis.

Thomas, R.R. (1991) *Beyond Race and Gender*, AMACOM.

Thomas, R.R. (2004) "Diversity as Strategy," *Harvard Business Review*, September/October, pp.98-108.

Zuboff, s. (1988) *In the Age of the Smart Machine: The Future of Work and Power*, Basicbooks.

有村貞則（2005）『ダイバーシティ・マネジメントの研究：在米日系企業と在日米国企業の実態調査を通して』文眞堂.

有村貞則（2008）「日本のダイバーシティ・マネジメント論」『異文化経営研究』第5号，pp.55-70.

有村貞則（2009）「日本企業とダイバーシティ・マネジメント：障害者雇用の観点から」『国際ビジネス研究』第1巻第2号，pp.1-17.

有村貞則（2014）「ダイバーシティ・マネジメントと障害者雇用は整合的か否か」『日本労働研究雑誌』第646号，pp.51-63.

荻野勝彦（2003）「多様な人材を活用するダイバーシティマネジメント（第2回）」労基旬報，1231号.

國井昭男（2012）「テレワークによるワークライフバランスへの影響に関する考察」『InfoComreview』第58号，pp.73-85.

古賀広志（1999）「境界融合時代の経営戦略」原田保・古賀広志［編］『境界融合』
　　同友館.

古賀広志・松嶋登（1999）「イントラネット導入による現場の情報化」『流通科学大
　　学論集―流通・経営編』第12巻第2号，pp.73-81.

小室淑恵（2007）『ワークライフバランス』日本能率協会マネジメントセンター

櫻庭涼子（2008）「雇用差別禁止法制の現状と課題」『日本労働研究雑誌』第574号，
　　pp.4-17.

谷口真美（2005）『ダイバシティ・マネジメント：多様性をいかす組織』白桃書房.

谷口真美（2008）「組織におけるダイバシティ・マネジメント」『日本労働研究雑誌』
　　第574号，pp.69-84.

柳原佐智子・古賀広志（2015）「再訪：テレワークの神話」『経営情報学会全国研究
　　発表大会要旨集2015年秋季全国研究発表大会』pp.275-278.

吉田孟史（1997）「ホワイトカラーの知的生産性：予備的考察」『経済科学（名古屋
　　大学）』第45巻第1号，pp.1-17.

脇夕希子（2010）「ダイバーシティ・マネジメントと組織変革」『経営研究』（大阪市
　　立大学）第61巻第1号，pp.61-80.

（加納郁也・古賀広志）

おわりに

　かつてドッグイヤーという言葉が流行した。インターネットにおける技術革新は，人間の7倍の速度で成長する犬のように時の刻み方が異なる点を強調したものだ。そうであれば，十年一昔という言葉は，技術の世界では，数年で一昔を迎えることになる。我われがテレワークに関する書を世に問うたのは，まさに十年前である。その間に，技術は驚異的な進展を遂げてきた。技術が進めば社会が変わる，と言われるように，数年前と比べても，我われの生活は大きな変貌を遂げている。例えば，歩きスマホという言葉が生まれたように，情報機器を常時携帯し，閲覧することは当たり前になってきた。そこには，ブラインドタッチのための稽古が必要なクォーティ（QWERTY）キーではなく，テンキーのみを指一本で巧みに操作する老若男女がいる。彼ら彼女らは，時間や場所に関係なく，いつでもどこでも，ネットを介した生活を享受している。

　ところが，日常生活と異なり仕事の世界では，「情報機器を活用した新しい働き方」は，本書の事例編で示した先駆的事例を除いては，未だに試行錯誤の域にとどまっているように思われる。政府がテレワークの旗振り役を担うなど追い風は吹いている。それにもかかわらず，テレワークの浸透普及は依然として厳しい状況にあるとしても過言でなかろう。そのようなテレワークに対する態度は，はっきり言えば「及び腰」，言い換えれば「懐疑的態度」である。なぜ，テレワークに対して「及び腰」になるのだろうか。その理由の一つは，喧伝されるテレワークの効果が総花的であり，どんな難題も解決できる「魔法の杖」のように謳われていることにある。そのために，勤怠管理はどうするのか，生産性はどうなのかといった従来の働き方の延長線上でテレワークの効果が語られてしまうのだ。しかも，解決されるべき課題は，ともすれば都市部の大企業の働き方をスマートにするというニュアンスが強い。それゆえ，切実な少子高齢化問題に直面する地方にとっては，他山の石にさえならないという印象を拭いきれず，結果的に政府の謳いあげるテレワーク賛歌を，選ばれし人の

みが利用できる特権の賛美に過ぎないものとして理解され，懐疑的態度を生み出すことになっているのではあるまいか。

　このような問題意識から，本書では，前著よりも一層「地方の視点」を意識して企画編集を行ってきた。本書の執筆者は，地方で暮らし，地方で働く実態を日々見つめ，実感している人たちばかりである。

　本書が想定する読者は，第1に「人材不足に苦しみながら，その突破口としてテレワークを利用したいと考える地方企業の経営陣」である。それぞれの事例や理論を，ご自身の地方や地域および組織の状況と結びつけることで，問題解決のヒントにつながる示唆を得て頂けるだろう。第2の読者は，都市部のサラリーパーソンである。事例編で語られる働き方の背後に見え隠れする考え方を理論編で紹介される考え方に関連付けながら，ご自身の働き方を見つめ直す「たたき台」を提供できれば，と期待している。さらに第3の読者として「行政府の方々」を考えている。行政府として，サテライトオフィス誘致やテレワークセンターの活用などの政策を検討し推進される上での手がかりを提供したいと考えている。最後に，これから社会に巣立ちゆく学生諸君に，テレワークという概念を通じて，働くことについて考える契機となればと願っている。

　以上の読者層を想定したことから，本書では，前半に事例を置き，後半に理論を置いた。まずは実際に試行錯誤しながら様々な問題に取り組んでいる現場の生の様子を伝えることで読者のテレワークのイメージを抱き膨らませて欲しいと考えたからだ。そして，導入と運用のための理論でそのイメージを具体化して欲しいと願っている。もちろん，読者ご自身が置かれた状況は多様であり，優等生の受験体験記のようで役に立たないとのご批判もあろう。しかし，事例編で述べられているテレワーク事例は，直接的な解決策を示すものではないものの，テレワーク導入と運用に向けての何らかの道標を提供してくれるものと自負している。理論編の議論も考慮すべき要因を点検する上では有益な道具となりうることを願っている。

　本書の企画は，二年前のことである。日本テレワーク学会関西支部研究会にて，都市部と地方，特に首都圏とそれ以外でテレワークが語られる背後に見え

隠れする論理に大きな違いがあることを精力的に議論してきた。そこでの議論から本書の構想が立ち現れてきた。しかし，その後の道のりは険しく，出版まで1年半の時間を要してしまった。その間，テレワークをめぐる社会状況も大きく変化し，執筆者各位には編集段階で時代に合わせた大幅な修正を行って頂く必要が出たことは，すべて編集者の責任であると痛感している。また，構想当初から企画にご賛同頂き快くお引き受け頂いた㈱同友館および担当頂いた佐藤文彦氏には，滞りがちな編集作業に叱咤激励を頂いただけでなく，急な修正・変更のお願いに対して快く受けいれて進めて頂いたことを深く感謝申し上げたい。

　本書の執筆メンバーである日本テレワーク学会関西支部メンバーの多くは，小島敏宏先生（和歌山大学名誉教授）が1998年にオフィス・オートメーション学会（現在の日本情報経営学会）関西支部研究会で有志を募ってはじめた「関西テレワーク研究会」のメンバーでもあった。日本テレワーク学会が創設される以前から，組織的に研究するこのような場を作ってくださっていた小島先生に本書を捧げ，引き続き「関西テレワーク研究会」の流れを受け継いでいくことを誓って，本書のむすびとしたい。

　2017年11月

古賀広志・柳原佐智子

索　引

あ行

RDP　165
ICT　141
IT人工物　157
アウトソーシング　75, 87, 93
アクター・ネットワーク理論　51
アファーマティブ・アクション　222
育児　203
育児介護　194
育児介護休業法　107
一億総活躍社会　112
意図せざる結果　216
SC　170, 176
SCT　163, 166
OC　169, 174
OD　168, 172
オフィス　204
オフィスデザイン　229

か行

介護　8, 203
解釈主義的研究　147
学問的厳密性　142
可処分時間　126
軽井沢　63
考える場　71
環境決定論　166
完全合理性　165
感染症型BCP　187, 191
感染症型テレワーク　192
官僚制　163
機会主義的変化　232
機械的システム　163

危機管理　183
企業パフォーマンス　225
技術決定論　152
技術と組織　152
規範的研究　145
キャズム　204, 205
共通目的　162
協働システム　162
業務継続　183, 198
業務継続管理　183
業務継続計画　183
業務場所　109
銀の弾丸　152
クラウドソーシング　177
経営情報システム研究　141
経営組織論　161
経営の情報化　141, 153
経験的研究　146
決定論　162
限界集落　55
貢献　162
貢献意欲　162
公式組織　162
構造的コンティンジェンシー・セオリー
　　163
構造変革　169
個人事業主　81
コミュニケーション　130, 162, 172, 204,
　　207
コミュニケーションの場　65, 71
雇用型　2, 115, 116
雇用型テレワーク　80, 97, 171
雇用機会均等　222
コワーキング　92

索　引　*243*

コワーキング・スペース　92
コワーキングプレイス　2
コンピュータベース情報システム　151

さ行

サーバントリーダーシップ　52
災害型 BCP　191
災害復旧型テレワーク　192
災害復旧型 BCP　187
在宅勤務　5, 100, 115, 151, 171
在宅勤務ガイドライン　108, 109
在宅就労　2
在宅ワーク　78, 100, 115
最適適合　168
裁量労働制　6, 103
サテライトオフィス　4, 13, 21, 23, 31, 36,
　39, 45, 151
サテライトオフィス　4
CSR　25, 28
CCRC　28
シェアオフィス　173
自営型　2, 116
自営型テレワーカー　87
自営型テレワーク　17, 75, 80, 171
事業継続　198
事業継続管理　183
事業継続計画　6, 183
事業場外みなし労働制　103
事業承継　196
資源依存パースペクティブ　164
資源ベース論　156
自己効力感　229
仕事と生活の調和　98
実行可能要因　155
実証主義的研究　144
実証的研究　145
実務的有用性　142
社会物質性　154

就業規則　101
終日在宅勤務者　118, 120, 122
障がい者　226
障害者雇用促進法　226
少子化　7
少子高齢化　203
情報化　230
情報化投資　155
情報システム研究　5
情報通信技術　141
職場意識改善助成金　98
職務満足感　229
女性の就業機会　210
自律性　203, 212, 215
しれとこ創生合宿　22
人工知能　156
深層的ダイバーシティ　224
人的資源　191, 194
人的資源管理論　231
信頼　61, 175
正規雇用　118
生産性　221, 228, 230, 233
生産性パラドクス　155
生存適合　168
制約された合理性　165
節電型テレワーク　192, 199
選択論　162
戦略選択論　166
戦略変革　170
操業コントロール型 BCP　192
操業復旧型 BCP　192
相互作用論　153, 154
創造性　221, 228, 230, 233
創発性　153
創発的変化　154, 232
創発特性　230
ソーシャルイノベーション　51
SOHO　2, 88

SOBO（別荘オフィス）　66

疎外感　207

阻害要因　204

組織　152

組織開発　168

組織慣性　171

組織拘束論　153

組織変革　5, 161

た行

第1次テレワークブーム　2

第3次テレワークブーム　1

第2次テレワークブーム　2

ダイバーシティ・マネジメント　221, 223, 227

第4次テレワークブーム　1

多様性　222, 224

多様性の尊重　223

単元的適合　167

短時間勤務制　103

男女共同参画　77

男女雇用機会均等法　8, 225

地方創生　3, 11

地方テレワーク　25

通信費　108

TCP　165

テレコミューティング　214

テレワーク人口実態調査　115

テレワークセンター　13

テレワーク・デイ　98

取引コストパースペクティブ　165

な行

南紀白浜サテライトオフィス　23

日本テレワーク学会　58

ネットオフィス　178

は行

働き方改革　3, 111

BC　183, 198

BCM　183, 188, 199

BCP　6, 41, 199

BYOD　189, 206

非雇用　2

非正規雇用　118

批判主義的研究　147

評価　105

表層的ダイバーシティ　224

フリーアドレス　6

フリーランス　2

ふるさとオフィス　15

ふるさと起業　16

ふるさと勤務　16

ふるさと採用　18

ふるさとテレワーク　4, 11, 13, 19, 20

フレックスタイム　6

フレックスタイム制　103

方法論的多様性　145

ポートフォリオワーカー　51

ポジティブ・アクション　225

ホットデスク　151

ま行

マーケッター　84

マイクロタスク　177

マイノリティ　222

見える化　48

みなし労働時間制　104

メイン・オフィス　120

モバイルワーク　115, 151

や行

誘因　162

有機的システム　163

ら行

ライフスタイル　62, 65
リゾートオフィス　4, 57, 151
両義的組織　180
理論研究　146
労災　108
労働時間制度　103
労働者性　101
労働条件　102

わ行

ワークスタイル　76
ワークライフコンフリクト　209, 211
ワークライフバランス（WLB）　6, 41, 47,
　　68, 115, 193, 209, 213, 221, 227

【編著者略歴】

古賀　広志（こが　ひろし）………………………………………第7章，第10章，第11章
関西大学総合情報学部教授，日本テレワーク学会理事，日本情報経営学会常任理事
専門分野：経営情報論，ナレッジマネジメント論
主要業績：『境界融合』同友館（共編著），2002
　　　　　「地域デザイン時代におけるテレワークの課題」日本テレワーク学会誌，
　　　　　Vol.14，No.2，8-16頁，2016

柳原　佐智子（やなぎはら　さちこ）…………………………………………第9章
富山大学経済学部教授，博士（情報科学），日本テレワーク学会顧問
専門分野：経営情報システム論
主要業績：『従業員と顧客の自発的貢献行動』（共著），多賀出版，2015
　　　　　「在宅勤務者の自律性にシステム管理が与える影響」，日本テレワーク学会誌，
　　　　　Vol.15，No.1，13-20頁，2017

加納　郁也（かのう　いくや）…………………………………………………第11章
兵庫県立大学経営学部教授，博士（経営学），日本テレワーク学会前理事
専門分野：人的資源管理論
主要業績：『現代人的資源管理』（共著）中央経済社，2014
　　　　　『企業組織の職務遂行プロセスにおける公正感のマネジメント』兵庫県立大
　　　　　学研究叢書，2017

下﨑　千代子（しもざき　ちよこ）……………………………………………序章
大阪市立大学大学院経営学研究科教授，日本テレワーク学会顧問
専門分野：人的資源管理論，情報管理理論
主要業績：『現代企業の人間行動』白桃書房，1991
　　　　　『少子化時代における多様で柔軟な働き方の創出～ワークライフバランス実
　　　　　現のテレワーク』学文社，2006

【著者略歴】

田澤　由利（たざわ　ゆり）……………………………………………………第1章
㈱ワイズスタッフ㈱テレワークマネジメント代表取締役
企業の在宅勤務の導入支援や国や自治体のテレワーク普及事業等を広く実施するテレワーク推進活動を評価され，2015年総務大臣表彰，2016年厚生労働大臣表彰を受賞。テレワーク普及の第一人者として活躍中。

床桜　英二（とこざくら　えいじ）……………………………………………第2章
徳島文理大学総合政策学部教授
1979年徳島県入庁後，地域振興総局長など主要ポスト歴任し現職。規制改革会議座長など多数就任。徳島サテライト・オフィスプロジェクトを推進してきた中心者。

松岡　温彦（まつおか　あつひこ）……………………………………………第3章
地域デザイン学研究所パートナー，日本テレワーク学会顧問
主として社会学の視点から軽井沢をフィールドとして研究，調査に従事。1985年以来，リゾートオフィスを中心にテレワークの研究を行っている。

吉住　裕子（よしずみ　ゆうこ）……………………………………………第4章
㈲未来教育設計 代表取締役，中小企業診断士
起業家的精神を重視した人財育成プログラム提供と育成の場づくりによって，キャリア開発を支援するコンサルタント。

武田　かおり（たけだ　かおり）……………………………………………第5章
社会保険労務士法人NSRテレワークスタイル推進室CWO，社会保険労務士，一般社団法人日本テレワーク協会テレワーク専門相談員
政府各省庁事業や自治体企業・団体にて講演やテレワーク導入の相談を担う。新聞・雑誌・TV出演等多数。

中島　康之（なかじま　やすゆき）……………………………………………第5章
社会保険労務士法人NSR法人代表，特定社会保険労務士
一般社団法人日本テレワーク協会専門相談員。政府主催のセミナー講師を務めるほか，テレワーク等に関する執筆多数。

佐藤　彰男（さとう　あきお）……………………………………………………第6章
龍谷大学社会学部教授，博士（社会学），日本テレワーク学会前理事
専門分野：情報社会論，都市社会学

本多　毅（ほんだ　たけし）………………………………………………………第8章
愛知大学経営学部准教授，修士（経営学），日本テレワーク学会理事
専門分野：経営組織論，経営戦略論

脇　夕希子（わき　ゆきこ）……………………………………………………第10章
九州産業大学商学部准教授，博士（経営学）
専門分野：人的資源管理論

2018年2月28日　第1刷発行

地域とヒトを活かすテレワーク

© 編著者
古 賀 広 志
柳 原 佐 智 子
加 納 郁 也
下 﨑 千 代 子

発行者　脇 坂 康 弘

発行所　株式会社 同友館

〒113-0033 東京都文京区本郷 3-38-1
TEL.03(3813)3966
FAX.03(3818)2774
http://www.doyukan.co.jp/

落丁・乱丁本はお取り替えいたします。
ISBN 978-4-496-05342-9

三美印刷／松村製本所
Printed in Japan

本書の内容を無断で複写・複製（コピー），引用することは，
特定の場合を除き，著作者・出版者の権利侵害となります。